KB266041

국부론을
읽는 시간

김수행 교수의 경제학 강의

국부론을 읽는 시간

애덤 스미스 원저 | **김수행** 지음 | **박도영** 정리

해냄

나와 『국부론』

필자가 아내28세와 아들 셋(1년 9개월의 큰아들과 9개월의 쌍둥이)과 함께 런던 히스로 공항에 도착한 날이 1972년 2월이었고, 그 뒤 10년을 런던에서 살았습니다. 1975년 5월까지는 한국외환은행 런던 지점에서 근무했고, 1975년 9월부터 1982년 2월까지는 런던 대학교에서 경제학 석사와 박사 학위(논문은 「마르크스의 공황 이론」)를 받았으며, 1982년 10월에 귀국했습니다.

『국부론』을 쓴 애덤 스미스1723~1790를 찾아 스코틀랜드를 여행한 이야기를 해보겠습니다. 1977년 8월 20일 오전 7시에 런던 중심가인 첼시의 대학 아파트에서 자동차로 출발하여, 스코틀랜드의 북쪽 끝인 인버네스와 에버딘을 돌아 8월 29일 새벽 5시 30분에 돌아왔습니다. 8박 10일 동안 1,883마일(3,030킬로미터, 서울에서 부산까지

거리의 7배)을 달렸고, 휘발유 값으로 65파운드 51펜스가 들었으며, 캠핑장 요금은 8박에 9파운드 20펜스였습니다.

이 여행에서 우리 가족은 애덤 스미스가 태어나고 자란 커콜디kirkcaldy의 캠핑장에서 3박을 하면서 그 주변을 둘러보았습니다. 스미스가 1767년부터 1776년까지 살면서 『국부론』을 완성한 집은 1834년에 사라지고, 그 자리를 기념하기 위해 커콜디시에서는 애덤 스미스 골목길Adam Smith's Close(220 High Street)이라는 막다른 골목을 만들어놓았더군요.

시립 박물관에는 『국부론』 원본과 스미스가 집필할 때 쓰던 펜과 잉크스탠드가 있었습니다. 그리고 연극이나 집회를 위한 장소로 애덤 스미스 센터Adam Smith Centre도 있었습니다. 그리고 커콜디를 떠나 해안을 따라서 조금 올라가니 로어 라고Lower Largo라는 작은 마을이 있었는데, 다니엘 디포Daniel Defoe가 『로빈슨 크루소』(1719)를 쓰면서 모델로 삼은 알렉산더 셀커크Alexander Selkirk: 1676~1721가 태어난 곳으로, 그의 동상이 있었습니다.

그리고 커콜디에서 남쪽으로 해안을 따라 내려가다가 다리Forth Road Bridge를 건너면 스코틀랜드의 수도인 에든버러Edinburgh가 나옵니다. 스미스가 옥스퍼드 대학교에서 공부를 마치고 돌아와서 처음 공개강의를 했던 곳으로, 늙어서 살았으며 그의 무덤이 있는 곳이기도 합니다.

마지막으로 런던으로 돌아가는 날에 글래스고Glasgow에 들러, 글래스고 대학교(1451년 창설)를 보았습니다. 스미스가 공부를 시작한 대학교이고, 도덕철학(사회철학) 교수로 강의하면서 『도덕감정론』

(1759)을 저술한 곳이며, 부총장과 총장을 지낸 곳입니다.

그리고 15년이 지난 1992년 2월에 다시 애덤 스미스를 찾아 스코틀랜드에 갔습니다. 당시 『국부론』을 출판하려던 동아출판사에서 스미스와 관련된 곳을 방문하여 사진을 찍어와 달라고 부탁하기에, 방학 중에 아내와 함께 런던에 들러서 이번에는 버스로 글래스고와 에든버러와 커콜디를 다녀오게 된 것입니다.

그리하여 1992년 9월, 필자가 번역한 『국부론』 상권과 하권이 동아출판사에서 발간되었습니다. 그 뒤로 몇 년이 지나 동아출판사에서 『국부론』을 더 이상 발간하지 않겠다고 하였습니다. 이후 비봉출판사의 박기봉 사장이 자신이 발간하고 있던 '경제학 고전 시리즈(이 시리즈의 첫 작품인 『자본론』을 1989년에 필자가 번역했음)'에 『국부론』을 새로 번역하여 넣자고 권유해서 2007년 12월에 개역판 『국부론』(상·하)을 비봉출판사에서 발간하게 되었습니다.

필자가 『국부론』에 관심을 가지기 시작한 것은, 첫째로 『자본론』에서 가장 많이 인용되는 책이기 때문이었습니다. 『국부론』이 경제학의 체계를 처음 세웠다는 의미에서도 그렇지만, 마르크스경제학의 기본인 '노동가치설'을 가장 먼저 이야기했기 때문이기도 합니다. 『자본론』은 『국부론』이 다룬 이윤과 지대의 원천, 상품의 자연가격, 이윤율의 저하 경향, 고정자본과 유동자본, 자본축적, 생산적 노동과 비생산적 노동 등에 관한 이론들을 비판적으로 계승하고 있습니다. 『자본론』의 부제가 '정치경제학 비판'인 이유가 바로 여기에 있습니다.

1870년대 한계효용학파(수학의 미분과 적분을 경제학에 도입하면서

6

경제학의 범위를 주로 상품들 사이의 교환관계로 한정함)가 득세하여 경제학을 'economics'로 부르기 전까지 모든 경제학은 'political economy(정치경제학)'라고 불렸습니다. 그래서 마르크스는 스미스와 리카도 등의 고전파경제학을 포함한 자기 이전의 모든 경제학을 비판한다는 의미를『자본론』의 부제에 담은 것입니다.

둘째로 한국의 경제학계는 미국 학풍에 너무 사로잡혀 있는데(필자가 서울대 경제학부를 정년퇴임한 2008년 3월 1일 이후 경제학부의 교수는 31명인데, 그중에서 두 사람을 뺀 29명이 모두 미국에서 박사 학위를 받았음), 이들이 주장하는 시장만능주의는『국부론』의 내용과는 매우 다르다는 점을 밝히고 싶었기 때문입니다.

모든 경제문제를 시장에 맡기라고 주장하면서, 독점(재벌)을 강화하고 중소기업을 파괴하며 취업노동자들을 해고하고 빈부 격차를 확대할 뿐만 아니라, 후진국 경제를 더욱 빈곤하게 만들고 있는 주류경제학자들이 스미스를 부르주아경제학(자본주의를 찬양하고 유지하려는 경제학)의 시조로 섬깁니다. 아마도 스미스가 지금 살아 있다면 "나는 부르주아경제학자가 아니다"라고 외칠 것이 분명합니다.

스미스는 당시의 절대왕정이 일부 상인과 제조업자의 이익을 증대시키기 위해 수출증진정책(세금 환불, 장려금 지급, 외국과 유리한 통상정책 체결, 식민지 건설 등)과 수입억제정책을 실시하는 것을 비판하면서, 이런 정책들을 버리고 모든 국민들의 이익을 돌보아야 한다고 주장하였습니다. 일부 소수의 유산자 계급(유산자 계급은 '재산을 가진 계급'을 가리키는데, 여기에는 산업자본가·상업자본가·금융자본가 등 자본가 계급과 지주 계급이 속함)에게 큰 이익을 몰아주기 위해, 스미스가 '자유방임'을 주장한 게 아니라는 것입니다. 이것은 그가 강의한 '도덕철학'의 내용과도 완전히 일치합니다.

이 책의 목적은 애덤 스미스의 방대한 저서 『국부론』을 청소년들까지도 알기 쉽게 가르쳐주는 것입니다. 책의 내용이 매우 흥미로울 뿐만 아니라, 세상을 보는 새로운 시각까지 얻을 수 있을 것입니다.

2010년 4월 산본에서

김수행

『국부론』은 어떤 책인가

　　『국부론』의 완전한 이름은 '국민의 부(富)의 성질과 원천에 관한 고찰An Inquiry into the Nature and Causes of the Wealth of Nations'이며, 저자는 스코틀랜드에서 태어나고 죽은 애덤 스미스입니다. 1776년에 초판이 발간되었고, 제3판(1784년)에서 상당한 부분이 추가되었으며, 제5판(1789년)까지 나왔습니다.

　　이 당시 영국은 내부적으로는 면방적업(면화에서 실을 뽑는 공업)과 면방직업(실로 천을 짜는 공업)을 중심으로 산업혁명이 시작된 시기였고, 국제관계에서는 영국의 식민지인 북아메리카의 동부 해안 13개 주가 1776년에 영국 정부에 대항해 독립을 선언하고 독립전쟁에서 승리함으로써 1783년 각국의 승인을 받아 아메리카합중국(미국)을 세우던 시기였습니다. 그리고 1789년 프랑스에서는 절대왕정에 맞선

시민혁명이 승리하였습니다. 스미스가 『국부론』을 쓰던 무렵은 절대왕정이 국가의 권력을 사용하여 모든 부문을 지배하던 독재의 시대가 붕괴하는 시기였다고 할 수 있습니다. 실제 영국에서는 1688년에 국회가 전제적인 국왕을 쫓아내고 새로운 국왕을 세워, 국회가 의결한 「권리장전」을 선포하게 함으로써(1689년), 자유로운 분위기가 크게 확대되고 있었습니다. 이것이 '명예혁명'입니다.

『국부론』은 경제학의 체계를 '최초로' 세운 책입니다. 따라서 국부의 성질과 원천, 상품의 가치와 가격, 사회 각 계급의 소득의 원천인 임금·이윤·지대, 자본의 축적과 투자, 생산적 노동과 비생산적 노동, 상품의 수출과 수입, 국가의 경제정책, 국가의 세입과 세출, 국채 등 경제학의 모든 부문을 이론적으로, 그리고 역사적으로 연구하여 서술하고 있습니다.

『국부론』은 마르크스경제학에 어떤 영향을 미쳤을까요? 마르크스는 왜 『자본론』에서 『국부론』을 가장 많이 인용했을까요?

스미스는 모든 국민의 부인 국부는 금과 은 등 귀금속이 아니라 모든 주민이 소비하는 필수품과 편의품이라고 정의했습니다. 또한 국부의 원천이 그 나라 국민의 노동이며, "상품의 가치는 그 상품을 만드는 데 드는 노동자의 노동에 의해 결정된다"라고 주장함으로써, 노동가치설을 처음으로 제시했습니다. 이 노동가치설은 리카도에 의해 수정·보완되고 마르크스에 의해 완성되어, 마르크스경제학의 이론적 기반이 되었습니다.

또한 생산적 노동과 비생산적 노동을 구별하여 "보수를 받는다고 해서 모든 노동이 새로운 부를 생산하는 것은 아니다"라는 원리를 최초로 주장함으로써 경제학을 크게 발전시켰습니다. 스미스는 국왕과 관리와 목사와 금리생활자는 새로운 부를 생산하지 않으며, 공업과 농업에 종사하는 사람들의 노동만이 새로운 부를 생산한다고 규정함으로써, 생산적 노동을 증가시켜야 국부가 증진된다고 주장한 것입니다. 이러한 스미스의 이론은 부르주아경제학에서는 받아들여지지 않고 있지만, 마르크스경제학에서는 계승되고 있습니다. 특히 지금 크게 확장되고 있는 금융활동(주식이나 유가증권을 사고팔아 이득을 얻거나, 남에게 대부하여 이득을 얻는 활동)이 모두 '비생산적 노동'이고 남의 주머니를 터는 행위라는 지적은 세계대공황을 이해하는 데 큰 도움을 줍니다.

"소득 중 소비를 절약하여 자본을 증가시킨다"라는 주장이나, "자본을 축적하면 취업자가 증가한다"라는 주장을 포함하는 자본축적론은 당시의 경제발전 수준에서는 타당한 것이었습니다. 그러나 현재의 자본가들은 향락을 즐기면서도 자본까지 축적할 수 있을 만큼의 거대한 부를 이미 쌓아놓은 상태이고, 기계화와 로봇화가 취업자를 해고시킬 뿐만 아니라 새로 노동자로 들어오게 될 학교 졸업생들의 일자리도 만들어주지 않고 있습니다.

그러므로 스미스의 자본축적론의 '내용'은 크게 수정되어야겠지만, '이론 구성 그 자체'는 마르크스경제학에 계승되고 있습니다. 그러나 스미스는 임금·이윤·지대의 원천을 노동가치설에 연결시키지 못했기 때문에 그 원천을 찾는 데 실패했습니다. 마르크스는 "노동자의 노동이 새로운 가치를 창조한다"라는 노동가치설에 의거하여 임금·이윤·지대의 원천을 명확히 밝혔습니다.

　그런데 부르주아경제학에서 스미스를 시조라고 이야기하는 근거는 무엇일까요? 가장 중요한 근거는, 『국부론』이 1700년대에 유행하던 중상주의적 국가개입(예를 들어 수입 규제, 수출 장려, 독점적 무역회사의 허가, 식민지 건설)을 곳곳에서 철저하게 비판하고 있다는 것입니다.

　중상주의에서는 무역수지가 흑자(수출이 수입보다 많은 것)를 달성하여 국내에 보유하는 금과 은의 양을 증가시키는 것이 국부를 증가시키는 길이라고 생각하였습니다. 그러나 스미스는 금은 보유량의 증가가 토지와 노동의 연간 생산물(스미스가 말하는 국부)을 증대시키지 않는다는 것을 설득하기 위해, 당시 라틴 아메리카 식민지로부터 금은을 대량 수탈한 스페인과 포르투갈의 국내 경제가 망하고 있는 것을 실증적으로 보여주었습니다.

　그리고 스미스는 절대왕정의 중상주의 정책이 일부 상인과 제조업자의 이익만 증대시킬 뿐이고, 국민의 부인 국부는 감소시킨다는 것을 이론과 실증에 의해 증명하였습니다. 영국 국왕이 제조품의 수출을 증진시키기 위해 "국내 원료생산자는 원료를 외국에 수출해서는 안 되고 국내 제조업자에게만 팔아야 한다"라는 내용의 법령을 제정하여 벌칙을 크게 강화함으로써 일부 제조업자는 폭리를 얻을 수 있었지만, 원료생산자들은 원료의 판매시장이 줄어들고 가격이 폭락하여 큰 고통을 받아야만 했습니다. 다시 말해, 일부 제조업자의 이익을 증진시키기 위해 수많은 원료생산자의 이익을 희생시킨 것입니다.

　또한 자유경쟁이 독점이나 배타적 특권보다 사회의 이익에 훨씬 더 봉사한다는 것을 입증하기 위하여, 스미스는 독점적인 동인도회사와 자유경쟁적인 개인 모험상인을 대비시키고 있습니다. 스미스는 동인도회사가 사실상 영국 정부를 대신하여 인도를 지배하고 있는데, 인도 국민을 희생시키면서 투자자들의 개인적인 부를 증가시키고 영국 정부에게는 인도에 대한 재정지출을 증가시키는 손실을 줄 뿐이라고 비판하고 있습니다.

끝으로 스미스는, 인간은 본성적으로 '가장 적은 비용으로 가장 많은 수익을 얻으려고 노력하는 경제인Homo economicus'이기 때문에, 모든 개인에게 경제활동을 '자유방임'하면 '보이지 않는 손an invisible hand'에 이끌려 사회 전체의 이익도 증가한다고 주장합니다. 이 '보이지 않는 손'이 무엇인지는 6부 3장(보이지 않는 손)에서 다시 논의하겠지만, 먼저 기억해야 할 것은 이 용어가 『국부론』에서 오직 한 번(502쪽) 등장한다는 사실입니다.

결국 『국부론』이 경제에 대한 국가개입을 비판하면서 모든 개인에게 경제활동을 자유방임하면 국민의 부가 증가한다고 주장했기 때문에 부르주아경제학은 스미스를 시조로 삼고 있습니다. 그러나 『국부론』에서는 "경제에 대한 국가개입을 없애면, '자연적 자유natural liberty'의 세계가 나타난다"라고 말하고 있다는 점에 주목해야 합니다. 이 자연적 자유의 세계는 개인이 자신의 이익과 상태를 개선하려고 자연스럽게 노력하는 자유를 억제하지 않는 것을 의미하면서도, 동시에 사회 전체의 이익과 안전을 위협하는 몇몇 개인의 자연적 자유의 행사는 제한하여야 한다는 것을 포함하고 있습니다.

이것은 스미스가 앞에서 말한 것처럼, "일부 상인과 제조업자의 이익을 증진시키지 말고 모든 국민의 이익을 증진시켜야 한다"라는 주장이나, "자유경쟁이 독점보다 사회의 이익에 더욱 봉사한다"라는 주장과도 일치합니다. 또한 스미스가 '도덕철학'에서 주장한 "대다수의 사람들이 '동감sympathy의 즐거움'을 느끼는 것이 그 사회의 도덕이 되며, 공평한 제3자가 동감의 즐거움을 느낄 수 없을 정도로 개인이 사리사욕을 추구하는 것은 정의의 법에 의해 규제되어야 한다"라는 말과도 완전히 일치합니다.

그리고 '개인이 자기 자신의 이익을 추구할 때, 보이지 않는 손에 이끌려 자기도 모르는 사이에 사회의 이익을 증진시키게 된다'라는 주장도 개인에게 자기 자신의 이익을 추구하라고 자유방임하면 당연히 사회의 이익도 증진된다는 의미로 이해해서는 곤란합니다. 예를 들어 공장장은 대체로 굴뚝에서 나오는 연기를 그대로 방치하는 것이 자기에게는 이익이 되지만, 그렇게 되면 사회는 공기오염으로 큰 고통을 받게 될 것입니다.

스미스가 가장 중요하게 생각한 것은 '모든 국민의 부', 즉 사회의 이익이라는 점을 항상 명심해야 합니다. 따라서 스미스는 현대의 부르주아경제학이 주장하는 시장만능주의적 자유방임과는 상당히 다른 사상을 가지고 있었다고 말해야 할 것입니다.

『국부론』을 읽을 때 한 가지 주의해야 할 것은, 당시에는 스코틀랜드에서 아직 산업혁명이 진전되지 않았으므로 기계를 사용하는 공장이 거의 없었고, 따라서 생산이 도구를 사용하는 수공업 수준인 '가내공업'이나 한 건물에 다수의 수공업자를 임금노동자로 고용한 '공장제 수공업(매뉴팩처)'에서 행해졌다는 점입니다. 이 때문에『국부

론』에는 자본가와 임금노동자가 분명하
게 구별되지 않는 경우가 많습니다. 당시
에는 공장주인 자본가도 가족이나 임금
노동자와 함께 일했기 때문입니다.

또한 스미스는 생산기술이 빨리 발달
한다거나 새로운 생산방법을 끊임없이
도입한다는 개념을 가지지도 못했습니
다. 따라서 자본이 축적될수록 새로운
노동절약형 기계가 도입되기 때문에 실

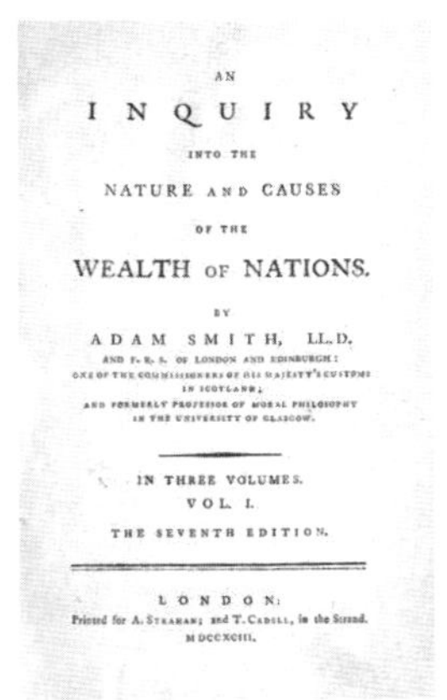

『국부론』초판

업자가 발생할 수 있다는 생각을, 스미스는 한 번도 가지지 못한 것
입니다.

이제부터 『국부론』 전체를 하나의 주제로 엮어보려고 합니다. 그
렇게 하려면, 스미스가 정치경제학의 목적을 어디에 두었는가를 먼
저 살펴보아야 합니다. 정치경제학의 목적이 확정되면 곧 정치경제
학의 과제가 등장할 것이고, 이 과제를 완수하려고 노력한 것이 바
로 『국부론』이 될 것입니다.

스미스는 『국부론』의 제4편(정치경제학의 학설 체계)에서 경제학의
목적에 관해 다음과 같이 말합니다.

정치경제학은 정치가나 입법자의 과학의 한 분야로 간주되는 경우,
두 가지 목적을 가지고 있다. 첫째는 국민들에게 풍부한 소득이나 생
활 자료를 제공하는 것, 좀 더 정확히 말해서 국민들로 하여금 스스
로 충분한 소득 또는 생활 자료를 얻을 수 있게 하는 것이고, 둘째는

공공서비스를 공급하는 데 충분한 세입을 국가에 제공하는 것이다. 즉 정치경제학은 국민과 국가 모두를 부유하게 하려는 것이다(517).

경제학의 목적은 '국민과 국가 모두를 부유하게 하는 것'이라고 말합니다. 여기에서 국가the state는 일정한 영토를 가진 '나라country'가 아니라 이 나라를 통치하는 '기구(예를 들어 행정부·입법부·사법부·군대·경찰 등을 가진 정부 전체)'를 가리킵니다. 따라서 국가를 부유하게 하는 것은 세금을 많이 거두어들이는 것을 가리킵니다. 이렇게 경제학의 목적을 규정하면, 자연히 다음과 같은 과제들을 해결해야만 합니다.

첫 번째, '국민을 부유하게 하는 것'의 의미가 무엇인가?
두 번째, 국민을 부유하게 하려면 어떻게 해야 하는가?
세 번째, 기존의 경제학설은 왜 국민을 부유하게 하는 데 실패했는가?

사실상 이 세 과제에 대답하는 것이 『국부론』의 전체 내용입니다. 이제 스미스의 대답을 살펴보겠습니다. 스미스에 따르면, 먼저 '국민을 부유하게 하는 것'은 국민 전체의 부(즉 국부)를 증가시키는 것을 의미합니다. 그리고 국부는 '국민이 연간 소비하는 생활필수품과 편의품의 전부', 또는 '그 나라의 토지와 노동의 1년간 생산물'을 가리킵니다. 그러므로 국부의 원천은 '국민의 1년 동안의 노동(연간 노동)'이 되는 것입니다.

이제 '국민을 부유하게 하려면 어떻게 해야 하는가?'라는 과제를 해결해야 합니다. 스미스에 따르면, 국부를 증진시키려면 연간 노동의 질을 향상시키고 연간 노동의 양을 증대시켜야 합니다. 쉽게 이야기해서, 각 노동자의 재주와 숙련이 향상되고 노동하는 사람들의 수가 증가하면 사회 전체의 연간 생산물도 증가될 게 아니겠어요?

각 노동자의 재주와 숙련을 향상시키기 위한 것이 이른바 분업입니다. 분업은 영어로 'division of labour'이기 때문에 '노동의 분할'이라고 부르기도 합니다. 스미스는 자기가 살던 커콜디의 핀 제조공장을 방문했는데, 노동자 한 사람은 하루 종일 긴 철사를 2센티미터로 끊고, 제2의 노동자는 이 2센티미터 철사의 끝을 뾰족하게 하며, 제3의 노동자는 이 철사의 머리를 만들고, 제4의 노동자는 이렇게 만든 핀들을 30개씩 나누며, 제5의 노동자는 이 30개를 각각 작은 종이상자에 넣고, 제6의 노동자는 각각의 작은 종이상자에 이 공장의 상표를 붙이며, 제7의 노동자는 철사를 끊는 노동자에게 철사를 공급하는 일을 맡고, 제8의 노동자는 각 종이상자를 상점에 운반하고 있었습니다.

이렇게 여덟 명의 노동자가 분업을 하니까, 공장 전체의 하루 핀 생산량이 4만 8천 개 정도가 되고, 노동자 각각이 하루에 6천 개를 생산하는 셈이 되었습니다. 그런데 어느 수공업자는 자기 혼자 위의 핀 제조공정을 모두 담당하니까, 하루에 겨우 20개밖에 생산할 수 없었다는 것입니다. 스미스가 노동자의 재주와 숙련을 향상시키는 방법으로 분업을 찬양하는 이유가 여기에 있습니다.

그러나 이런 생산방식은 기계가 도입되기 전의 이야기입니다. 자영업자이던 수공업자들을 한 공장에 임금노동자로 모아서, 분업을 통해 핀을 만들던 매뉴팩처 단계의 이야기입니다. 하지만 기계가 들어오면, 기계가 앞에서 말한 공정의 거의 대부분을 대신하게 됩니다. 사이다를 만드는 공장의 컨베이어벨트를 보면 금방 알 수 있습니다. 병이 컨베이어벨트를 따라 움직이면, 사이다 액체가 병에 담기고 병뚜껑이 닫힌 다음 상표가 붙어 한 상자에 몇 개의 병이 차곡차곡 쌓여서 보관창고로 들어갑니다. 이렇게 되면 철사를 2센티미터로 정확하게 자르기 위해 거의 10년간 매일 철사 자르기에 종사한 숙련된 노동자는 이제 필요 없게 되며, 임금수준도 크게 삭감될 것입니다.

다음으로 노동자의 수를 증가시키기 위해서는, 자본가가 이윤을 얻으면 소비에 전부를 사용하지 말고 일부를 저축하여 노동자를 추가로 고용해야 합니다. 스미스는 이것을 '자본의 축적'이라고 불렀습니다. 이렇게 되면, 공장 규모가 커질수록 취업노동자의 수도 점점 더 증가할 것입니다.

그러나 이런 관점도 기계가 들어오면 달라집니다. 현재 기계 1대에 노동자가 10명이 필요하다고 가정하고 어느 공장이 기계 100대를 가지고 있다고 한다면, 노동자는 1,000명이 고용되어 있을 것입니다. 여기서 생산방식을 변경시키지 않고 생산 규모를 확장시킨다면, 자본가는 동일한 기계 50대를 추가로 구입할 것이며 이에 따라 새로운 노동자 500명이 추가로 고용될 것입니다. 이제 이 공장에 고용된 노동자 수는 1,000명에서 1,500명으로 증가하는 것입니다.

그런데 몇 년이 지난 뒤, 값싸고 성능이 더 좋은 기계가 발명되어 지금의 생산량을 생산하기 위해서는 60대의 기계만이 필요하고 이 기계는 1대당 노동자 3명만 필요하게 된다고 한다면, 자본가는 다른 자본가와의 경쟁에서 이기기 위해서라도 이 기계를 도입할 수밖에 없을 것입니다. 이렇게 되면, 이 공장이 필요로 하는 노동자는 180명(=3명×60대)밖에 되지 않으므로, 나머지 취업노동자들 1,320명(=1,500명-180명)은 해고되어 실업자가 되는 것입니다.

실업자는 인구가 많아서 생기는 것이 아니라, 자본가가 이윤을 올리는 데 불필요하기 때문에 쫓겨나는 노동자일 따름입니다. 만약 정부가 자본가들에게 취업노동자를 해고할 경우 1명당 1천만 원의 벌금을 물리는 법률을 제정한다면, 그리고 매년 기존 취업자 수의 5퍼센트를 새로운 노동자로 추가적으로 고용해야 하는 법률을 제정한다면, 공장주들은 노동자의 노동시간을 대폭 줄일 것이고 실업자들도 감쪽같이 사라질 것입니다.

이렇게 할 수 없다면, 정부가 여러 가지 공공의 이익을 위한 사업들을 운영하면서 실업자들을 고용해야 할 것입니다. 이 돈은 어디에서 나올까요? 이 사회의 빈곤과 불평등을 줄여 더욱 살기 좋은 사회로 만들기 위하여, 보다 여유가 있는 부자들이 세금을 좀 더 많이 내야 할 것입니다.

그리고 스미스는 자본을 투자할 때, 국내의 노동을 가장 많이 사용할 수 있는 곳에 투자해야만 연간 생산물이 가장 크게 증가한다고 말합니다. 이리하여 자본을 가장 유리한 순서로 투자하는 것이 필요하다면서 '농업→제조업→도매업(이것은 다시 국내 상업→국내 소비를 위한 대외무역→중개무역)→소매업'의 순으로 투자해야 국내의 노동을 가장 많이 사용하게 되고, 연간 생산물을 가장 크게 증가시키게 된다고 주장합니다. 이것은 5부 3장(자본을 투자하는 우선순위)에서 자세히 설명할 것입니다. 또한 이 순서가 '국부 증진을 위한 자연적인 진행과정(『국부론』 제3편 제1장)'이라고도 말합니다. 왜 그럴까요?

스미스는 모든 개인이 "가장 적은 비용으로 가장 많은 이익을 얻으려고 노력하는 경제인"이기 때문에 인간의 본성이 제대로 발휘되도록 내버려두면, 이와 같은 순서로 투자가 이루어진다고 주장합니다. 만약 정부가 장려정책이나 억제정책을 취하지 않는다면 투자가 이와 같은 순서로 이루어져 국부가 가장 크게 증가할 텐데, 정부가 개입함으로써 투자가 가장 유리한 곳으로 가지 않는다는 것입니다.

이제 마지막으로, 『국부론』은 '기존의 경제학설은 왜 국민을 부유하게 하는 데 실패했는가?'를 설명하고 있습니다. 이때 검토의 대상은 당시 실시되고 있었던 절대왕정의 중상주의 정책입니다.

특정 산업부문에 대해 특별한 장려책을 사용함으로써 이런 정책이 없었을 경우 자연적으로 투하되었을 것보다 더욱 많은 양의 자본을 의도적으로 이 부문에 끌어들이려 하거나, 특정 산업부문에 대해 특정한 제한정책을 사용함으로써 이런 정책이 없었을 경우 투하되었을 일정량의 자본을 의도적으로 이 부문으로부터 끌어내려고 한다. (…) 이런 정책들은 참된 풍요·번영을 향한 그 사회의 진보를 촉진시키기는커녕 오히려 저지하며, 또한 사회의 토지·노동의 연간 생산물의 진정한 가치를 증대시키기는커녕 오히려 감소시킬 뿐이다(847쪽).

이런 관점에서 스미스는 수출장려정책·수입억제정책·독점적 무역회사의 허가·식민지 건설 등을 매우 비판적으로 검토하고 있으

며, 끝으로 국왕은 위와 같이 국부에 해로운 정책을 버리고 '야경국
가'의 의무(국토방위·사법행정·공공사업의 유지)만 다하면 된다는 결론
을 내리고 있습니다.

『국부론』은 엄청난 분량의 역사적·사회적·문화적·종교적·국가
별 상식들로 가득 차 있다는 점을 잊어서는 안 됩니다. 이것은 스미
스가 대학에서 언어학과 그리스·로마의 고전을 연구한 것과 깊은
관련이 있습니다.

금은보화를 가장 많이 가진 스페인과 포르투갈이 왜 유럽에서
가장 가난할까요? 북아메리카에 있는 영국의 식민지가 독립을 요구
하고 있다면, 이것을 허용하는 것이 좋을까요? 만일 허용하지 않으
면서 '연방'을 결성하기 위해서는 영국 정부가 어떤 조건을 제시해야
할까요? 기부재산으로부터 봉급을 받는 교수가 연구와 강의에 전혀
노력을 기울이지 않는다면, 이것을 개선하는 방법은 무엇일까요? 언
제부터 무슨 이유로 군대가 봉급을 받게 되었을까요? 교회의 수입
이 증가하는 것이 국부의 증진에 도움이 될까요? 생활필수품에 대
한 과세는 결국 누구의 부담이 될까요? 공정한 사법제도가 어떻게
국부의 증진에 기여할까요? 『국부론』에는 온갖 흥미로운 이야기들
이 매우 많기 때문에, 교양을 넓히는 방법으로도 『국부론』을 읽는
것은 매우 유용합니다.

이 책은 『국부론』에 나오는 내용의 대부분을 설명하면서 현대적
인 의미를 살피는 데 노력할 것입니다. 스미스의 사상과 현재 부르주
아경제학자들의 사상을 비교하면서 여러분의 견해를 새롭게 형성하
기를 바랍니다.

| 일러두기 |

1. 여기에 인용되는 애덤 스미스의 『국부론』은 김수행이 번역하고 비봉출판사가
   2007년에 발행한 제1개역판을 참고로 하였다.
2. 여기에 표시되는 책 쪽수는 비봉출판사에서 나온 『국부론』의 쪽수를 가리킨다.
3. 인용하는 번역문 안에 있는 ( ) 안의 내용은 필자가 추가한 것이다.
4. 참고할 수 있도록 『자본론을 읽는 시간』(김수행 지음, 해냄, 2026)의 부와 장을 밝
   혀두었다.
5. 이 책은 2010년에 출간한 『청소년을 위한 국부론』의 개정판으로, 작고한 저자를
   대신해 박도영 교수가 정리하며 시의성이 있는 내용의 경우 현재 시점에 맞는 자
   료로 수정·보완하였다.

차례

2부

분업과 화폐의 발생

<h1 style="text-align:center">4부</h1>

<h1 style="text-align:center">노동자와 자본가 및 지주</h1>

5부

자본의 축적과 투자의 우선순위

6부

중상주의와 중농주의

7부

국가의 재정

　　이 책은 글래스고 대학교에서 진행한 도덕철학 강의를 바탕으로 했기 때문에 경제뿐만 아니라 역사·철학·문학·정치·지리·종교·교육·세계·윤리 등에 관한 이론들로 가득합니다. 스미스는 이런 광범위한 지식을 동원하여 독자들을 설득하면서 최초로 경제학의 체계를 세웠으며, 절대주의 왕정의 경제정책인 중상주의를 철저히 비판했습니다. 『국부론』은 경제학에서 다루어야 하는 거의 모든 문제를 체계적으로 정리했으며, 경제에도 '자연적 질서'가 있는데 절대주의 국가는 일부 상인과 제조업자의 잘못된 충고에 속아서 이를 파괴하는 중상주의 정책을 실시하고 있다고 비판한 것입니다.

스미스가 살던 시대의 정치·경제

이 시대는 한마디로 말해 거대한 전환의 시대였습니다. 영국에서는 이미 토지소유자(지주) 계급과 자본가 계급 및 임금노동자 계급이 사회의 3대 계급을 구성하고 있었습니다. 특히 도시에서는 공장제 수공업(매뉴팩처)이 확대되고 있었는데, 기술 수준은 자동적 '기계'를 사용하지 않고 손으로 '도구'를 사용하는 수공업에 가까웠지만, 생산 형태는 임금노동자들을 공장에 모아 분업에 의해 생산하는 자본주의적 대공업과 같았습니다. 다시 말해, 자본가와 임금노동자의 대립과 투쟁이 일어나기 시작하는 최초의 자본주의 공장이 가동되고 있었습니다.

그리고 농촌에서는 농업자본가가 지주의 토지를 일정한 기간(예컨대 10년부터 99년까지의 기간) 동안 빌려서 임금을 주고 고용한 농업노동자에게 농산물을 생산하게 한 뒤, 이 농산물을 시장에 팔아 판매액 중 일부를 지주에게 지대로 바쳤습니다. 이런 농업자본가를 '차지농업가tenant farmer'라고도 부릅니다.

산업혁명은 면방적업과 면방직업에서 기계가 발명되고 증기기관이 동력으로 도입되면서 본격적으로 시작되기 때문에, 잉글랜드의 중부 지방(랭커스터, 맨체스터, 블랙번 등)에서는 1750년경에 시작되었다고 볼 수 있지만 1707년 5월에 잉글랜드와 통합되면서 산업이 발전하기 시작한 스코틀랜드에서는 좀 더 늦었습니다. 따라서 스미스는 기계가 미치는 영향을 거의 연구할 수가 없었습니다.

정치적으로는 절대왕정이 유럽 전체를 지배하고 있었습니다. 프랑스의 루이 14세재위 1643~1715는 왕권신수설(국왕의 권력은 신으로부터 받는 것이기 때문에, 모든 국민이 국왕에게 복종해야 한다는 사상)을 앞세워 국가를 자기 마음대로 통치했습니다. 콜베르를 재상으로 삼아 중상주의 정책을 실시했고, 베르사유 궁전을 지어 국가지출을 크게 낭비했습니다.

그러자 절대왕정에 대항하는 자연법사상과 계몽사상이 널리 퍼졌습니다. 사회나 인간의 자연적 성질에 적합한 자연법을 기준으로 국왕의 법을 비판하고, 인간의 이성을 존중하며, 국왕과 교회의 권위와 특권에 반대하여 모든 사람들에게 자주적이고 합리적인 정신을 갖도록 일깨우는 계몽운동이 일어나게 되었습니다. 로크Locke: 1632~1704의 삼권분립설, 볼테르Voltaire: 1694~1778의 신앙의 자유, 루소 Rousseau: 1712~1778의 사회계약론 등은 계몽운동의 큰 조류를 형성했으며, 프랑스혁명의 사상적 근거가 되기도 했습니다.

영국에서는 제임스 2세재위 1685~1689가 전제정치를 하면서 가톨릭교를 지배적인 종교로 삼으려 하자, 영국 국교도들이 이에 반대하면서 의회가 주동이 되어 국교를 믿는 제임스 2세의 큰딸 메리와 그의 남편 윌리엄을 왕으로 맞이하고 제임스 2세를 폐위하였습니다(명예혁명). 새 왕은 1689년에 의회가 결의한 「권리선언」을 승인하고 「권리장전」을 발포하여 입헌정치의 토대를 닦았습니다. 그러나 절대주의의 모순이 극에 달한 프랑스에서는 1789년에 절대왕정을 무너뜨리는 시민혁명이 일어났고, 이 혁명은 유럽 대륙 전체를 뒤흔들었습니다.

세계적으로는 신대륙의 지리적 대발견에 이어 식민지를 건설하고 약탈하는 것이 정부의 큰 업무였습니다. 15세기에서 18세기까지 스페인, 포르투갈, 네덜란드, 영국 등이 주축이 되어 아메리카 대륙, 서인도제도, 인도, 오스트레일리아 등에 식민지를 건설하여 금은 등의 귀금속과 자원을 약탈하고 상품교역을 독점했습니다.

그러나 식민지로부터 금은을 가장 많이 약탈한 스페인과 포르투갈이 국내 경제적으로는 유럽에서 가장 가난한 나라로 전락한 상태였고, 영국 정부가 인도와의 통상을 독점하게 한 동인도회사는 실제로 영국 정부를 대신하여 인도를 통치하면서도 자기 회사의 주식 소유자들에게만 이익을 주고 영국 정부와 영국 국민에게는 전혀 이익을 주지 않았습니다. 또한 영국의 북아메리카 식민지는 영국의 독점적인 무역상에게는 이익을 주었지만 영국 정부에게는 막대한 재정지출만 강요할 뿐이었고, 나아가 독립전쟁을 개시하여 1776년에 독립을 선언했습니다. 따라서 스미스는 식민지를 건설하는 것이 영국 전체로 보아서도 전혀 이익이 되지 않는다는 생각을 가지게 되었습니다.

스미스는 『국부론』에서 자유무역이 보호무역보다 국부를 증진시키는 데 훨씬 더 도움이 된다고 주장했지만, 이 주장은 당시 영국의 공산품이 매우 높은 국제경쟁력을 가지고 있어서 자유무역을 하면 영국 제품이 타국의 시장을 차지할 수 있을 것이라는 판단에 의거한 것은 아니었습니다. 이 책 6부 2장(중상주의 비판)에서는 수입제한이 불필요하다고 주장하는데, 이는 굉장히 논리적인 주장이라고 할 수 있습니다. 영국 제조업의 국제경쟁력이 월등해져 모든 나라에 자유무역을 강요하게 된 것은 산업혁명이 완성된 1850년대부터라고 보면 됩니다.

1부에서는 스미스의 일생을 살펴보겠습니다. 애덤 스미스는 스코틀랜드에서 태어나서 글래스고 대학교와 옥스퍼드 대학교에서 공부하고 스코틀랜드에 돌아가 계몽운동을 시작했습니다. 이후 글래스고 대학교의 논리학 교수와 도덕철학 교수로 재직하다가 버클루 공작의 해외여행에 동반하는 가정교사가 되어 유럽 대륙을 여행한 뒤 『국부론』을 출간했습니다. 늙어서는 스코틀랜드 관세청장으로 일하다가 생을 마감했습니다. 이 일생에서 우리는 역사상 잊힐 수 없는 위대한 사상가를 발견하게 될 것입니다.

또한 스미스가 사회과학 전체에 대해 어떤 안목을 가지고 있었는가를 그의 신학·윤리학·법학·경제학을 모두 포함하고 있는 '도덕철학 강의'를 통해 알아보고자 합니다.

삶과 경제학 여정

애덤 스미스는 1723년 6월 5일에 스코틀랜드의 커콜디에서 태어났습니다. 아버지 애덤 스미스는 스코틀랜드 군사재판소의 법무관을 거쳐 1714년부터 커콜디의 세관 검사관으로 근무하였고, 어머니인 마거릿 더글러스는 그 동네의 지주인 로버트 더글러스Robert Douglas of Strathenry의 딸이었습니다. 이 두 사람은 1720년에 결혼했는데, 아버지는 스미스가 태어나기 전인 1723년 1월에 죽었습니다.

스미스는 어머니와 외사촌 여동생과 함께 살면서 평생을 미혼으로 지내다가, 어머니가 90세로 죽은 지 6년이 지나고 미혼의 외사촌 여동생이 죽은 지 2년이 지난 뒤인 1790년 7월 17일에 67세의 나이로 스코틀랜드의 수도인 에든버러에서 세상을 떠났습니다.

대학생활

스미스는 커콜디 버러 스쿨Burgh School of Kirkcaldy에서 중등교육을 받

애덤 스미스

1723~1790. 영국의 철학자이자 경제학자. '경제학의 아버지'로 불리며, 자유시장과 자유무역을 제시했다.

프랜시스 허치슨

1694~1746. 영국의 사상가. 인간에게는 자연스럽고 보편적인 도덕 감각이 있다고 주장하였다.

고, 1737년14세에 커콜디를 떠나 글래스고 대학교에 입학하여 3년 동안 공부했습니다. 라틴어·그리스어·자연철학을 배웠으며, 특히 영국의 유명한 사상가인 허치슨 교수 밑에서 도덕철학을 배웠습니다. 당시는 근대 부르주아 사회가 성립되어 가던 시기였기 때문에, 르네상스적인 인간 중심 사상과 계몽주의가 큰 조류를 이루고 있었습니다. 이리하여 '도덕철학' 과목에서 신학·철학·윤리학·법학·경제학 등을 포괄하는 '사회철학'을 가르쳤습니다.

스미스는 글래스고 대학교에서 주는 장학금Snell Exhibition(연간 40파운드)을 받아 1740년에 옥스퍼드 대학교 베일리얼 대학Balliol College에 들어갔습니다.

처음에는 신학을 공부하여 영국 국교Church of England의 성직자가 되려고 했지만 옥스퍼드 대학교 신학 교수들의 성실하지 못한 태도에

옥스퍼드 대학교 베일리얼 대학교

1263년에 설립되어 옥스퍼드 대학교 중 가장 오래된 대학으로 꼽힌다. 아름다운 정원과 고풍스런 건물로 유명하다.

분개하고[애덤 스미스는 그의 저서에서 옥스퍼드 대학교에서는 교수가 강의실의 학생 수에 따라 봉급을 받는 게 아니라 거대한 기부금으로부터 받기 때문에, 그리고 신학 교수들이 훨씬 더 봉급을 많이 주는 영국 국교의 성직자로 옮기기 위해 노력하고 있기 때문에, "교수들의 대부분이 지난 수년 동안 강의 흉내조차 내지 않을 정도로 자신들의 의무를 완전히 버리고 돌보지 않고 있었다(935쪽)"라고 비판한다] '무신론적' 철학자 흄*의 영향을 크게 받으면서 성직자가 되겠다는 생각을 버리게 되었습니다. 흄의 『인간 본성론』을 읽다가 대학 당국으로부터 처벌을 받기도 했습니다.

스미스는 신이 자연과 인간을 창조했다는 것을 인정하면서도, 신

---

* 1711~1776. 영국의 철학가이자 경제학자. 애덤 스미스와 함께 스코틀랜드 계몽주의 운동을 펼쳤으며, 그에게 많은 영향을 주었다. 통화주의자 프리드먼이 주장한 화폐수량설의 선조이다.

이 계시와 명령을 통해 자연과 인간 사회를 다스린다는 것을 거부하고 자연과 인간 사회는 인간이 이성으로 파악할 수 있는 어떤 '자연적 질서'에 따라 운동한다고[우주에서 각각의 별들이 거대한 자연적 질서를 유지하는 것은, 뉴턴(Issac Newton: 1642~1727)의 '만유인력의 법칙'에 의해 증명되었다. 이 '자연적 질서'를 찾아내는 과정에서 '보이지 않는 손(an invisible hand)'이 큰 역할을 하게 되는 것은 6부 3장에서 살펴볼 것이다] 보는 자연신학 또는 이신론을 채택하게 된 것입니다.

스미스는 옥스퍼드 대학교의 도서관을 이용하여 혼자서 언어학·수학·철학·그리스 및 로마의 고전을 연구했고, 장학금 기간이 끝나기 전인 1746년에 스코틀랜드로 돌아와 흄과 함께 스코틀랜드 계몽주의 운동*을 전개하기 시작했습니다.

글래스고 대학교에서의 교직 생활

스미스는 1748년부터 1751년까지 친구들의 후원으로 에든버러에서 웅변술과 미적 감정에 호소하는 문학을 공개 강의했는데, 이것이 큰 호평을 받아 1751년28세에 글래스고 대학교의 논리학 교수로 임명되었고, 다음 해에 도덕철학과의 주임교수가 죽자 그 자리를 물려받아 1763년까지 12년 동안 도덕철학을 강의했습니다. 사실상 이 도덕철학 강의(1부 2장 참조)가 스미스가 쓴 모든 저작의 바탕이 되었습니다. 스미스는 이 도덕철학 강의 중에서 윤리학에 관한 부분

---

* 스코틀랜드에서는 18세기에 일어났으며, 개인의 이성을 인간 본연의 특질로 파악한다. 현실의 경험 속에서 덕을 함양할 때 개인과 사회 모두의 발전이 가능하다고 믿었다.

글래스고 대학교

영국 스코틀랜드 글래스고에 있는 대학교로, 1451년 교황의 칙서에 의해 설립되었다.

을 『도덕감정론』이라는 제목으로 1759년36세에 발간했습니다. 이 책의 발간으로 명성이 높아져, 유럽의 부유한 학생들이 스미스에게 배우기 위해 글래스고 대학교에 많이 왔다고 합니다.

스미스는 1761년에 글래스고 대학교의 부총장이 되어 학교 행정에 큰 힘을 쏟았습니다. 이때 런던에 처음 갔다고 합니다. 그리고 1762년에는 글래스고 대학교로부터 법학 박사 학위를 받았습니다.

중농학파와 교류하다

스미스는 1763년 11월40세에 교수직을 사임하고, 젊은 버클루 공작Henry Scott, 3rd Duke of Buccleuch의 가정교사가 되어 1764년 1월부터

프랑수아마리 아루에 볼테르

1694~1778. 프랑스의 작가 겸 계몽사상가.

프랑수아 케네

1694~1774. 중농주의를 창시한 프랑스
의 경제학자.

1766년 11월까지 3년 동안 유럽, 그 가운데서도 특히 프랑스를 중
심으로 여행했습니다.

스미스는 제네바에서 철학자 볼테르를 만났고, 파리에서는 케네,
튀르고* 등의 중농학파**와 교류했습니다. 그런데 1766년 10월에 파
리에서 공작의 동생이 죽었기 때문에, 스미스는 여행을 곧 끝내고
잉글랜드로 돌아오게 되었습니다.

---

*　1727~1781. 프랑스의 정치가이자 경제학자.

**　모든 산업 중 농업만이 모든 생산비를 지급하고도 이윤을 남기는 유일한 산업이고, 상업이나 공업은
　　그렇지 않다고 주장했다. 6부 4장에서 스미스의 중농주의 비판을 논의할 예정이다.

『국부론』을 완성하다

스미스는 1766년 11월부터 1767년 3월까지 런던에 머물면서, 재무부 장관 타운센드Townshend의 북아메리카 식민지 조세 계획과 뒷날 수상이 되는 셀번Shelburne의 북아메리카 식민지 정책에 대해 조언했습니다. 그리고 1767년 5월부터 1773년 4월까지 커콜디에서 어머니와 외사촌 여동생 재닛과 함께 살면서, 가정교사로 봉사한 것에 대한 사례금에 의지하여 『국부론』 완성에 몰두했습니다. 그 뒤 런던에 와서 자료를 보완한 뒤에 1776년 3월 9일53세에 드디어 『국부론』을 발간했습니다.

이 책은 글래스고 대학교에서 진행한 도덕철학 강의를 바탕으로 했기 때문에 경제뿐만 아니라 역사·철학·문학·정치·지리·종교·교육·세계·윤리 등에 관한 이론들로 가득합니다. 이런 광범위한 지식을 동원하여 독자들을 설득하면서 최초로 경제학의 체계를 세웠으며, 절대주의 왕정*의 경제정책인 중상주의**를 철저히 비판했습니다. 『국부론』은 경제학에서 다루어야 하는 거의 모든 문제를 체계적으로 정리했으며, 경제에도 '자연적 질서'가 있는데 절대주의 국가는 일부 상인과 제조업자의 잘못된 충고에 속아서 이를 파괴하는 중상주의 정책을 실시하고 있다고 비판한 것입니다.

미국의 독립전쟁이 1775년부터 1783년까지 계속되었고 프랑스의

* 강력한 왕권을 바탕으로 하며, 중세 봉건사회에서 근대 국가로 넘어가는 과도기에 나타난 전제적인 정치 형태이다.
** 절대주의 왕정에서 채택된 경제이론으로, 무역을 중시하였으며 국내 산업 보호와 해외 식민지 건설 등을 핵심으로 한다.

시민혁명이 1789년에 폭발했다는 점을 상기하면, 중상주의를 비판한 『국부론』이 일부 상인과 제조업자의 이익만이 아니라 국민 모두의 이익을 옹호한 것은 당시의 '시대정신'을 반영한 것이라고 볼 수 있습니다. 이 책의 발간과 더불어, 그는 최고의 사상가로 존경을 받았습니다.

에든버러에 잠들다

스미스는 무신론자 흄과 평생 친구로 지냈고, 병에 걸린 흄이 죽을 때까지 그를 돌보았으며, 1776년에 흄이 죽자 짧은 글(「더 읽어보기」 참조)을 써서 그를 애도했습니다. 이 글에서 스미스는 죽음을 맞이한 무신론자 흄의 용기와 체념을 높이 평가함으로써, 기독교 장로교를 믿는 스코틀랜드 상류층으로부터 비난을 받기도 했습니다. 왜냐하면 기독교인들은 병자가 하나님에게 의지해야 비로소 평안을 느끼고 죽음을 겁내지 않게 된다고 믿었기 때문입니다. 나중에 스미스가 스코틀랜드 관세청장과 글래스고 대학교의 총장이 되는 과정에서, 이 글이 그를 괴롭혔습니다.

스미스의 친구로는 철학자 흄, 초상화가 조슈아 레이놀즈[*], 의학계의 존 헌터와 윌리엄 헌터 형제, 물리학자 조지프 블랙[**], 지질학자 제임스 허턴[***] 그리고 미국의 벤저민 프랭클린이 있었습니다. 조

---

[*]　1723~1792. 영국의 화가. 영국 미술계에 새로운 초상화 스타일과 기법을 확립시켰다.

[**]　1728~1799. 스코틀랜드의 물리학자. 이산화탄소의 발견자로 알려져 있다.

[***]　1726~1797. 스코틀랜드의 지질학자.

존 헌터

1728~1793. 영국의 외과의사. 총상과 생리작용에 대한 연구를 하였다.

윌리엄 헌터

1718~1783. 영국의 해부학자.

벤저민 프랭클린

1706~1790. 미국의 계몽사상가. 프랑스의 원조를 받아 미국의 독립에 막대하게 공헌했다.

지프 블랙과 제임스 허턴은 스미스가 남긴 원고의 관리인이 되었고, 벤저민 프랭클린은 "아메리카 식민지를 포기하라"라는 스미스의 주장에 많은 영향을 주었습니다.

1778년에 스미스는 스코틀랜드 관세청장이 되어 에든버러 캐넌게이트에 있는 판머하우스Panmure House를 구입하여 모친과 재닛(집안일을 담당하는 집사가 됨)과 함께 살았습니다. 그리고 1787년에는 자기가 배우고 가르치던 글래스고 대학교의 총장이 되었습니다.

스미스는 1790년 7월 17일 죽기 전, 원고를 관리하는 두 친구(조지프 블랙과 제임스 허턴)에게 자기가 완성하지 못한 법학·문학·과학 등에 관한 원고들 중에서 출판하기에 적합하지 않은 원고들을 모두 불태우게 했으며, 그 밖의 글들은 『철학적 주제들에 관한 논문집 Essays on Philosophical Subjects』(1795)에 수록하게 했습니다.

애덤 스미스 묘지
1790년 7월 17일에 세상을 떠난 애덤 스미스
는 스코틀랜드 캐넌게이트에 있는 장로교회
묘지에 묻혔다.

그의 무덤은 에든버러의 캐넌게이트에 있는 스코틀랜드 장로교
회 묘지에 있습니다. 묘지의 비문에는 이렇게 적혀 있습니다.

『도덕감정론』과 『국부론』의 저자 애덤 스미스의 유해가 여기에 묻
혀 있다. 그는 1723년 6월 5일에 탄생하여 1790년 7월 17일에 사망
했다.

스미스는 검소한 생활을 하였지만 당시의 문인으로서는 잘사는 편이었고, 마음씨가 관대하였다. 몇 개의 일화를 들어보자.

첫 번째 일화는 글래스고 대학교의 교수직을 버리고 젊은 버클루 공작의 해외여행 가정교사가 된 일이다. 스미스는 이 가정교사 직을 수락하면 교수 월급보다 2배나 많은 월급을 받고 평생 연금도 받을 수 있었으므로, 『국부론』을 편안하게 완성할 수 있겠다고 생각했다. 그리고 당시 유럽에서는 프랑스의 중농학파나 계몽주의자나 백과사전파가 가장 자유롭고 진보적인 사상가들이었으므로, 스미스는 이 기회에 그들과 교류하고 싶었다. 또한 버클루 공작의 부친인 타운센드 의원은 유명한 정치가로서 나중에 재무부 장관이 되기도 했으므로 그의 부탁을 거절하기가 어려웠으며, 그를 통해 자기의 경제정책에 대한 구상을 실현하려고 생각했을 것이다.

두 번째 일화를 보자. 스미스는 버클루 공작의 가정교사가 되기 위해 학기 중에 사표를 내게 되었으므로, 학생들로부터 받은 수업료를 돌려주어야 했다. 앞서 스미스는 강의를 듣는 학생들로부터 수업료를 받아 자기의 수입으로 삼아야만 교수가 더욱 성실히 강의한다고 주장해 왔다. 그런데 학생들이 스미스를 너무나 좋아해서 수업료를 돌려받지 않으려고 했다. 그러자 스미스는 "당신들은 수업료를 돌려주는 나의 기쁨을 빼앗아서는 안 되네"라고 말하면서, 가장 가까이에 있는 학생의 주머니에 그 돈을 넣어주었다.

세 번째로 스미스는 마차를 가지거나 집이나 옷을 사는 데 큰돈을 지출하는 사람이 아니었고, 일요일에는 손님들을 초대하면서 각자에게 음식을 한 접시씩 가져오게 해서 이야기하고 즐기는 편이었다. 그런데 한번은 웨일스의 조카가 군대에서 문제가 생겨 200파운드(스미스의 9개월분 연금)를 지급하지 않으면 장교의 지위를 잃게 된다고 해서, 스미스가 그 돈을 만들어 보낸 적도 있었다.

이 일화들은 스미스가 검소하고 절약하는 생활을 하면서도 자선과 기부를 게을리하지 않았음을 잘 보여준다.

스미스는 어떤 집에서 살았을까

왼쪽의 집은 스미스 어머니의 집입니다. 어머니는 부유한 집안 출신이었습니다. 스미스는 이 집에서 태어나서 중등교육을 마치는 14세(1737년)까지 살다가 글래스고 대학교(1737~1740년), 옥스퍼드 대학교(1740~1746년)로 가서 공부를 마친 뒤, 1746년에 이 집으로 돌아와 데이비드 흄과 함께 스코틀랜드 계몽주의 운동을 전개했습니다. 그 뒤 1748년부터 집을 떠나 1751년까지 에든버러에서 웅변술과 미적 감정에 호소하는 문학을 공개 강의했고, 1751~1763년에는 글래스고 대학교의 교수로 지냈습니다.

1764년에는 대학교수 자리를 사임하고 버클루 공작의 가정교사로서 유럽을 여행했는데, 그러던 중 파리에서 공작의 동생이 갑자기 죽는 사건으로 인하여 3년째인 1766년에 여행을 끝내고 어머니의 집으로 돌아오게 되었습니다. 스미스는 그 뒤 1776년43세까지 이 집에서 어머니의 알뜰한 보살핌을 받으면서 『국부론』을 완성하였습니다. 물론 생활비는 모두 버클루 공작의 가정교사로서 받은 연금으로 충당했습니다.

『국부론』으로 명성을 얻은 스미스는 1778년에 스코틀랜드의 관세청장이 되어 어머니를 모시고 에든버러로 이사했습니다. 1784년에는 어머니가 돌아가셨고, 1787년에는 모교인 글래스고 대학교의 총장(총장은 명예직이었으며 실무는 모두 부총장이 처리함)이 되었으며, 1790년 7월 17일에 67세의 나이로 세상을 떠났습니다.

지금은 애덤 스미스가 살았던 집의 집터에 기념동판만 남아 있는데, 다음과 같이 쓰여 있다.

집은 1834년에 헐렸음.
애덤 스미스
1723~1790
커콜디에서 탄생함.
이 자리에 그의 어머니 집이 있었음. 이곳에서 스미스는 1767년부터 1776년까지 살면서, 『국부론』을 완성했음. 스미스의 묘는 에든버러시 캐넌게이트 장로교회 묘지에 있음. 1953년에 세움.

왜 스미스가 평생을 독신으로 보냈는가에 대해서는 아무도 그 이유를 모르지만, 가장 그럴듯한 추측은 어머니와 여동생 재닛 더글러스가 너무 잘 보살펴주었기 때문에 결혼할 마음이 없어진 것이 아닌가 하는 것입니다. 커콜디에서도 세 사람이 함께 살았고, 재닛도 결혼하지 않았으며, 에든버러의 판머하우스에서도 함께 살다가 어머니는 1784년 90세에, 그리고 재닛은 1788년에 죽었습니다.

경제학 연구방법

스미스는 1759년36세에 『도덕감정론』을 발간했고 1776년53세에 『국부론』을 발간했는데, 이 두 권의 책은 그가 글래스고 대학교에서 가르친 '도덕철학 강의'의 중심 내용이었습니다. 따라서 도덕철학 강의의 내용을 살펴보아야 스미스의 경제학 연구방법을 이해할 수 있을 것입니다.

도덕철학 강의

도덕철학 강의의 내용은 자연신학·윤리학·법학·정치경제학으로 구성되어 있습니다. 이들 상호 간의 관계를 간략하게나마 살펴보아야, 스미스의 방대한 학문체계 전체를 대략적으로 파악할 수 있을 것입니다.

스미스의 자연신학(또는 이신론)에 따르면, 자연과 인간 사회는 신의 계시와 명령에 의해 움직이는 것이 아니라 미리 주어진 자연적

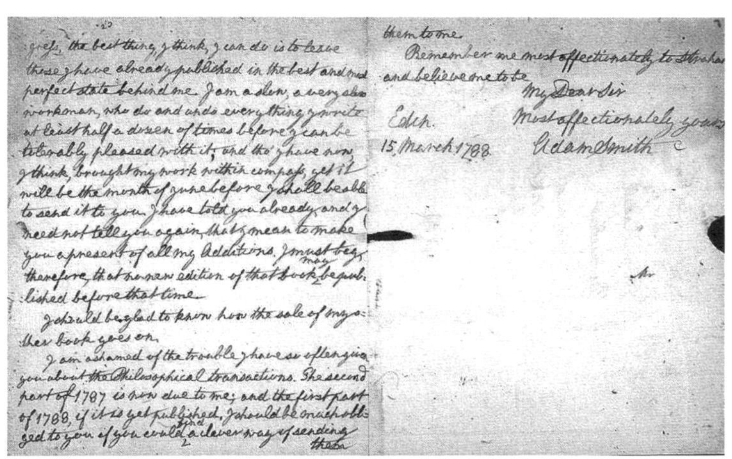

『도덕감정론』에 실린 애덤 스미스의 편지

『도덕감정론』의 수정과 추가에 관한 내용으로, 토마스 카델이라는 편집자에게 보냈다.

질서에 의해 움직이고 있으며, 이 자연적 질서는 인간의 이성에 의해 발견되고 이해될 수 있습니다. 이리하여 자연신학은 자연과 인간 사회가 지니고 있는 자연적 질서는 무엇이며, 어떻게 유지되고 있는가에 대한 문제를 다른 학문 분야에서 해결하게끔 과제로 남겼습니다. 예컨대 수많은 별들로 구성되는 우주가 '만유인력'이라는 숨은 성질에 의해 질서정연한 통일체를 이루듯이, 이성을 가지면서도 사리사욕을 추구하는 수많은 개인들로 구성되는 인간 사회가 어떻게 질서와 안전과 발전을 이룰 수 있는가를 연구하는 것이 윤리학과 법학과 정치경제학의 과제가 되는 것입니다.

스미스는 윤리학에서 사리사욕을 일정한 범위로 제한하려는 성향이 인간의 본성에 있는가를 밝히는 것을 주된 과제로 삼았습니다

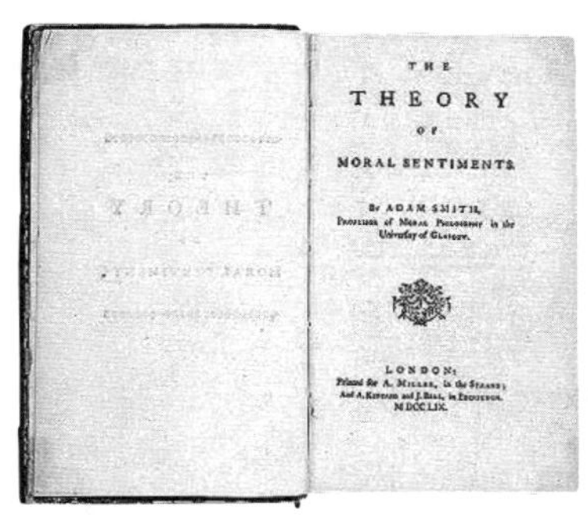

『도덕감정론』

1759년에 발간된 애덤 스미스의 저서로, 도덕 철학과 사회과학사의 고전이다.

다. 1759년36세에 발간된 『도덕감정론』이 바로 윤리학에 관한 책입니다.

스미스에 따르면, 도덕감정의 기초는 인간들이 가지고 있는 동감, 즉 타인의 슬픔이나 기쁨을 보면서 함께 슬픔이나 기쁨을 느끼는 감정이며, 나와 타인이 동감을 가질 때 모두가 즐거워진다고 합니다(이른바 상호 동감의 즐거움).

그러므로 내가 사리사욕을 추구하여 기쁨을 느낄 때 타인이 불행을 느끼게 된다면, '상호 동감의 즐거움'을 누리기 위하여 나의 이기심을 억제·조절하게 된다는 것입니다. 이처럼 동감을 이루기 위한 나와 타인의 자기반성·상호 노력이 쌓이는 과정에서 중립적 제3자의 동감을 얻는 행위가 사회적 윤리로 발전합니다. 그리고 개인의 이기적인 행위가 중립적 제3자의 동감을 얻을 수 있는 범위 안에 제한·억제되는 것을 '정의'라고 부르게 됩니다.

그런데 이기적인 행위는 쉽게 정의의 범위를 넘어가서 타인의 생명·신체·재산·명예 등을 침해하게 되므로, 정의의 준수를 인간성에 내재해 있는 상호 동감의 즐거움에만 맡겨둘 수는 없고 정부가 법을 제정하여 예외 없이 엄격하고 정확하게 집행해야 합니다. 이것이 스미스의 법학 강의의 핵심입니다.

끝으로, 정치경제학에 관한 강의는 뒤에 『국부론』으로 완성됩니다. 스미스가 도덕철학 강의에 정치경제학을 넣은 이유는 정부가 공권력에 의해 정의의 법을 집행하더라도 범죄가 줄어들지 않으며, 상업과 공업이 발달해 모든 주민이 자립적으로 생활하게 되는 것이 범죄 방지에 최선이라고 믿었기 때문입니다. 여기에서 국부가 무엇이며, 국부를 증가시키는 요인들은 무엇인가에 관한 경제학적 과제가 도덕철학 강의에 포함된 것입니다.

『국부론』의 편별 구성

『국부론』은 다섯 개의 편으로 구성되어 있습니다.

제1편(노동생산력을 향상시키는 원인들과 노동생산물이 상이한 계급들 사이에서 자연법칙에 따라 분배되는 질서)에서 스미스는 국부는 중상주의에서 주장하는 금과 은이 아니라 국민들이 소비할 수 있는 생활필수품과 편의품이라는 사실을 강조하면서, 한 나라 국민의 1년 동안의 노동이 국부의 원천이라고 주장합니다. 이에 따라 노동생산성[*]을 향상시키는 분업과 생산적 노동자를 증가시키는 자본축적이 강조된 것입니다.

그리고 노동생산물이 생산에 기여한 여러 계급들 사이에서 어떻게 분배되는가를 연구하면서, 임금·이윤·지대의 개념을 만들어냈습니다. 특히 노동생산물은 가격을 가지게 되는데, 스미스는 이 가격이 노동생산물 그 자체 가치의 변화에 의해서만이 아니라 화폐(금

---

* 노동자가 1시간의 노동에서 생산하는 생산량

과 은)의 가치가 변화하는 데에 따라서도 변동한다는 사실에 주목하면서, 역사상 처음으로 노동생산물의 가치를 그 상품을 생산하는 데 드는 노동량으로 측정할 것을 주장합니다. 이후 마르크스는 스미스의 논의를 더욱 전개하여 노동이 가치를 창조하며, 이 가치가 임금·이윤·지대의 원천이라고 주장합니다.

제2편(자본의 성질·축적·사용)은 자본의 성질, 자본이 점차로 축적되는 방식 그리고 자본의 사용방식이 상이해짐에 따라 자본이 고용하는 노동량이 달라지는 것에 대해 다룹니다. 여기에서 스미스는 국부를 증진하는 방법(또는 사회에 가장 유리한 투자)에는 자연적인 우선순위가 있는데, 이것은 '농업→제조업→도매업→소매업' 순이며, 각 개인에게 자기의 이익을 추구하라고 내버려두면 사회 전체의 이익도 증진된다는 것을 증명하고 있습니다.

제3편(각국의 상이한 국부 증진 과정)에서는, 국가가 국부 증진을 위한 자연적인 순서를 교란시키는 경제정책(자연히 저절로 흘러드는 것보다 더 큰 규모의 자본이 특정 부문에 흘러가도록 강제하거나 유인하는 정책)을 채택함으로써, 국부 증진을 약화시켰다고 주장합니다. 예컨대 "로마제국이 몰락한 이래 유럽의 정책은 농촌산업인 농업보다는 도시산업인 수공업·제조업·상업을 우대했다. 이러한 정책을 채택하고 확립시켰다고 보이는 사정들이 제3편에서 설명된다"(3쪽)라고 말하고 있습니다.

제4편(정치경제학의 학설체계)에서는 위에서 말한 국가정책들이 특정 계급의 사적 이익과 편견에 의해 도입되었을 뿐만 아니라, 매우 상이한 경제이론에 의거하고 있음을 중상주의와 중농주의에 대한

비판을 중심으로 해명하고 있습니다.

마지막 제5편(국왕 또는 국가의 수입)은 국왕 또는 국가의 세출[*]·세입[**]·공채[***]를 다루고 있습니다.

제1편에서 제5편까지가 『국부론』의 총 쪽수(서문과 참고 문헌 및 찾아보기를 빼면 1,183쪽)에서 차지하는 비중을 살펴보면, 제1편은 27.5퍼센트(325쪽), 제2편은 11.0퍼센트(130쪽), 제3편은 4.6퍼센트(54쪽), 제4편은 28.3퍼센트(335쪽), 그리고 제5편은 28.7퍼센트(339쪽)입니다. 이 비중을 보면 알 수 있듯이, 스미스는 경제이론을 확립하고자(제1편과 제2편) 가장 힘을 썼고, 그다음으로는 중상주의 정책에 대한 비판(제4편)과 국가의 재정(제5편)에 힘을 기울였음을 알 수 있습니다.

『국부론』과 『자본론』의 차이

『국부론』에서는 인간의 본성이 모든 중요한 경제이론의 출발점이 되고 있습니다. 스미스는 "인간이 날 때부터 가지고 있는 교환하려는 성향" 때문에, 분업이 생기고 상품들이 시장에서 교환된다고 생각합니다. 그리고 "인간은 원래 최소의 비용으로 최대의 성과를 얻으려고 하며, 자기 자신의 처지를 개선하려고 하는 경제인"이기 때문에 저축을 하여 자본을 축적하며, 이 자본을 자기 자신에게 가장

---

[*] 정부 또는 지방자치단체가 1년 동안 행한 모든 지출

[**] 1년 동안 국가 또는 지방자치단체가 얻는 모든 수입

[***] 국가나 공공단체가 재원 조달을 목적으로 하는 채무

카를 마르크스

1818~1883. 독일의 경제학자. 무신론적 급진주의자로서 엥겔스와의 공저 『독일 이데올로기』에서 유물사관을 정립하였다. 『경제학 비판 요강』, 『자본론』 등의 저서를 남겼다.

유리한 부문에 투자하려고 노력한다는 것입니다. 이런 개인들의 사적 이익 추구가 사회 전체를 이롭게 하는 "자연적인 질서"를 만들어 낸다고 보고 있습니다.

그런데 『자본론』*에서는 미리 주어져 있는 자본주의 사회구조가 자본가나 노동자의 개인행동에 일정한 제약을 가하고 있다고 보기 때문에, 인간의 본성을 생각할 필요가 없습니다. 예컨대 자본주의 사회에서 자본가는 이윤을 얻기 위해 노력하는 인간일 뿐이며, 노동자는 임금을 얻어 살아가려고 애쓰는 인간일 뿐입니다. 만약 자본가가 박애주의자여서 노동자를 불쌍하게 여겨 매우 높은 임금을 준다면, 그 자본가는 경쟁에서 져서 회사 문을 닫게 됨으로써 자본가의 지위를 잃어버리게 될 것입니다. 그러므로 '자본가는 이윤을

---

* 마르크스의 대표적인 저서. 1867년에 발간되었으며, 정식 명칭은 『자본, 경제학 비판(Das Kapital, Kritik der politischen Oeconomie)』이다.

얻기 위해 노력하는 인간'이라고 규정하는 것이 타당합니다.

따라서 스미스가 말하는 분업은 다시 '공장 안의 분업'과 '사회 안의 분업'으로 나누어 볼 수 있지만, 어느 것이나 인간의 교환 성향에 따라 생긴 것이 아니라 자본가들이 이윤을 더욱 증가시키기 위해 노력하는 과정에서 생기는 것이라고 봅니다. 또한 자본주의 사회의 질서는 자본가들이 서로 경쟁적으로 이윤을 추구하는 과정에서 생기는 것으로서, 어느 때는 경제가 성장하다가 또 어느 때는 경제가 위기를 맞이하고 공황에 빠지게 됩니다.

특히 스미스도 부르주아경제학자(부르주아경제학은 자본주의를 유지·옹호하려는 경제학을 가리킨다. 이 부르주아경제학에도 어떤 이론의 옳고 그름을 밝혀내는 것에 관심이 없고, 그 이론이 자본가 계급에게 이로운가, 해로운가에만 관심을 가지는 '속류경제학'이 있고, 어떤 이론의 옳고 그름을 밝혀내는 '과학적인 경제학'이 있다. 마르크스는 스미스와 리카도를 과학적인 부르주아경제학자로 분류한다) 또는 주류경제학자와 마찬가지로 사회가 수많은 인간들이 모인 곳에 지나지 않는다고 보기 때문에, 그에 따르면 인간의 본성과 행태를 알아야 사회를 알 수 있게 됩니다.

따라서 부르주아경제학에서는 모든 인간 사회를 분석하는 출발점이 인간 그 자체일 수밖에 없습니다. 더욱이 인간 그 자체는 변하지 않는 본성과 행태를 가지고 있으므로, 인류의 역사는 상이한 역사적 단계들(예를 들어 원시 공산 사회, 노예 사회, 봉건 사회, 자본주의 사회 등)을 거치면서 발달해 온 것이 아니라, 처음부터 지금까지 인간의 본성에 가장 적합한 사회(이것은 당연히 자본주의 사회라고 주장함) 하나만이 존속해 왔으며, 앞으로도 자본주의 사회가 인류 역사의 종말까지 존속할 것이라고 말합니다.

그런데 유구한 역사 속에서도 전혀 변하지 않는 인간 그 자체, 또는 '아무런 사회적 관련을 가지지 않는 순수한 원자론적인 개인'은 현실적으로 결코 존재할 수가 없습니다. 왜냐하면 인간은 가족적 관련을 가지지 않고서는 탄생할 수조차 없기 때문입니다.

그리하여 부르주아경제학은 어쩔 수 없이 절해고도에 살았다는 로빈슨 크루소를 '순수한 개인'의 대표자로 삼아 설명을 시작하지만, 로빈슨 크루소는 배가 바다에 빠져 섬에 혼자 살기 이전에 이미 자본주의 사회의 물을 먹었던 사람이었습니다[주류경제학(부르주아경제학)은 '사회는 독립적이고 원자론적인 인간들이 모인 곳이므로, 인간의 본성이 사회를 지배한다'라고 주장하면서, '독립적이고 원자론적인 인간'의 모델로 로빈슨 크루소를 자주 인용한다].

그러므로 부르주아경제학에서는 '인간은 이기적이고, 최소의 희생으로 최대의 이익을 얻으려는 경제인'이라고 가정합니다. 쉽게 말하면 부르주아경제학은 '경제인'이라는 허수아비를 만들어놓고 그것에 자기가 필요로 하는 인간의 모든 성격(예를 들어 이기주의, 합리성, 경쟁 심리)을 주입함으로써 경제이론을 만들어내고 있는 중입니다.

그런데 이렇게 하더라도 개인들의 결합이 사회라는 주장, 또는 개인의 본성이 그대로 사회의 움직임을 결정한다는 주장은 타당하지 않은 경우가 많습니다. 예컨대 모든 개인이 본성에 의해 근검절약하여 저축하려고 할 때, 부르주아경제학에서 주장하는 바에 따르면 당연히 사회의 저축 총액이 증가해야겠지만, 실제로는 사회의 저축

총액이 0이 될 수도 있다는 것입니다. 왜냐하면 모든 사람이 저축하려고 상품을 구매하지 않으면 상품이 팔리지 않아 생산업체는 생산을 중단하고 노동자들을 모두 해고하게 될 것이므로, 그 사회에는 소득이 없어지고 따라서 저축이 사라질 수밖에 없기 때문입니다.

앞에서 살펴본 바와 같이 부르주아경제학은 역사상의 모든 인간을 경제인이라고 보면서, 인류 사회가 처음부터 종말까지 자본주의 사회라고 주장합니다. 그러므로 부르주아경제학은 자본주의를 비판하는 마르크스경제학을 싫어할 뿐만 아니라, 경제의 역사(그리고 경제학의 역사)에도 관심을 가지지 않습니다.

그러나 노예 사회의 직접적 생산자인 '노예'와 자본주의 사회의 직접적 생산자인 '임금노동자'를 동일하다고 말할 수는 없습니다. 왜냐하면 노예는 노예주의 재산으로서 노예주가 죽이든지 살리든지 자기 마음대로 처분할 수가 있었지만, 임금노동자는 자본가와 인격적·법적으로 대등하며 자기 몸 전체를 파는 것이 아니라 자기의 노동력을 일정한 기간을 정하여 팔기 때문입니다.

더욱이 모든 인간이 경제인이라면, 피지배계급인 노예와 임금노동자는 스스로 이해타산에 의해 노예가 되거나 임금노동자가 되기를 선택했다고 주장할 수밖에 없는데, 이것은 현실 역사에 대한 최대의 무지를 드러내는 것이라 할 수밖에 없습니다(2009년에 발생한 대규모 실업자들에 대해, 부르주아경제학자들은 일자리가 많은데도 취업하기를 거부하는 자발적 실업자라고 비난하지만, 실제로 그들은 아무리 일하고 싶어도 일자리를 찾을 수 없는 비자발적 실업자들이었다).

스미스는 모든 것을 시장에 맡길 것을 요구하지는 않습니다. 이기

적이고 합리적인 경제인이 '정의의 원칙'을 쉽게 위반할 수 있을 것이라고 판단했기 때문입니다. 이 점이 필자가 「여는 글」에서 강조한 스미스의 장점입니다. 스미스는 다음과 같이 말합니다.

특혜를 주거나 제한을 가하는 모든 국가의 제도가 완전히 철폐되면, 분명하고 단순한 자연적 자유의 제도가 스스로 확립된다. 이 제도하에서 모든 사람은 정의의 원칙을 위반하지 않는 한, 완전히 자유롭게 자기의 방식대로 자신의 이익을 추구할 수 있으며, 자신의 근면과 자본을 바탕으로 다른 누구와도, 그리고 다른 어느 계급과도 완전히 자유롭게 경쟁할 수 있다(848쪽).

스미스의 몰두하는 성격

스미스는 무슨 생각에 골몰하면 정신을 차리지 못하고 엉뚱한 짓을 잘 했던 듯하다. 그중 몇 가지 에피소드를 소개한다.

첫 번째에는 커콜디에서 『국부론』을 쓰고 있을 때였다. 잠옷 바람으로 정원에 나가 바람을 쐰다는 것이 그대로 큰길로 나가 25킬로미터나 떨어진 다른 마을까지 걸어간 것이다. 도로 옆에 세워진 장애물에 걸려 벨이 울렸을 때 비로소 정신을 차려 보니, 자기가 잠옷을 입고 슬리퍼를 신은 채 교회에 가는 군중들 가운데 서 있더라는 것이다.

두 번째로 런던에서 어떤 사람과 아침을 먹으면서 대화를 하다가, 정신없이 찻잔에 빵과 버터를 넣고 끓는 물을 부어 마신 뒤에 "이렇게 맛없는 차는 처음이다"라고 말하기도 했다고 한다.

세 번째는 1788년에 60대 중반의 스미스가 집으로 손님을 초대하여 차를 마시던 중에 일어난 일이다. 외사촌이자 집사인 재닛이 앉으라고 이야기하는데도 정신없이 왔다 갔다 하면서 설탕통에 있는 설탕 덩이를 찻잔에 자꾸 집어넣는 바람에, 재닛이 할 수 없이 설탕통을 자기 무릎 위에 놓을 수밖에 없었다고 한다.

데이비드 흄과 애덤 스미스

스미스는 옥스퍼드 대학교에서 공부할 당시 흄의 영향을 크게 받았으며, 흄과는 평생 좋은 친구이자 동료로 지냈습니다. 스미스가 흄을 자기가 죽은 뒤에 '저서와 원고의 관리인'으로 삼으려고 했을 정도로, 두 사람의 사이는 가까웠습니다. 특히 스미스는 흄의 '무신론'에 큰 관심을 가지고 있었으며, 스미스의 자연신학도 흄의 영향이라고 볼 수 있을 것입니다.

흄은 1776년 8월 25일 오후 4시에 죽었습니다. 병명은 모르지만, '습관성 설사를 1년 이상 하는 병'이었습니다. 흄은 4월 말쯤에 기분 전환을 위해 에든버러에서 런던으로 가던 중에 잉글랜드 북부에서 스미스를 만났습니다. 그때 스미스는 3월 9일 런던에서 『국부론』을 발간하고 커콜디로 돌아가던 길이었습니다. 런던에서 에든버러로 돌아온 흄은 자기가 병으로부터 회복할 수 없다는 것을 알았고, 죽음을 받아들이고 즐겁게 살았습니다.

스미스는 에든버러에 있던 흄에게 자주 병문안을 가면서 흄의 행동을 관찰했고, 이 관찰을 자신과 흄의 저서를 출간해 온 출판업자 스트레이헌에게 편지의 형태Letter to Strahan, 9 Nov. 1776로 보내면서, 이 편지를 흄이 스스로 쓴 『자서전』(1777년 3월에 출간됨)에 넣어달라고 이야기한 것입니다. 물론 이 편지는 『자서전』의 출간보다 앞선 1월에 《스코츠 매거진》에도 실렸습니다.

스미스의 이 편지가 '무신론자'인 흄을 찬양했으며 흄의 육체에 대해

서는 이야기하면서 영혼에 대해서는 아무런 이야기를 하지 않았다는
이유로, "내가 중상주의 전체에 대해 퍼부은 매우 강력한 공격보다 10배
나 더 많은 욕설을 기독교도들로부터 받았다"라고 스미스는 썼습니다.
편지는 사실 몇 장 되지 않지만, 스미스가 흄을 묘사한 곳을 조금 번역
해 보겠습니다.

흄은 에든버러로 돌아오자 자신이 훨씬 더 약해진 것을 알았지만, 그의
쾌활함은 조금도 약해지지 않았으며, 보통 때와 마찬가지로 자기 저서의 새
로운 판을 위해 교정하거나, 재미있는 책을 읽거나, 친구들과 대화하기도 했
습니다. 때때로 저녁에는 친구들과 자기가 가장 좋아하는 카드놀이를 하기
도 했습니다. 그가 매우 쾌활했고 대화와 놀이가 보통 때와 똑같았으므로,
병의 모든 나쁜 증상에도 불구하고 많은 사람들은 그가 죽어간다고 믿을 수
가 없었습니다.

어느 날 의사 던더스가 흄에게, "내 친구 에드먼 대령에게 내가 흄을 잘
치료하여 회복하고 있는 중이라고 말해야겠다"라고 이야기했습니다. 그러
자 흄이 응수하기를 "의사는 진실만을 이야기해야 되는 것 아닌가요? 당신
은 그 친구에게 내가 내 적들(만약 나에게 적이 있다면)이 원하는 만큼 빨리 죽
어가고 있으며, 그리고 내 친구들이 바라는 만큼 쉽고 유쾌하게 죽어가고 있
다고 말하는 것이 좋겠네요"라고 말했습니다. 그 뒤 곧 에드먼 대령이 병문
안하러 왔다가 작별인사를 했는데, 집에 가서도 다시 편지로 흄에게 영원한
이별을 고했습니다. (…)

내가 "당신이 곧 회복될 수도 있지 않을까?"라고 희망 섞인 이야기를 하
면, 흄은 자기가 오늘 저녁은 오늘 아침보다 더 약해지는 것을 느끼며, 그다

음 날 아침은 전날 저녁보다 더 약해지는 것을 느낀다고 말합니다. 따라서 나는 "그래도 조금 더 살아야 친구들과 특히 형님 가족들에게 기쁨을 줄 수 있을 것 아닌가?"라고 응수했습니다. 그랬더니 흄은 다음과 같이 이야기했습니다. (…)

"어떤 구실을 달아야 카론(저승의 강을 건너는 나룻배의 사공)이 출발을 연기시켜 줄지 모르겠네. 내가 해야 할 중요한 일은 모두 다 했고, 친척들 그리고 친구들과의 관계도 지금보다 더 좋을 수 없을 상황이기 때문에, 이제 죽을 이유만 남아 있다네. (…) 내가 마음씨 좋은 카론에게 '내가 지금까지 내 책의 신판을 위해 교정을 보았는데, 대중들이 그 교정을 어떻게 생각하는지를 보아야 하니 조금 시간을 달라'고 말하면 어떨까? 그러면 카론은 분명히 '대중의 반응을 보면 당신은 또 고치려고 할 것이어서, 구실이 끝이 없을 것이네. 그러니 부디 나룻배를 타게'라고 응답할 거야. 그러나 나는 '잠깐만 참게. 인정 많은 카론. 나는 지금까지 대중의 눈을 뜨게 하려고 노력해 왔네. 몇 년만 더 산다면, 나는 지배적인 미신 체계를 약간이라도 무너뜨리는 기쁨을 볼 수 있을 거네'라고 외치겠지. 그러면 카론은 성이 나서 막무가내로 말할 거야. '남의 시간만 뺏는 사기꾼아! 그런 일은 수백 년이 지나도 생기지 않을 것이네. 내가

데이비드 흄

64

당신에게 그 수백 년의 시간을 허락해 줄 것 같나? 이 게으르고 꾸물대는 사기꾼아! 당장 배에 타라!'고.”

위의 이야기는 지난 8월 8일의 일입니다. 흄의 몸은 이제 너무 약해졌으므로 가장 친한 친구들도 그를 피곤하게 합니다. 그의 쾌활함은 여전히 대단하며, 그는 친구들이 있으면 사교적인 성격과 남을 기쁘게 하고 싶은 심정 때문에 자신의 몸이 지탱하기 어려울 정도로 많이 그리고 정력적으로 이야기할 수밖에 없습니다. 그래서 나는 그의 요청에 의해 에든버러를 떠나 커콜디에 가 있기로 했습니다. 물론 필요하다면 흄은 언제든 나를 부를 것이고 의사 블랙이 가끔 나에게 흄의 건강 상태를 알려주기로 했습니다. (…)

흄은 죽기 이틀 전에 나에게 편지를 보내 “내가 당신을 여기에 부를 수가 없네. 너무 짧은 시간밖에 이야기할 수 없기 때문이야”라고 했습니다. (…) 그리고 사흘 뒤인 8월 26일에 의사 블랙이 편지를 보내와 “흄이 어제 오후 4시 죽었습니다”라고 알려주었습니다. (…) 이리하여 가장 뛰어난, 잊을 수 없는 친구가 죽었습니다. (…) 그의 성격은 어느 누구보다도 더 행복하게 균형이 잡힌 것 같았습니다. 그는 검소했고 절약했기 때문에 재산이 가장 없을 때에도 자선과 기부를 중단하지 않았습니다.

그의 절약은 거대한 욕망을 충족시키기 위한 것이 아니라 독립성을 유지하기 위한 것이었습니다. 그는 성격이 매우 온화하지만 마음은 매우 단호하고 결심은 확고부동했습니다. 그가 항상 즐겁게 지낸 것은 성격이 좋을 뿐만 아니라 유머감각이 있었기 때문입니다. (…) 전체적으로 볼 때, 나는 흄의 생전이나 사후에나 그가 인간의 연약한 성질이 허용하는 범위 안에서 완전히 현명하고 덕망 있는 사람에 거의 근접해 있었다고 항상 생각했습니다.

2부

분업과 화폐의 발생

스미스는 『국부론』에서 공장 안의 분업과 사회 안의 분업을 구별하지 않고, '분업'이라는 하나의 용어를 사용하고 있기 때문에 큰 혼란을 일으키게 되었습니다. 스미스는 화폐의 발생을 설명하면서, "분업이 물물교환을 야기하고, 물물교환의 어려움을 타개하기 위해 화폐가 생겼다"라고 주장합니다. 여기에서 말하는 분업은 분명히 공장 안의 분업은 아닐 것입니다. 공장 안의 분업에서는 노동자들 사이에 부품들이 흘러가고 있을 뿐이며, 노동자들이 물물교환을 하는 것은 아닙니다. 스미스가 물물교환의 예로 들고 있는 것도 푸줏간 주인의 고기, 양조장 주인의 맥주, 빵집 주인의 빵 사이에 이루어지는 교환입니다. 이것은 공장 안의 분업과는 전혀 다른 사회 안의 분업입니다. 사회 안의 분업이 발달하면 각 생산자는 자기가 필요로 하는 모든 재화를 스스로 만들 수 없기 때문에, 자기가 만든 생산물의 일부를 타인의 생산물과 교환해야 자기의 필요와 욕구를 충족시킬 수 있습니다. 따라서 "분업이 물물교환을 야기한다"라는 스미스의 이야기가 사회 안의 분업에서는 타당하게 됩니다.

공장 안의 분업과 사회 안의 분업의 차이

스미스는 『국부론』에서 공장 안의 분업과 사회 안의 분업을 구별하지 않고, '분업'이라는 하나의 용어를 사용하고 있기 때문에 큰 혼란을 일으키게 되었습니다. 스미스는 화폐의 발생을 설명하면서, "분업이 물물교환을 야기하고, 물물교환의 어려움을 타개하기 위해 화폐가 생겼다"라고 주장합니다. 여기에서 말하는 분업은 분명히 핀 공장 안의 분업과는 다를 것입니다. 핀 공장 안의 분업에서 노동자 A는 철사를 2센티미터로 계속 끊고, 노동자 B는 이 철사의 끝을 뾰족하게 하는 작업을 계속합니다.

노동자 A가 2센티미터로 끊은 철사를 계속 B에게 주는데, 이것을 물물교환이라고 말할 수 있을까요? 그렇게 이야기할 수 없습니다. 왜냐하면 A가 B에게 2센티미터의 철사를 주고 B로부터 아무것도 받지 않기 때문입니다. 다시 말해 공장 안의 분업에서는 노동자들 사이에 부품들이 흘러가고 있을 뿐이며, 노동자들이 물물교환을 하는 것을 아닙니다.

공장 안에서 이뤄지는 분업의 다른 예를 들어봅시다. 자동차 공장에는 컨베이어벨트가 돌아가고 있는데, 각각의 노동자는 자기의 위치에 있으면서 C는 바퀴를 달고, D는 유리창을 달며, E는 의자를 달고 있습니다. 이것이 공장 안의 분업이지만, 아마도 C와 D, 그리고 E가 물물교환을 한다고 이야기하지 않습니다. 그리고 스미스가 물물교환의 예로 들고 있는 것도 푸줏간 주인의 고기, 양조장 주인의 맥주, 빵집 주인의 빵 사이에 이루어지는 교환입니다. 이것은 공장 안의 분업과는 전혀 다른 사회 안의 분업입니다.

사회 안의 분업은 산업이 농업·공업·서비스업 등으로 나누어지고, 공업이 또한 자동차 공업·조선 공업·컴퓨터 공업 등으로 나누어지며, 다시 자동차 공업이 몇몇 경쟁적인 생산업체들로 나누어지고, 아파트 건설업이 몇몇 경쟁적인 건설회사로 나누어지는 것을 가리킵니다.

이렇게 사회 안의 분업이 발달하면 각 생산자는 자기가 필요로 하는 모든 재화를 스스로 만들 수 없기 때문에, 자기가 만든 생산물의 일부를 타인의 생산물과 교환해야 자기의 필요와 욕구를 충족시킬 수 있습니다. 따라서 "분업이 물물교환을 야기한다"라는 스미스의 이야기가 사회 안의 분업에서는 타당해집니다.

물물교환의 어려움을 타개하기 위해 화폐가 생겼다는 스미스의 주장은 다음과 같이 이해할 수 있습니다. 푸줏간 주인이 고기를 맥주와 교환한다고 할 때, 이 물물교환에서는 푸줏간 주인이 맥주를 원할 뿐만 아니라 양조장 주인이 고기를 원해야만 고기와 맥주가 서로 교환될 수 있다는 어려움이 있습니다. 또한 이 물물교환에서 쇠고기 100그램이 맥주 3병과 교환된다고 가정할 때, 푸줏간 주인이 맥주 2병을 원하는데 양조장 주인은 쇠고기를 100그램 원한다면 맥주와 쇠고기를 서로 교환할 수 없을 것입니다. 이런 물물교환의 어려움을 해결하여 생산물들의 교환을 원활하게 해주기 위해 어떤 특정한 물건(예를 들어 금이나 은)이 일반적인 거래 수단으로 등장하는데, 이것이 '화폐'라고 스미스는 이야기합니다. 이런 화폐발생론은 경제학에서는 대체로 수용되는 것 같습니다.

그런데 스미스가 보지 못한 것은 공장 안의 분업과 사회 안의 분업의 성질이 전혀 다르다는 것입니다. 공장 안의 분업에서는 자본가가 계획에 의해 부문들 사이의 균형을 확립합니다. 예컨대 핀 공장에서 A는 하루에 100미터의 철사를 2센티미터로 5,000개를 끊어야 하며, B는 이 5,000개의 끝을 뾰족하게 만들어야 하고, 다른 노동자는 5,000개에 핀 머리 부분을 만들어야 할 것입니다. 이것을 두고 각 부문들 사이에 균형이 잡혀 있다고 말하는데, 이렇게 균형이 잡히는 이유는 이 공장의 주인인 자본가가 미리 계획을 세워서 일을 분담시키기 때문입니다.

그러나 사회 안의 분업에서는 개별 자본가들 사이의 경쟁으로 말미암아 무계획성(또는 무정부성)이 지배하며, 부문들 사이의 균형은 사후적으로만 달성될 뿐입니다. 예컨대 아파트 건설업체들이 여러 개가 있으면 모두 자사의 연간 아파트 판매 예상에 따라 아파트를 건설할 것이기 때문에, 어떤 때는 아파트가 너무 많이 건설되어 팔리지 않아 아파트 건설업체들이 파산하고, 또 어떤 때는 아파트가 너무 조금 건설되어 아파트 값이 폭등할 수도 있습니다.

공장에서의 계획성과 사회에서의 무정부성을 자본주의의 주요한 모순으로 지적한 사람은 프리드리히 엥겔스Frederick Engels: 1820~1895였습니다. 그는 『안티 뒤링』(1877: 오이겐 뒤링 박사가 주장한 철학·정치경제학·사회주의를 비판한 책으로, 제목은 '뒤링을 반대한다'라는 뜻)과 『사회주의: 공상에서 과학으로』(1882)에서, 자본주의의 기본 모순을 "생산의 사회적 성격과 취득의 사적 성격"이라고 주장했습니다.

생산은 사회 전체의 분업과 협업을 통해 이루어지기 때문에 사회적 성격을 가지지만, 생산의 결과인 이윤(또는 잉여가치)은 자본가 혼자만 향유하기 때문에 취득은 사적 성격을 가집니다. 다시 말해 사회의 모든 노동자들이 생산에 직접적이든 간접적이든 기여했는데, 생산에서 나오는 이익은 자본가 계급 혼자 가져간다는 이야기입니다.

이 기본적인 모순 때문에 부르주아 계급과 프롤레타리아 계급 사이에 적대가 생기고, 공장에서의 계획성과 사회에서의 무정부성 사이에 대립이 생긴다는 것입니다. 그런데 자본주의가 발달함에 따라 독점이 형성되고 국가가 경제에 개입하면서, 사회에서의 무정부성이 점점 약화되면서 자본주의가 '새로운 사회'로 이행된다고 엥겔스는 생각했습니다.

이런 생각을 연장시켜, 스탈린주의자들은 자본주의의 단계적 발전을 '경쟁자본주의→독점자본주의→국가독점자본주의(국가와 독점자본이 결탁한 자본주의)→사회주의'라고 보게 되었으며, 사회주의의 기본 특징을 마르크스가 강조한 것처럼 '노동자 계급을 억압과 착취로부터 해방시키는 것'이 아니라 계획경제(개인과 기업의 연간 수요량을 미리 조사하여, 그 수요량을 충족시킬 수 있게 소비재와 생산재를 생산하는 경제체제)라고 주장하였습니다.

결국 스탈린주의자들은 소련에서 '노동자들에 의한, 노동자들을 위한, 노동자들의 사회'를 만들지 않고 공산당 간부와 정부 관료가 노동자들을 지배하는 사회를 건설함으로써, 노동자들의 자발성·헌신성·창의성을 끌어내지 못하여 소련을 망하게 한 것입니다.

01

분업

여기에서는 스미스가 이야기하는 핀 공장의 예를 살펴보면서 분업의 이익을 알아보고, 분업이 인간의 교환 성향으로부터 생긴다는 스미스의 주장을 비판하려고 합니다.

분업의 예

스미스는 분업이 노동의 질을 향상시킨다고 하면서 다음과 같이 말하고 있습니다.

아주 소규모 제조업이지만, 그것의 분업이 자주 언급된 적이 있는 핀pin 제조업을 예로 들어보자. 이 업종에 관한 교육도 받지 않고, 거기에서 쓰이는 기계를 사용하는 데 익숙하지도 않은 노동자는 아무리 열심히 일하더라도 아마 하루에 1개의 핀도 만들 수 없을 것이며, 하루에 20개의 핀은 도저히 만들 수 없을 것이다. 그러나 이 업종이

핀 공장의 분업

핀 공장에서 각각의 노동자는 하나 또는 두세 개의 작업을 맡아 분업하면서, 핀을 완성하는 것에 협력한다.

지금 운영되고 있는 방식을 보면 작업 전체가 하나의 특수한 직업일 뿐만 아니라, 그 작업이 다수의 부문으로 분할되어 각 부문에서도 마찬가지로 대부분 특수한 일자리가 되고 있다.

첫 번째 사람은 철사를 잡아 늘리고, 두 번째 사람은 철사를 곧게 펴며, 세 번째 사람은 철사를 끊고, 네 번째 사람은 끝을 뾰족하게 하며, 다섯 번째 사람은 핀 머리 부분을 붙이기 위해 끝을 문지른다. 핀 머리 부분을 만드는 데도 두세 가지 다른 조작이 필요하다. 머리 부분을 붙이는 것, 핀을 휘게 하는 것, 핀을 종이로 싸는 것 모두가 하나의 전문 직업이다.

이처럼 핀을 만드는 주요한 작업은 약 18개의 독립된 조작으로 분할되어 있는데, 어떤 공장에서는 이 18개의 조작을 18명의 직공들이 나누어서 하고 있고 다른 공장에서는 한 직공이 두세 가지 조작을 담당하고 있다.

나는 이러한 종류의 작은 공장을 본 적이 있다. 거기에는 10명만이 고용되어 있었고, 따라서 약간의 노동자들이 두세 가지 서로 다른 조작을 하고 있었다. 그들은 매우 빈곤했고, 따라서 필요한 기계를 거의 가지지 못했지만, 힘써 일할 때는 하루 약 12파운드5.4킬로그램의 핀을 만들 수 있었다. 무게 1파운드는 중간 크기의 핀 4,000개 이상이 된다. 그러므로 10명이 하루에 48,000개 이상의 핀을 만들 수 있고, 한 사람은 하루에 4,800개의 핀을 만드는 셈이 된다.

그러나 그들이 각각 독립적으로 완성품을 만든다면, 그리고 그들 중 누구도 이 특수업종의 교육을 받은 적이 없다면, 그들 각자는 분명히 하루에 20개도 만들 수 없을 것이며, 어쩌면 하루에 1개도 만들 수 없을지 모른다. 다시 말해 상이한 조작들의 적당한 분할과 결합이 없다면, 그들 각자가 지금 생산할 수 있는 것의 1/240은 물론 아마 1/4,800도 만들 수 없을 것이다(8-9쪽).

여기에서 이야기하는 핀 공장은 지금과 같이 자동화된 공장이 아닙니다. 임금을 받고 일하는 노동자들이 공장장(또는 자본가) 밑에서 도구를 사용하여 핀을 생산하는데, 각각의 노동자는 18개의 가공 단계 중에서 하나 또는 두세 개의 작업을 맡아 분업을 하면서, 핀을 완성하는 것에 협력하고 있습니다(협업).

따라서 분업과 협업은 항상 함께 붙어 있습니다. 이리하여 한 노동자가 혼자 모든 공정을 담당하여 핀을 만든다면 하루에 1개에서 20개 정도를 만들 수 있겠지만, 분업을 통해 노동자 한 사람이 하루에 4,800개를 만들 수 있었다는 것입니다. 노동생산성이 매우 높게 상승한 것입니다.

그런데 일반적으로 제조업의 생산기술과 생산조직이 '수공업→공장제 수공업(매뉴팩처)→기계제 대공업'의 순서로 발달했다고 이야기합니다. 수공업에서는 도구는 있으나 기계는 없으며, 자영업자가 주로 가족을 데리고 작은 공산품을 생산합니다. 그런데 공장제 수공업은 기술 면에서는 수공업과 같지만, 자본가가 공장에 임금노동자들을 모아 일을 시킨다는 점에서는 자본주의적 대공업과 같습니다.

왜냐하면 매뉴팩처에서는 자본가가 임금노동자에게 임금을 주면서 일을 시킨다는 측면에서 자본가와 임금노동자가 서로 다른 계급['계급'은 '동일한 이해관계를 가진 사람들의 집단'을 가리키는데, '자본가 계급'은 임금노동자에게 임금을 될수록 적게 주면서 이윤을 많이 올리는 인간 집단이고, '임금노동자 계급(또는 노동자 계급)'은 자본가 계급에 의해 억압받고 일하면서 임금을 받아 살아가는 인간 집단이다. 자본가 계급과 임금노동자 계급이 역사적으로 어떻게 형성되었는가에 관한 이야기는 『자본론을 읽는 시간』 2부 1장 참조]에 속하게 되며, 이 두 계급 사이에 이미 이익의 대립이 나타나기 때문입니다.

따라서 매뉴팩처는 자본주의의 시작을 알리는 생산 형태라고 볼 수 있습니다. 앞에 나온 핀 공장은 바로 매뉴팩처 단계에 속합니다(마르크스는 스미스를 매뉴팩처 시대의 대표적인 경제학자라고 부른다. 자세한 내용은 『자본론을 읽는 시간』 4부 2장 참조). 핀을 만드는 데 필요한 전체 노동을 다수의 노동공정으로 분할하여(분업), 서로 협력하게 하고(협업), 노동자의 기교·숙련도의 향상을 통하여 생산량을 증

공장제 수공업(매뉴팩처)

공장제 수공업은 기술 면에서는 수공업과 같지만, 자본가가 공장에 임금노동자들을 모아 일을
시킨다는 점에서는 자본주의적 대공업과 같다.

가시키는 방식인 것입니다. 그런데 매뉴팩처에서는 노동자가 중심적
역할을 하지만, 기계제 대공업에서는 기계가 중심적 역할을 합니다.

분업의 이익

분업의 결과 동일한 수의 노동자들이 훨씬 더 많은 생산량을 얻게
되는 것은, 노동자의 숙련이 향상되고 상품을 만드는 시간이 절약되
며 도구와 기계가 쉽게 발명되기 때문이라고 스미스는 말합니다.

첫째로 하나의 일에 전문적으로 매달리므로 노동자 각각의 숙련도
가 높아지고, 둘째로 한 가지 일로부터 다른 일로 옮길 때 보통 허비

하게 되는 시간이 절약되며, 셋째로 노동을 수월하고 단순하게 해주
는 많은 기계의 발명으로 한 사람이 많은 사람의 일을 할 수 있게 되
는 것이다(11쪽).

그리고 스미스는 노동자의 숙련도가 향상되는 것은 한 가지 단순
한 일에 평생 매달려 있기 때문이라고 말합니다.

분업은 각자의 일을 어떤 단순한 한 가지 조작으로 축소시키고, 그
조작이 그의 평생에서 유일한 직업이 되게 함으로써, 노동자의 숙련
도를 크게 향상시킨다. (…) 망치를 다루는 데는 익숙하지만, 못을 만
들어본 적이 없는 보통의 대장장이가 어떤 특수한 경우에 못을 만들
어야 한다면, 그는 하루에 못을 200개 또는 300개 이상 만들지 못할
것이다. 그것도 아주 볼품없는 못을 (…) 그러나 나는 못을 만드는 일
외에는 어떤 직업도 가져보지 못한 20세 미만의 소년들 몇 명이 전력
을 다할 때 각자 하루에 2,300개 이상의 못을 만든 것을 본 적이 있
다. (…) 핀이나 금속단추의 제조공장을 세분화시킨 각각의 조작들은
모두 훨씬 더 간단하며, 평생 하나의 조작만을 해온 사람의 숙련도는
훨씬 뛰어나다(11-12쪽).

그리고 스미스는 분업을 하면 다른 장소에 가서 다른 도구를 사
용할 필요가 없어지므로, 시간을 낭비하지 않고 절약하게 된다고
말합니다.

기계제 대공업

기계로 이루어지는 공업으로, 수공업이나 공장제 수공업에 비해 대규모 생산에 유리하다. 산업혁명 이후에 발달했다.

서로 다른 장소에서 서로 다른 공구를 사용해야 하는 작업들 사이로 빨리 옮겨가는 것은 불가능하다. 소규모 농업을 경영하는 농촌의 직포공은 직기로부터 밭으로, 그리고 밭으로부터 직기로 옮겨갈 때, 많은 시간을 허비하게 마련이다. (…) 자기의 작업과 도구를 30분마다 바꾸어야 하고, 거의 매일 스무 가지의 상이한 방법으로 손을 사용해야 하는 농업노동자는 어쩔 수 없이 빈둥거리는 습관과 게으르고 소홀하게 일을 하는 습관이 몸에 배게 된다(12쪽).

끝으로, 도구와 기계가 쉽게 발명되는 것은 노동자가 매우 단순한 작업에 정신을 집중시키기 때문이라고 스미스는 말합니다.

사람은 정신의 모든 주의력을 각종 일에 분산시킬 때보다 하나의 대상에 집중시킬 때 목적을 달성하기 위한 쉽고 간편한 방법을 훨씬 더 잘 발견하게 된다. (…) 노동이 매우 세분화되어 있는 공장에서 사용하는 기계의 대부분은, 원래 어떤 매우 단순한 조작 업무에 종사하면서 그 조작을 수행하는 쉽고 간편한 방법을 발견하고자 자기의 생각을 집중시킨 보통 노동자의 발명이었다(13쪽).

국부를 증가시키기 위해서는 노동의 질을 상승시켜야 하는데, 분업을 하면 노동생산성이 향상된다고 스미스는 주장합니다.

분업과 교환 성향

물물교환을 야기할 수 있는 분업은 공장 안의 분업이 아니라 사회 안의 분업이라는 것을 도입부에서 자세하게 설명했습니다. 따라서 여기에서는 사회 안의 분업과 교환 성향 사이의 관계를 살펴봅시다. 예컨대 쌀을 생산한 농민이 칼을 생산하는 공장장에게 제의하여 쌀과 칼을 교환하게 된다고 합시다.

농민이나 공장장이 각각 쌀과 칼을 모두 생산하는 경우에는 농민이 쌀 5되와 칼 10개를 생산하고 공장장은 쌀 2되와 칼 16개를 생산하겠지만, 농민이 쌀 생산에 전념하고 공장장이 칼 생산에 전념한다면 농민은 쌀을 10되 생산하고 공장장은 칼을 30개 생산할 수 있을 것입니다. 이렇게 되면 농민은 스스로 칼을 생산하지 않고 쌀을 주고 칼과 교환하는 것이 낫고, 공장장은 스스로 쌀을 생산하지 않고 칼을 주고 쌀과 교환하는 것이 유리할 것입니다.

스미스에 따르면, 인간들은 이렇게 쌀과 칼을 교환하는 것이 모두에게 유리하다는 것을 미리 알고, 쌀 생산과 칼 생산의 분업을 시작했다는 것입니다. "분업은 인간성에 내재하는 교환 성향으로부터 발생한다(17쪽)"라는 주장이 바로 이것을 의미합니다. 스미스는 다음과 같이 말합니다.

타인과 어떤 종류의 거래를 하고자 하는 사람은 누구든지 이렇게 제의한다. "내가 원하는 것을 나에게 주시오. 그러면 당신이 원하는 것을 가지게 될 것이요." (…) 바로 이러한 방식으로 우리는 피차간에 자기가 필요로 하는 도움의 대부분을 얻게 된다. (…) 우리가 필요로 하는 상호 간의 도움 대부분이 유무상통, 물물교환, 구매를 통해 획득되는 것처럼, 당초 분업을 야기한 것도 이러한 교환 성향이었다. 예컨대 수렵민족이나 유목민족에서 어떤 사람은 다른 사람보다 더 쉽고 훌륭하게 활과 화살을 만든다. 그는 자신이 만든 활과 화살을 다른 사람의 가축이나 사슴 고기와 교환하는데, 마침내 그는 자신이 직접 들에 나가 사냥하는 것보다 이러한 교환을 통해 더 많은 가축과 사슴 고기를 얻을 수 있다는 것을 알게 된다. 그러므로 자기 자신의 이익을 위한 고려에서 그는 활과 화살의 제조를 그의 주된 업무로 삼게 된다. (…)

인간들 사이에는 가장 상이한 재능들이 상호 간에 유용하며, 각각의 재능에 의해 얻는 상이한 생산물들은 유무상통, 물물교환 및 상호교역하려는 일반적인 천성에 의해 일종의 공동 자원이 된다. 각자이 공동의 자원으로부터 타인의 재능이 생산해 낸 생산물 중 자기가 필요로 하는 부분을 마음대로 사서 가질 수 있다(18-21쪽).

그러나 분업이 인간들의 교환 성향으로부터 발생한다는 주장은 지금과 같은 자본주의 경제를 이해하는 데는 전혀 도움이 되지 않습니다. 왜냐하면 지금처럼 모든 새로운 업종들(예를 들어 자동차·컴퓨터·핸드폰·스마트폰)이 생겨나면서 사회 안의 분업이 발달하는 것은, 인간들의 교환 성향 때문이 아니라 자본가의 이윤에 대한 욕심에 의한 것이기 때문입니다.

예컨대 자본가가 스마트폰을 발명하여 스마트폰이 무엇인지도 모르는 고객들에게 매우 유용하다고 광고·선전하니까, 스마트폰이 팔리면서 새로운 유망 업종으로 등장하는 식이기 때문입니다. 이런 의미에서 보면 고객이나 소비자가 왕이어서, 소비자가 원하는 것을 자본가가 생산한다는 '소비자주권'도 옳지 않은 이야기입니다. 이윤을 많이 얻으려는 자본가가 훨씬 더 앞서가면서, 새로운 상품들을 발명하여 소비자에게 강요하고 있다고 보는 것이 더욱 과학적인 분석입니다.

또한 자본가의 이윤 추구에 대한 욕심은 '공장 안의 분업'도 훌륭하게 설명할 수 있습니다. 자본가가 어떤 기계 또는 생산방법을 도입하면 더욱 큰 이윤을 얻을 수 있을까를 고민한 다음 새로운 생산방법을 도입하면, 이 생산방법에 따라 노동자 각자의 작업이 결정되기 때문입니다.

더욱이 인간은 본성적으로 교환 성향을 가지고 있다는 것을 어떻게 알 수 있을까요? 인류 역사상 물물교환을 하기 시작한 것도 유구한 인류 역사에 비교하면 한순간이라고 봐야 할 정도로 짧습니다. 물물교환을 하지 않은 인간들은 인간이 아니라고 말할 수 있을까요? 철학적으로 말하면, 인간의 본성을 알 수 있는 방법은 없습니다. 사람은 육체와 정신을 가지고 있는데, 인간의 본성을 알기 위해서는 정신을 육체로부터 분리하여 정신 그 자체를 연구하여야 할 것입니다. 그런데 정신을 육체와 분리시키면 사람이 죽어버리기 때문에, 정신 그 자체를 연구할 수는 없습니다.

따라서 스미스를 포함하여 부르주아경제학자들은, 인간은 '최소의 비용으로 최대의 효과를 얻으려는 경제인'이라고 가정할 수밖에 없습니다. 그런데 이 증명할 수 없는 가정을 진실이라고 믿으면서 모든 경제 현상을 설명하고 있기 때문에, 부르주아경제학은 과학적인 경제학이 되기가 어렵습니다.

인간이 교환 성향을 가지고 있기 때문에 생산물을 교환한 것이 아니라, 생산물을 교환하다 보니 인간의 교환 성향이 생긴 것인지도 모릅니다. 또한 자기가 만든 생산물을 자기가 소비하고도 남았기 때문에, 타인의 생산물과 교환하기로 했을 것입니다. 이렇게 본다면, 인간의 교환 성향을 끌어들이지 않더라도 생산물들 사이의 교환은 설명될 수 있습니다.

분업은 시장의 크기에 의해 제한된다

이 주장은 공장 안의 분업과 사회 안의 분업 모두에 타당한 것 같습니다. 상품에 대한 수요가 커야 공장 규모를 확대하여 분업 또는 노동(공정)의 분할을 더욱 세밀하게 할 수 있고, 또한 이 공장이 생산량을 증가시키기 위해 다양한 기계나 원료를 구입하게 되면 사회 안의 분업도 확대될 것이기 때문입니다. 스미스는 다음과 같이 말합니다.

교환할 수 있는 능력이 분업을 야기하기 때문에, 분업의 정도는 언제나 이 교환 능력의 크기, 또는 다른 말로 표현하면 시장의 크기에 의해 제한을 받는다. 시장이 매우 작을 때는 어느 누구에게도 한 가지 일에 몰두하라고 말할 수 없다. 왜냐하면 자기 자신의 노동생산물 중 자기가 소비하고 남은 잉여를 타인에게 팔 수 없어, 자기가 필요로 하는 다른 상품들을 얻을 수 없기 때문이다(22쪽).

02

분업론에 대한 비판

스미스는 『국부론』에서 처음에는 분업을 최고도로 찬양하다가, 끝부분에 가면 분업이 노동자의 정신을 멍청하게 만들어 시민의 권리와 의무를 다 챙길 수도 없게 한다고 주장하면서 노동자에 대한 교육을 강화할 것을 권고합니다. 여기서는 이런 비판을 검토할 것입니다.

분업에 의해 노동자는 한 가지만 아는 바보가 된다

스미스는 앞에서 "분업은 각자의 일을 어떤 단순한 한 가지 조작으로 축소시키고, 그 조작이 그의 평생에서 유일한 직업이 되게 함으로써, 노동자의 숙련도를 크게 향상시킨다"라고 말했습니다. 그런데 그는 『국부론』 제5편(국왕 또는 국가의 수입) 제1장(국왕 또는 국가의 지출) 제3절(공공사업과 공공기구의 지출)의 '2. 청년을 위한 교육기관의 비용'에서, 노동자가 평생 하나의 단순한 일에 전념하기 때문에 바보가 된다는 사실을 인정하면서, 노동자를 위한 교육을 강화해야 한다고 주장합니다. 『국부론』 제1편 제1장(분업)에서 말한 것을 완전히 뒤엎는 주장입니다. 스미스의 놀랄 만한 주장을 들어봅시다.

분업의 진전에 따라 노동으로 생활하는 사람들의 거의 대부분, 즉 국민들 대부분의 직무는 몇 가지의 극히 단순한 작업(흔히 하나 또는 두 가지 작업)으로 한정된다. 그리고 대다수 사람들의 이해력은 필연적으로 그들의 일상적인 직업에 의해 형성된다.

자신의 일생을 몇 가지 단순한 작업에 바치는 사람들은, 그리고 그것의 결과물도 항상 같거나 거의 같은 경우에는, 예기치 못한 어려움을 제거할 방법을 발견하기 위해 그의 이해력을 발휘하거나 그의 창조력을 행사할 기회를 가질 수 없다. 따라서 그는 그런 노력을 하는 습관을 자연히 상실하게 되고, 일반적으로 인간으로서 가장 둔해지고 무지해진다. 그들의 정신은 마비 상태에 빠져서 어떤 합리적인 대화를 이해하거나 그런 대화에 참여할 수 없을 뿐 아니라, 어떤 관대하고 고상하고 온화한 감정을 느낄 수 없게 되며, 따라서 사생활 방면의 수많은 일상적 의무들에 대해서도 정당한 판단을 내릴 수 없게 된다.

그는 자기 나라의 중대하고 평범한 이해관계를 전혀 판단할 수 없게 되며, 만약 그가 그런 상태로 되지 않도록 국가가 특별히 애쓰지 않는다면, 전쟁 시에도 자기 나라를 방어할 수가 없게 된다. 그의 변화 없는 단조로운 생활은 자연히 정신적 용기도 상실케 하며, 그로 하여금 사병들의 불규칙하고 불안정하고 모험적인 생활을 혐오하게 만든다. 또한 그의 단조롭고 정체된 생활은 신체의 활동력을 썩게 만들어, 그때까지 그가 배워온 일 외에는 어떤 직업에서도 활기 있고 참을성 있게 자기의 역량을 발휘할 수 없게 만든다.

이처럼 그의 특수한 직무상의 숙련과 기교는 자신의 지적·사회적·군사적 재능들을 희생시켜서 획득한 것 같다. 진보하고 문명화된 모든 사회에서는 노동 빈민, 즉 대다수의 인민들이 정부에서 이를 방지하기 위해서 노력하지 않는 한 필연적으로 이런 상황에 빠지게 된다(957-959쪽).

스미스가 매우 올바른 관점에서 분업을 비판한 것입니다. 평생 한 가지 작업에 종사하면, 그것만을 아는 노동자가 됨으로써 '일면적으로만 발달한 기능인'이 되어버릴지도 모릅니다. 그리고 매일 습관적으로 하나의 일을 하기 때문에 머리를 쓸 필요가 없어져서 정신이 마비 상태에 빠지고 인생살이나 사회생활에 대해서도 무지해지며, 따라서 정상적인 시민의 권리와 의무를 다 챙길 수도 없게 된다는 것입니다. 그래서 스미스는 노동자들에게 교육을 강화할 것을 권고하고 있습니다.

『국부론』 시작 부분에서는 분업을 엄청나게 찬양하다가, 끝부분에 와서는 분업의 폐해가 크니까 노동자에 대한 교육을 강화하라고 권고하는 것은 무엇을 의미할까요? 노동자에 대한 교육을 강화하면서도 분업은 계속 실시하라는 것일까요, 아니면 분업을 철폐하라는 것일까요? 스미스가 어느 것을 선호했는지는 알 수 없으나, 자본주의의 발달은 분업을 더욱 강화해 오고 있습니다.

매뉴팩처에서는 노동자가 하나의 작업만을 알기 때문에 혼자서

포드주의 생산방법(포디즘)

컨베이어벨트에 의한 일관된 작업 과정으로 노동과정을 개편하여 노동생산성을 증대시키고, 대량생산을 가능하게 하는 집약형 생산체제.

는 완성품 하나도 만들지 못하게 되었으며, 자본가가 모아놓은 다수의 노동자들과 함께 일할 때만 자기의 능력을 발휘할 수 있게 된 것입니다. 따라서 그는 이제 자본가에게 완전히 사로잡힌 몸이 되었습니다.

그런데 이런 분업은 기계제 대공업의 최고봉인 자동차 조립 공정에서도 그대로 나타납니다. 컨베이어벨트가 부품들을 운반하면서 돌고 있고, 각각의 노동자는 한곳에 붙박이처럼 서서 하루 종일 창문을 끼우거나 바퀴를 달거나 엔진을 설치하거나 의자를 고정시키는 일 등을 하고 있습니다. 노동자들이 이런 단순하고 재미없고 짜증나는 작업을 평생 하게 된다면, 노동의 질이 향상될 수 있을까요?

이러한 포드주의 생산방법(포디즘)은 1960년대 말 크게 타격을 받았습니다. 호경기가 10년 이상 계속되어 일자리를 쉽게 구할 수 있게 되자, 노동자들이 무단결근을 함으로써 컨베이어벨트를 중단시켰기 때문입니다. 수십 명의 노동자들이 컨베이어벨트에 붙어 각자의 작업을 하는데, 몇 사람이 미리 통보를 하지 않고 공장에 출근하지 않으니까, 공장장이 다른 노동자들을 불러올 수도 없어서 컨베이어벨트가 중단될 수밖에 없었던 것입니다.

포디즘의 이런 약점을 제거하기 위해 어떤 공장에서는 로봇을 많이 도입해 노동자들을 대폭 해고했고, 다른 공장에서는 노동자들을 몇 개의 팀으로 만들어 컨베이어벨트에서 이루어지는 작업들 중에서 5~6개 정도를 한 팀에 맡기는 팀 체제를 운영했습니다.

예컨대 5명으로 이루어진 한 팀은 컨베이어벨트를 자기들의 독립적인 작업장으로 돌아가게 하여 엔진을 다는 일, 앞 유리창을 끼우는 일, 뒤 유리창을 끼우는 일, 의자를 고정시키는 일, 브레이크와 기어를 다는 일을 담당하는 것입니다. 이 5명은 각각의 작업을 번갈아 모두 수행했으므로, 5개의 작업을 할 수 있는 이른바 '다능공'이 되었으며, 하나의 작업에만 몰두할 때보다 일에 재미를 붙일 수 있었습니다.

그러나 자본가는 이윤을 얻는 데 혈안이 되어 있기 때문에, 5명이 모두 5개의 작업을 할 수 있는 것을 기회로 이 팀의 인원을 5명에서 2명으로 줄였습니다. 다능공이 된 것이 행운이 아니라 불행이 되어버린 것입니다. 2명이서 5명이 하던 일을 모두 해야 하니까, 일을 너무 많이 하여 죽는 과로사에 부닥치게 되었기 때문입니다.

'새로운 사회(현재의 자본주의 사회가 사라진 이후의 사회를 '새로운 사회'라고 부르는데, 이 사회의 내용은 우리가 차츰 채워 넣어가야 할 것이다)'에서는 분업의 폐해를 줄일 수 있는 방법이 있습니다. 자본주의 사회에서 자본가 계급은 이윤을 얻기 위하여 온갖 새로운 상품·기술·원료·시장·노동조직(예를 들어 컨베이어벨트, 팀 체제, 노동조합)·기업조직(예를 들어 독점, 주식회사, 다국적기업) 등을 도입하고 개척했으므로, 노동자를 비롯한 모든 주민은 점점 더 '전면적으로 발달한 인간'이 되어왔을 것입니다.

새로운 사회에서는 모든 주민의 재주와 능력이 동시에 크게 향상되어, 주민들 사이에 차이가 거의 없어질 것입니다. 이런 상황에서는 공장이나 회사나 정부 등 모든 조직을 사회의 모든 주민이 서로 토론하여 운영하게 될 것입니다. 모든 사람이 평등하고 자유로우며 서로를 아끼는 새로운 사회에서는 공장·회사·정부·정당·학교 등의 모든 일자리도 종사자들이 추첨에 의해 돌아가면서 담당하면 될 것입니다. 이렇게 되면 처음부터 억압과 지배가 뿌리내릴 수 없을 것입니다. 한번 생각해 보세요.

기계의 발명

기계를 발명한 사람들이 분업에서 매우 작은 작업에 종사하던 보통 노동자였다는 스미스의 주장이 옳은가 그른가는, 실제로 기계를 발명한 사람이 어떤 일에 종사했는가를 알아보면 될 것입니다. 그런데 마르크스는 수공업적인 분업에 의해 '일면적으로만 발달한 사람'은 기계를 발명할 수 있는 비전과 재능을 가지기 어렵다는 점을 지적하면서, 다음과 같이 선언합니다.

제임스 와트

1736~1819. 와트는 오래되고 낡은 증기기관을 개량해 혁명적인 증기기관을 만들었다.

증기기관

증기의 힘을 이용해 움직이는 증기기관은 17세기 말경 처음 만들어졌고, 여러 개발자를 거쳐 완성되었다.

'제화공이여, 자기의 본분을 지켜라!'라는 최고의 수공업적 지혜는, 시계 제조공 와트가 증기기관을, 이발사 아크라이트가 방적기를, 보석공 풀턴이 기선을 발명한 순간부터 그야말로 터무니없는 구절이 되어버렸다[『자본론』 1권 658쪽: 여기에서 인용하는 것은 『자본론』 2015 개역판(김수행 옮김, 비봉출판사, 2015)이다].

제임스 와트는 스코틀랜드 출생으로, 수학과 정밀기계(시계·계량기 등)에 관심이 많아 런던에서 정밀기계공으로 훈련을 받았습니다. 글래스고에 와서 정밀기계 작업장을 내려고 하니, 글래스고의 동업조합(길드)에서 '7년간의 도제수업'을 받지 않았다는 이유로 반대하였으므로, 애덤 스미스 등 글래스고 대학교 교수 3명이 대학 구내에

리처드 아크라이트
1732~1792. 영국의 발명가. 수력방적기를 발명하여 면방적 공업에 혁신을 일으켰다.

와트의 작업장을 차려주었습니다. 그리고 와트에게 오래되고 낡은 증기기관을 수리하라고 맡겼는데, 와트가 그것을 개량하여 혁명적인 증기기관을 만든 것입니다.

리처드 아크라이트는 1750년대 초에 영국 중부에 있는 볼턴에서 이발사와 가발 제조업자로 영업하고 있었습니다. 그는 방수가 가능한 가발염색약을 발명하여 큰 돈을 벌었습니다. 가발을 만들기 위해 영국 각지로 머리카락을 구하러 다니다가, 아크라이트는 이전의 방적기를 만든 존 케이*를 만났습니다. 아크라이트는 그를 고용하여 수력방적기를 발명함으로써 면화를 실로 만드는 과정을 혁신하게 된 것입니다.

로버트 풀턴**은 미국 사람으로, 세밀 초상화miniature portrait를 그리다가 초상화를 더 공부하기 위해 프랑스 파리에 가서 유명한 초상화가의 도제가 되었습니다. 그곳에서 그는 보물의 디자인이나 기계의 디자인도 그렸습니다. 그러던 어느 날, 미국 버지니아에서 증기선을 만든 제임스 램지James Ramsey가 파리의 초상화가에게 초상화를 부탁하러 찾아왔습니다. 풀턴은 그와 친교를 맺어 상업적으로 성공한 증기선을 발명하게 된 것입니다.

---

* 1704~1764. 영국의 방직기사. 방추기를 혁신한 '플라잉셔틀'을 만들어 직조 직업이 기존의 수공업에서 기계공업으로 옮겨가는 데 큰 역할을 했다.

** 1765~1815. 미국의 기술자. 클러몬트호로 허드슨강의 뉴욕에서부터 올리버까지를 정기 항행시킴으로써, 세계 최초로 기선에 의한 정기항로 개설에 성공했다.

풀턴의 클러몬트호

풀턴은 초상화 공부를 하러 도제로 들어갔다가 미국 버지니아에서 증기선을 만든 제임스 램지
와 친교를 맺어 상업적으로 성공한 증기선을 발명했다.

물론 이제는 과학이 크게 발달하였으므로, 과학의 힘을 빌려야만 비
로소 거대한 혁신*을 이룩할 수 있을 것입니다. 미국의 경우 20세기
에 이루어진 대부분의 혁신은 국방부의 연구개발사업과 관련이 있
습니다. 그러나 생산 현장이나 소비자들의 애로 사항이나 건의 사
항을 충실하게 듣지 않으면, 빠르고 충분한 혁신을 이루기는 어려울
것입니다.

* 혁신은 새로운 상품·생산방법·원료·시장·노동조직·기업조직을 발명하거나 개발하는 것을 가리킨
  다. 슘페터(J. Schumpeter: 1883~1950)는 혁신을 '경제발전의 동력'이라고 불렀다.

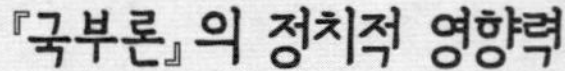 『국부론』의 정치적 영향력

1780년대에 스미스는 떨어진 기력 그리고 모친과 외사촌 재닛 더글러스의 죽음에 따른 슬픔에도 불구하고, 자기가 이미 발간한 저서들을 가장 완전한 상태로 물려주려고 노력했다. 특히 스미스가 『국부론』 제3판(1784)에 넣은 추가 내용들은 당시 영국의 정치적 논쟁과 관련이 많다. 예컨대 수상 셸번이 북아메리카 식민지와 평화를 추구한 것은 부분적으로 스미스의 자유무역 교리에 의거한 것이었는데, 수상은 1782년 7월에 취임했다가 1783년 4월에 폭스와 노스의 연합세력Fox-North Coalition에 의해 물러나야 했다. 『국부론』 제3판에서 엄청난 비판을 받은 '동인도회사의 개혁을 둘러싼 투쟁'이 계속된 가운데, 폭스와 노스의 연합정부는 소(小) 피트Pitt the Younger 정부에 의해 붕괴되었다. 그런데 소 피트 정부는 밀수와 프랑스와의 무역에 관하여 『국부론』의 정책 조언을 따르려고 했다.

03

화폐

스미스는 화폐의 발생과 금화·은화의 주조에 관해 『국부론』 제1편 제4장(화폐의 기원과 사용)에서 설명하고 있습니다. 그런데 스미스는 화폐를 '일반적인 거래 수단'으로서만 강조하고 있으며, 모든 상품의 가치를 표현하는 기능, 지급수단으로서의 기능, 부를 저장하는 기능 등에 관해서는 거의 언급하고 있지 않습니다.

화폐는 어떻게 탄생했는가

스미스에 따르면, 물물교환의 불편을 타개하기 위하여 사람들이 일정한 상품(예를 들어 가축·소금·조개·마른 대구·설탕·담배·가죽·못 등)을 일반적인 거래 수단, 즉 화폐로 사용했으며, 그러다가 썩지 않고 운반하기 쉽고 분할 가능한 귀금속이 화폐의 자리를 독차지하게 되었다고 합니다. 스미스는 다음과 같이 말합니다.

푸줏간 주인은 자기 자신이 소비할 수 있는 것보다 더 많은 고기를 가지고 있고, 양조장 주인과 빵 가게 주인은 그 고기의 일부를 사고자 한다고 가정하자. 그러나 양조장 주인과 빵 가게 주인은 각각 자기 직업에서 얻을 수 있는 생산물 이외에는 교환을 위해 제공할 것이 없고, 푸줏간 주인은 이미 자기가 필요로 하는 맥주와 빵을 모두 가지고 있다면 그들 사이에 교환이 일어날 수 없다. 푸줏간 주인은 그들을 위한 상인이 될 수 없고, 그들은 푸줏간 주인의 고객이 될 수 없다. 따라서 세 사람은 상호 간에 아무런 봉사도 못하게 된다.

이러한 곤란한 상황을 피하기 위해, 어느 시기에나 분업이 처음으로 확립된 뒤 분별 있는 사람은 누구나 자기 노동의 특수한 생산물 이외에 타인들의 상품과 교환할 때, 타인들이 받기를 거절하지 않을 것으로 생각되는 어떤 종류와 상품 일정량을 항상 가지고 있으려고 노력했음에 틀림없다.

아마도 수많은 상이한 상품들이 이러한 목적을 위해 차례차례 생각되었고 사용되었던 것 같다. 원시사회에서는 가축이 상업상 통용되는 매개수단이었다. 가축은 매우 불편한 매개수단이었음에 틀림없지만, 옛날에는 물건들이 그것들과 교환된 가축 수에 의해 평가되었음을 자주 볼 수 있다. (…) 아비시니아Abyssinia에서는 소금이 상업과 교환에서 통용되는 매개수단이었다고 하며, 인도 해안의 어느 지역에서는 조개가, 뉴펀들랜드에서는 마른 대구가, 버지니아에서는 담배가, 서인도 식민지의 일부 지역에서는 설탕이, 또 다른 나라에서는 가죽이 상업과 교환을 위해 통용되는 매개수단이었다고 한다. (…)

그러나 모든 나라에서 사람들은 마침내 거부할 수 없는 이유로 각

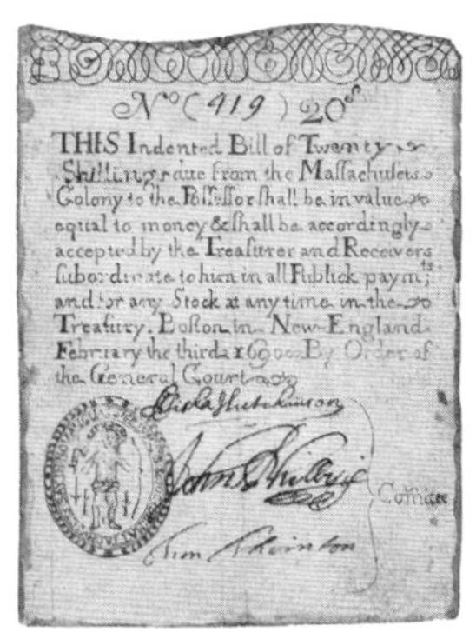

최초의 종이 화폐
1690년 매사추세츠에서 발행된 최초의 종이 화폐로, 뒷날 미국 화폐의 원형이 되었다.

종 상품들 중에서 금속을 이 목적에 사용하기로 결정한 것 같다. 금속은 다른 어떤 상품보다도 보존하는 데 따르는 손실이 가장 적고, 다른 어떤 상품보다도 내구성이 강하며, 또한 아무런 손실 없이 많은 부분들로 분할될 수 있으며, 다시 녹여서 쉽게 한 덩이로 만들 수 있다. 이 성질은 다른 어떤 내구 상품도 가지지 못하는 것으로, 다른 어떤 성질보다도 금속으로 하여금 상품과 유통의 매개수단에 적합하도록 했다. (…)

각각의 나라는 이 목적을 위해 상이한 금속을 사용했다. 고대 스파르타인들은 철(쇠)을 일반적 거래 수단으로, 고대 로마인들은 구리를, 그리고 모든 부유한 상업국의 국민들은 금과 은을 사용했다(29-30쪽).

그런데 스미스의 이런 이야기는 인간이 화폐를 발명했다는 점과 화폐가 일반적인 거래 수단으로서 기능한다는 점을 강조한 것입니다. 물론 옳은 이야기이지만, 화폐가 모든 상품들을 살 수 있는 특별한 사회적인 힘을 가지고 있다는 점과, 생산물들이 서로 교환되는 과정에서 가장 나중에 생산물 중의 하나가 화폐로 되었다는 점은 지적하고 있지 않습니다. 다음과 같이 생산물들이 말을 한다고 상상하면서, 화폐가 등장하는 과정을 살펴보세요.

시장에 등장하는 생산물들이 몇 개 되지 않은 단계에서는, 인디언이 만든 들소 가죽은 시장에서, "1개의 창을 주면, 2미터의 들소 가죽을 주겠다"라고 외쳤을 것입니다. '2미터의 들소 가죽=1개의 창'이 됩니다. 이 경우, 1개의 창을 가진 사람은 틀림없이 2미터의 들소 가죽을 얻을 수 있지만, 들소 가죽을 가진 사람은 창을 얻을 수 있다는 것이 보증되지 않습니다.

그러다가 시장에 생산물들이 많이 등장하자, 들소 가죽은 다음과 같이 외칩니다. "1개의 창이나, 10개의 총알이나, 1그램의 금을 주면 2미터의 들소 가죽을 주겠다."

2미터의 들소 가죽 = 1개의 창

또는 = 10개의 총알

또는 = 1그램의 금

또는 = 기타 등등

그런데 모든 생산물들이 이런 공식을 시장에서 외쳐야 하는데, 생산물들 사이의 교환 비율을 분명히 알 수가 없으므로 시장의 거래는 간단하게 끝나지 않았을 것입니다. 그러다가 모든 생산물들이 다음 공식에서처럼, "들소 가죽만 주면, 나의 생산물을 주겠다"라고 외치게 됩니다.

이제 모든 생산물이 들소 가죽과 교환되는 비율을 가지게 되었으므로, 모든 생산물 사이의 교환 비율을 금방 알 수 있게 되어 시장의 거래는 매우 쉽게 진행되었습니다.

1개의 창

10개의 총알

1그램의 금　　　= 2미터의 들소 가죽

또는 기타 등등

이 단계에서 들소 가죽은 모든 생산물들과 교환할 수 있는, 또는 모든 생산물을 살 수 있는 사회적인 힘을 가지게 됩니다. 왜냐하면 왼쪽의 모든 상품들이 들소 가죽을 주면 자기의 상품을 주겠다고 외치기 때문입니다. 그런데 들소 가죽처럼 위 공식의 오른쪽 자리를 차지할 수 있는 자격을 가진 상품들은 많을 것입니다. 창이나 총알이나 금 등도 분명히 후보자가 될 수 있고, 스미스가 위에서 이야기한 가축·소금·조개·마른 대구·설탕·담배·가죽·못 등도 후보자입니다.

결국 그 가운데서 금이나 은이 상업의 관습이나 정부의 결정에 의해 오른쪽 자리를 독차지하게 됨으로써 화폐가 된 것입니다. 물론 금이나 은은 화폐가 될 수 있는 고유한 성질(예를 들어 썩지 않고 분할할 수 있으며, 작은 양이라도 가치가 크고 운반하기가 쉬운 성질)을 가지고 있었습니다. 이제 화폐가 된 금이나 은은 모든 상품들을 구매할 수 있는 특별한 사회적인 힘을 가지게 되었습니다. 그리고 만약 1그램의 금을 정부가 1원(=10전)이라고 부른다면, '1원=10전'이 화폐단위가 됩니다.

$$
\left.\begin{array}{l}
\text{2미터의 들소 가죽} \\
\text{1개의 창} \\
\text{10개의 총알} \\
\text{기타 등등}
\end{array}\right\} = \text{1그램의 금} = \text{1원}
$$

그리고 화폐의 구매력은 1그램의 금 또는 1원으로 살 수 있는 모든 상품들의 양이며, 위의 공식을 거꾸로 하면 됩니다.

$$
\text{1그램의 금} = \text{1원} = \left\{\begin{array}{l}
\text{2미터의 들소 가죽} \\
\text{1개의 창} \\
\text{10개의 총알} \\
\text{기타 등등}
\end{array}\right.
$$

이제 모든 사람은 금과 은을 모으려는 수전노가 됩니다. 그러나 사람들이 금과 은을 미친 듯이 모으는 것은 금과 은이 아름답거나 귀금속이기 때문이 아니라, 모든 상품들을 살 수 있는 화폐이기 때문입니다. 지금도 모든 사람이 귀금속도 아니고 종잇조각일 뿐인 '한국은행권'을 많이 가지려고 노력하는데, 그 이유는 모든 상품들을 살 수 있는 힘을 가졌기 때문입니다. 결국 화폐를 많이 가진 사람이 부자이기 때문에, 화폐는 그 사회를 대표하는 최고의 부인 것입니다(스페인의 이사벨라 여왕이 콜럼버스의 거대한 항해에 돈을 대준 것도 인도에 있는 거대한 금을 얻을 수 있다는 믿음을 가졌기 때문인데, 당시에는 금이 바로 화폐였던 것이다).

이제 물물교환이 사라지고, 상품교환 또는 화폐경제가 나타납니다.

장 바티스트 세

1767~1832. 프랑스의 경제학자. 공급은 그 스스로의 수요를 창조한다는 '세의 법칙'을 주장했다.

데이비드 리카도

1772~1823. 영국의 경제학자로, 스미스의 이론을 계승하여 발전시켰다.

들소 가죽을 가진 인디언은 시장에서 창을 가진 사람 B를 만나 직접적으로 들소 가죽과 창을 교환하는 것이 아니라, 화폐를 가진 사람 C에게 들소 가죽을 팔아 화폐를 얻고, 이 화폐를 가지고 다시 B의 창을 사는 것입니다. '들소 가죽→창'이 아니라, 화폐가 상품들의 매매를 중개함으로써 '들소 가죽→화폐→창'이 됩니다.

전자의 물물교환에서는 들소 가죽을 가진 인디언과 창을 가진 B가 만나, 동일한 시간에 동일한 장소에서 들소 가죽과 창을 교환했습니다. 그러나 후자의 화폐경제에서 인디언이 들소 가죽을 화폐를 가진 C에게 파는 것(들소 가죽→화폐)과 인디언이 그 화폐를 가지고 B로부터 창을 사는 것(화폐→창)은, 시간도 다르고 장소도 다르며 거래 당사자도 다릅니다.

따라서 '공급은 스스로 수요를 창출하며, 언제나 공급은 수요와 일치한다'라는 세의 법칙은 물물교환에서만 타당하며, 화폐경제에서는 전혀 타당하지 않습니다. 왜냐하면 물물교환에서는 들소 가죽의 공급은 스스로 창의 수요를 창출하며, 공급은 언제나 수요와 일치하기 때문입니다. 그러나 화폐경제에서는 들소 가죽을 판 인디언이 지금 당장 창을 사지 않을 수도 있기 때문에, 창의 생산자는 창을 팔 수 없는 경우에 부닥칠 수 있습니다.

자본주의 경제를 물물교환 경제로 생각하는 부르주아경제학자들이 많다는 사실에 주목해야 합니다. 리카도는 세의 법칙을 받아들여서 과잉생산이 불가능하다고 주장했지만, 스미스는 아직 이 문제에 대해서는 관심을 표현하지 않았습니다.

주화의 등장

일반적인 거래 수단으로 사용된 금속들은 최초에는 가공되지 않은 덩이(예를 들어 금덩이, 은덩이) 상태였습니다. 그런데 금속 덩이는 순도의 차이가 매우 크기 때문에, 정부가 먼저 금속의 순도를 금속 덩이에 표시했습니다. 그리고 나중에는 정부가 금속의 순도와 무게까지 보장하기 위하여, 일정한 순도와 무게를 가진 주화(금속조각을 녹여 일정한 형으로 만든 화폐, 예를 들어 금화나 은화)를 만들게 되었습니다.

예컨대 순도 100퍼센트이고 무게 1그램인 금으로 1원짜리 금화를 만든 것입니다. 이제 주민들은 순도와 무게를 따지는 일 없이 금화를 개수로 쉽게 받아들일 수 있게 되었으며, 금화의 탄생은 상업을 활성화하는 데 크게 기여했습니다. 스미스는 다음과 같이 설명합니다.

금속을 이처럼 가공하지 않은 채 사용하는 데는 두 가지 큰 불편이 따라다녔는데, 첫째는 무게를 재는 게 곤란하다는 것이었고, 둘째는 금속의 순도를 결정하는 게 곤란하다는 것이었다. 귀금속의 경우, 작은 양의 차이가 중대한 가치의 차이를 야기하므로, 정확하게 무게를 재려면 매우 정밀한 추와 저울이 필요하다. (…) 순도를 결정하는 작업은 좀 더 어렵고 귀찮은데, 금속의 일부를 적당한 용해제를 사용해 도가니 속에서 녹여보지 않는 한 어떤 감정도 매우 부정확하다.

주화가 제도화되기 이전에는, 사람들은 이러한 귀찮고 어려운 수속을 밟지 않는 한 큰 사기와 기만을 당했을 것이고, 1파운드_{373그램} 무게의 순수한 은 또는 구리 대신에 겉모양은 순수한 은 또는 구리를 닮았으나 값싼 하급 금속들의 합금을 받았을 것이다. 이러한 폐해를 방지하고 교역을 촉진하며, 그리하여 온갖 종류의 산업과 상업을 장려하기 위해, 상당히 발달한 모든 나라에서는 상품의 구매에 일반적으로 사용되는 일정량의 특정 금속에 공인된 도장을 새길 필요가 생기게 되었다. 이것이 화폐 주조 제도와 조폐국이라는 정부기관의 기원이다. (…)

유통하는 금속에 찍힌 최초의 공인 도장은, 많은 경우 금속의 순도를 보장하기 위한 것이었는데, 이것이 가장 어렵고도 중요한 것이었다. (…) 순은 표시 또는 순금 표시는 금속의 한쪽에만 찍혀 있고, 표면 전체에는 찍혀 있지 않기 때문에, 금속의 중량을 보장하는 것이 아니라 순도를 보장하기 위한 것이었다. (…)

그러나 금속의 무게를 정확하게 재는 일은 불편하고 곤란했기 때문에, 중량을 표시하는 주화 제도가 나중에 생겼다. 주화에 찍힌 도장은 주화의 양쪽과 때때로 그 가장자리까지 덮고 있으므로, 금속의 순도뿐만 아니라 무게도 보장할 수 있었다. 그리하여 이러한 주화는 무게를 재는 수고 없이 현재와 같이 개수로 받으면 되었다(31-32쪽).

이런 주화의 명칭(예컨대 로마의 아스나 잉글랜드의 파운드)은 주로 그 주화가 포함되고 있는 금속의 무게를 나타낸 것이었습니다. 그러나 모든 나라에서 국왕과 정부는 1원짜리 금화에 원래 포함되었던 금의 양(1그램)을 점차 감소시켜, 예컨대 1원짜리 금화가 금 0.5그램을 포함하게 함으로써 국왕과 정부의 빚을 '값싸게' 갚았습니다.

처음에 돈을 100원 빌릴 때는 금의 양으로 따지면 100그램이었는데 이제 100원을 갚을 때는 금의 양이 50그램일 뿐이므로, 다시 말해 좋은 주화(양화)로 빌려 나쁜 주화(악화)로 갚는 것이 되기 때문에, 채무자에게는 유리했지만 채권자에게는 큰 손실을 입히는 것이었습니다. 이런 사정을 스미스는 다음과 같이 설명합니다.

주화의 명칭은 원래 주화에 함유되어 있는 금속의 무게 또는 양을 표시했던 것 같다. 로마에서 최초로 화폐를 주조한 세르비우스 툴리우스 시대에 로마의 주화인 아스As 또는 폰도Pondo는 1로마 파운드327그램의 순수한 구리를 함유하고 있었다. (…)

104

세르비우스 툴리우스

기원전 578~기원전 535?. 고대 로마의 왕. 군제를 개혁하여 귀족과 평민의 신분 투쟁을 종식시켰다고 전해진다.

스코틀랜드 주화

금은이 화폐의 자리를 차지하면서, 나중에는 일정한 순도와 무게가 보장된 주화가 탄생하였다.

에드워드 1세* 시기에 잉글랜드의 1파운드 스털링은 일정한 순도의 1타워 파운드_{350그램}의 은을 함유하고 있었다. (…)

세계의 모든 나라에서 군주와 정부는 탐욕과 부정으로 인해 국민의 신뢰를 악용하여 주화에 원래 함유되었던 진정한 금속량을 점차로 감소시켰다. (…) 이러한 조작에 의해, 군주와 정부는 그렇게 하지 않았다면 필요하게 되었을 것보다 더 적은 양의 은으로써 표면상 그들의 채무를 청산하고 그들의 의무를 완수할 수 있었다. (…) 그 나라의 모든 채무자들은 마찬가지의 특혜를 누리게 되었고, 옛날 양화로 빌렸던 것을 동일한 명목 금액의 새로운 악화로 갚을 수 있었다. 그러

---

* 재위 1272~1307. 잉글랜드의 왕. 왕권을 강화하고, 여러 가지 입법을 단행하여 국가를 정비하고, 대외적인 영토 확장에도 힘쓰는 등 많은 업적을 남겼다.

므로 이러한 조작은 언제나 채무자에게 유리했고 채권자에게는 불리
했다(32-34쪽).

금화와 은화의 간단한 역사

중세 이래 전 세계적으로 금화와 은화가 동시에 유통되었습니다. 그러나 '악화가 양화를 몰아낸다'라는 그레셤T. Gresham: 1519~1579의 법칙에 따라, 19세기 초 유럽 대부분의 나라에서는 사실상 은본위제silver standard(은을 화폐의 기본으로 삼는 제도)가 지배하였습니다. 이 과정을 가상의 예를 들어 설명하면 다음과 같습니다.

정부는 금화 1개(금 1그램을 함유)를 은화 10개(은화 1개는 은 1그램 함유)와 동일한 가치를 가진다고(또는 금 1그램=은 10그램) 법적으로 규정하고 있었는데, 은이 점차 더욱 쉽게 채굴됨으로써 귀금속 시장에서는 금덩이 1그램을 은덩이 20그램과 교환할 수 있었습니다. 이에 따라 금화 1개의 소유자는 금화를 녹여 금덩이로 만들고, 이 금덩이로 귀금속 시장에서 은덩이를 구입해 은화 20개를 주조할 수 있게 된 것입니다.

이제 금화는 모두 금덩이로 전환되고 은화만 유통하게 되었으므로, 금은 복본위제bimetallic standard system(금과 은 모두가 본위화폐로 사용되는 제도)에서 은본위제로 바뀌게 된 것입니다. 그러나 영국은 18세기에 금화와 은화의 법적인 교환비율을 1:20에 가깝게 고정시켰으므로, 금본위제를 유지할 수 있었습니다.

그런데 1840년대와 1850년대에 미국 캘리포니아와 호주에서 금이 대규모로 발견되어 은에 대한 금의 상대가치가 저하했고, 게다가 영국이 국제금융시장에서 압도적인 지위를 차지하고 있었기 때문에 각국은 은

본위제로부터 금본위제로 전환했습니다. 독일은 1871년부터 1873년 사이, 라틴통화동맹(프랑스, 이탈리아, 벨기에, 스위스)은 1873년부터 1874년 사이, 스칸디나비아동맹(덴마크, 노르웨이, 스웨덴)과 네덜란드는 1875년부터 1876년 사이에 금본위제를 채택했습니다. 은본위제는 주로 극동(특히 중국)에만 남아 있게 되었습니다.

18세기 말과 19세기 초에는 태환지폐 또는 태환은행권도 널리 사용되었는데, 이 지폐를 금으로 바꾸는 것(태환)이 정지되는 경우도 있었고, 불환지폐(태환이 보증되어 있지 않은 지폐)도 유통되었습니다. 18세기 초에 프랑스 정부는 불환지폐를 대규모로 발행했고, 1789년부터 1796년에는 프랑스 혁명정부가 '아시냐assignat'라는 불환지폐를 발행했으며, 갓 독립한 미국은 국채를 발행해 불환지폐로 사용했습니다. 영국은 나폴레옹 전쟁(1797~1816) 동안 뱅크 오브 잉글랜드Bank of England 은행권의 태환을 정지했고, 미국은 남북전쟁(1861~1865) 동안 북부의 지폐 '그린백greenback'에 대한 태환을 정지했다가 1878년에 태환을 재개했습니다.

사실상 오랫동안 금화, 은화, 태환지폐가 자본주의를 지배했습니다. 제1차 세계대전 이후 몇 년 동안 각국이 불환지폐 제도를 채택하긴 했으나, 영국이 1925년 그리고 프랑스가 1928년에 금본위제로 복귀했으며, 1929년까지는 대부분의 나라가 자국 통화를 금과 연결시켰습니다. 그러나 각국 정부는 자국의 통화량이 금의 유출입에 의해 결정되는 것과 이에 따라 국내 산업과 고용의 문제에 탄력적으로 대처하지 못하는 것에 불만을 느껴서, 순수한 금본위제를 유지하지는 않았습니다.

1929년 10월에 폭발한 세계대공황은 이러한 '관리되는 금본위제'를 중단시켰고, 영국은 1931년, 그리고 미국은 1933년에 금본위제에서 완전히 이탈했습니다. 다시 말해 국내에서는 태환제도가 사라졌습니다. 그러나 제2차 세계대전 이후 1971년까지 국제적으로는 미국 달러의 태환제도(외국 정부가 35달러를 미국 정부에 제시하면 금 1온스를 받을 수 있었음)가 유지되었고, 미국 달러가 세계화폐라는 역할을 맡았습니다. 미국 정부는 1971년 8월 15일에 달러의 태환을 일방적으로 폐지했으며, 이에 따라 국제적으로도 태환제도가 완전히 사라졌습니다.

3부

상품의 가치·가격과 노동

스미스는 "자본가가 자본을 투자해서 이윤을 얻는 자본주의 사회에서 상품의 가치는 노동임금과 이윤을 더한 것과 같다"라고 말합니다. 그리고 농업에서는 지주에게 지대를 주어야 하기 때문에, 농산물의 가치는 "노동자의 임금+자본가의 이윤+지주의 지대"라고 말하는 것입니다.

결국 자본이 축적되지 않고 토지가 사적으로 소유되지 않은 원시사회에서는 상품의 가치가 그 상품을 생산하는 데 드는 노동량에 의해 결정되지만, 자본주의 사회에서 상품의 가치는 그 상품을 생산하는 데 기여한 참가자들의 소득의 합계에 의해 결정된다는 것입니다.

노동가치설과 효용가치설

상품은 시장에서 다른 상품과 교환하게 됩니다. 그런데 시장을 며칠 동안 관찰해 보니, 인디언이 들소 가죽 2미터를 창 1개와 교환하고 있었습니다. '왜 어째서 들소 가죽 2미터가 2개의 창이 아니라 1개의 창과 교환되는가?' 하는 매우 근본적인 질문이 나올 수밖에 없습니다.

사실 이 질문에 어떻게 대답하는가에 따라, 현대의 경제학이 두 개의 학파로 확연히 나누어집니다. 부르주아경제학은, 들소 가죽 2미터와 창 1개가 교환되는 이유에 대해 "인간들이 느끼는 효용(또는 만족감)이 동일하기 때문"이라고 대답합니다. 다른 한편 마르크스경제학은, 들소 가죽 2미터와 창 1개를 "생산하는 데 드는 인간노동의 양이 동일하기 때문"이라고 대답합니다. 전자가 주관적인 효용가치설이고, 후자가 객관적인 노동가치설입니다. 어느 것이 경제 현상을 더욱 잘 설명할 수 있는가는 나중에 알게 될 것입니다.

어쨌든 스미스는 노동가치설을 주장한 최초의 학자입니다. 그는 "수렵민족 사이에서 비버 1마리를 잡는 데 4시간이 걸리고 사슴 1마리를 잡는 데 2시간이 걸린다면, 비버 1마리는 사슴 2마리와 교환될 수밖에 없다"라고 말했기 때문입니다. 이 경우 비버 1마리를 잡는 데 드는 4시간의 인간노동이 비버 1마리의 가치이고, 사슴 1마리를 잡는 데 드는 2시간의 인간노동이 사슴 1마리의 가치입니다. 이처럼 상품 1개를 만드는 데 드는 인간노동의 양에 의해 그 상품의 가치를 결정하는 것을 투하노동가치설이라고 합니다.

그런데 스미스는 어떤 경우에는 상품 1개가 시장에서 구매할 수 있는 인간노동의 양에 의해 그 상품의 가치를 결정한다고 말하기도 하는데, 이것은 지배노동가치설이라고 합니다. 비버 1마리는 시장에서 사슴 2마리와 교환되기 때문에, 비버 1마리로는 4시간의 인간노동을 구매할 수 있다고 말할 수 있습니다. 따라서 위의 경우에는 투하노동가치설이든 지배노동가치설이든 비버 1마리의 가치는 4시간으로 동일하며, 투하노동가치설과 지배노동가치설이 동일한 것처럼 보입니다.

그러나 개념적으로 분석하면, 우리가 비버를 시장에 팔려고 나가기 전에 비버의 가치가 4시간의 인간노동이라는 것을 알아야 사슴 2마리와 교환하려 할 것입니다. 그런데 지배노동가치설에 따르면, 비버 1마리를 시장에서 파니까 사슴 2마리를 살 수 있는 것을 보고, 비로소 비버의 가치가 4시간의 인간노동이라는 것을 알게 되는 것입니다. 따라서 개념적으로 투하노동가치설이 정확한 노동가치설이라 할 수 있습니다.

그런데 위의 예와는 달리 투하노동과 지배노동의 양이 상이한 경우가 생깁니다. 예컨대 자본주의 사회에서는 자본가가 임금을 주고 노동자를 고용해 노동을 시켜 새로운 상품을 만들어내고, 그 상품을 팔아 투자자본을 회수하고 이윤을 얻게 됩니다. 만약 자본가가 노동자에게 임금으로 4시간 노동에 해당하는 가치만을 주면서 8시간을 노동시켜 비버 2마리를 잡게 한다면, 자본가는 4시간의 노동에 해당하는 임금을 투하하여 비버 2마리를 얻게 되어 사슴 4마리와 교환할 수 있습니다.

따라서 자본가가 지출한 임금의 가치(즉 투하노동)는 4시간이고 자본가가 구매할 수 있는 사슴 4마리의 가치(즉 지배노동)는 8시간이 될 것이며, 노동자의 투하노동은 8시간이고 노동자가 임금으로 살 수 있는 상품들의 가치(즉 지배노동)는 4시간이 될 것입니다.

이렇게 투하노동과 지배노동이 상이한 것을 발견한 스미스는, "자본가가 자본을 투자해서 이윤을 얻는 자본주의 사회에서 상품의 가치는 노동임금과 이윤을 더한 것과 같다"라고 말합니다. 그리고 농업에서는 지주에게 지대를 주어야 하기 때문에, 농산물의 가치는 "노동자의 임금＋자본가의 이윤＋지주의 지대"라고 말하는 것입니다.

결국 자본이 축적되지 않고 토지가 사적으로 소유되지 않은 원시 사회에서는 상품의 가치가 그 상품을 생산하는 데 드는 노동량에 의해 결정되지만, 자본주의 사회에서 상품의 가치는 그 상품을 생산하는 데 기여한 참가자들의 소득 합계에 의해 결정된다는 것입니다. 공산품의 가치는 "노동자의 임금＋자본가의 이윤"이고, 농산물의 가치는 "노동자의 임금＋자본가의 이윤＋지주의 지대"라고 스미스는 결론을 내면서, 노동가치설을 버립니다.

그런데 마르크스는 "인간노동만이 가치를 창조한다"라는 노동가치설의 원리를 계속 적용하여 투하노동가치설을 유지하고 있습니다. 노동자는 하루에 8시간을 일하면서 4시간의 노동이 창조하는 가치를 임금으로 받습니다. 그렇기 때문에 자본가는 노동자가 8시간의 노동에서 창조한 가치 중에서 4시간의 노동이 창조한 가치를 공짜로 가져가게 됩니다. 이것이 노동자의 '잉여노동'이고 자본가가 얻는 이윤의 원천입니다.

노동자가 8시간의 노동에서 비버 2마리를 잡는다면 비버 2마리의 투하노동가치는 당연히 8시간이 되는 것이고, 비버 2마리가 사슴 4마리와 교환되기 때문에 비버 2마리의 지배노동가치도 8시간이 되는 것입니다. 따라서 노동자의 노동 8시간이 임금의 가치와 이윤의 가치를 창조하는 것이며, 또한 노동자의 노동 8시간이 임금의 가치와 이윤의 가치 및 지대의 가치까지 창조하는 것입니다.

그리고 여기에서 마르크스의 위대한 발견 중 하나가 노동력과 노동의 구별입니다. 자본가는 노동자로부터 그가 가진 유일한 재산인 노동력(노동자의 정신적·육체적 힘)을 일정한 기간(예컨대 하루, 한 주, 한 달, 1년 등) 구매하는데, 이 노동력이라는 상품의 가치가 바로 임금입니다. 노동력을 구매한 자본가는 생산과정에서 노동자를 노동시키는데, 이 노동이 새로운 가치(또는 부가가치)를 창조하며, 이 새로운 가치가 '임금+이윤+지대'와 같다는 것입니다.

노동자가 1시간의 노동에서 얼마의 새로운 가치를 창조하는가를 알기 위해서는 국내총생산 통계에서 임금·이윤·지대를 합계한 금액(부가가치총액)을 총 노동시간으로 나누면 됩니다. 예컨대 노동자가 하루 8시간의 노동에서 80원의 새로운 가치를 창조한다면, 자본가는 이 중 40원을 임금으로 지급하고 나머지 40원은 이윤으로 가져가며, 이윤 중에서 10원을 지주에게 지대로 준다는 것입니다(자세한 것은 『자본론을 읽는 시간』 2부 2장, 3부 3장 참조, 지대에 관해서는 같은 책 4부 2장 참조).

3부에서는 『국부론』에서 가장 이해하기 어려운 부분인 제1편 제5장(상품의 진실가격과 명목가격, 또는 상품의 노동가격과 화폐가격), 제6장(상품가격의 구성 부분) 그리고 제7장(상품의 자연가격과 시장가격)을 해설할 것입니다.

01

상품의 교환가치와 노동

여기에서는 스미스가 상품의 가치를 어떻게 노동과 연결시키고 있는가를 살펴보면서, 노동을 상품 가치의 실체로 파악하기보다는 점점 더 상품 가치를 측량하는 '불변의 가치척도'로 생각하게 되는 과정을 밝히려 합니다.

상품의 사용가치와 교환가치

『국부론』에서는 '가치$_{\text{value}}$'라는 용어가 다음과 같은 맥락에서 처음 나타납니다.

재화를 화폐 또는 다른 재화와 교환할 때 (…) 주의해야 할 것은, 가치라는 단어가 두 개의 상이한 의미를 가진다는 점이다. 즉 때로는 어떤 특정한 물건의 효용$_{\text{utility}}$을 표시하고, 때로는 그 물건을 소유함으로써 갖게 되는 다른 물건들을 구매할 수 있는 능력을 표시한다.

상품의 교환가치
양복점, 약재상 등 가게가 즐비한 중세도시의 모습. 상품은 다른 상품이나 화폐와 교환되는 과정에서 교환가치가 평가된다.

전자를 사용가치, 후자를 교환가치라 부를 수 있다. 물보다 더 유용한 것이 없지만 물로써 다른 것을 살 수도 없고, 다른 물건과 교환할 수도 없다. 이와는 반대로, 다이아몬드는 사용가치가 거의 없지만, 그것을 매우 큰 수량의 다른 재화들과 교환할 수 있다(34-35쪽).

상품은 사용가치와 교환가치를 가지는데, 사용가치는 상품이 무엇에 유용한가를 가리키는 것이기 때문에 그 크기를 잴 수는 없습니다. 예컨대 쌀의 사용가치는 인간에게 일정한 영양분을 제공하는 것이므로, 그 사용가치가 가난한 사람에게는 크고 부자에게는 작다고 말하는 것은 옳은 표현이 아닙니다. 그러나 들소 가죽 2미터의 교환가치는 창 1개이거나 은 1그램이라고 말할 수 있으므로, 그 크기를 잴 수 있습니다.

그런데 위의 문장에서 스미스는 물과 다이아몬드를 비교하고 있

118

는데, 이것은 상품인 다이아몬드와 상품이 아닌 물을 비교한다는 점에서 무리가 있습니다. 왜냐하면 물은 아주 부족한 곳이 아니면 아무나 공짜로 사용할 수 있어 시장에서 사고파는 상품이 되지 않으므로, 당연히 교환가치를 가지지 않기 때문입니다. 다이아몬드는 단단한 재료를 자르거나 또는 반지나 목걸이의 원료가 되는 사용가치를 가지고 있으며, 광석에서 캐내어 가공하는 데 비용(또는 노동)이 많이 들기 때문에 교환가치도 크다고 말할 수 있습니다.

상품의 교환가치를 재는 진정한 척도

이어서 스미스는 상품의 "교환가치를 재는 진정한 척도는 무엇인가" 하는 질문을 한 뒤, "노동"이라고 대답하고 있습니다(37쪽). 그런데 여기에서 먼저 지적해야 할 것은 스미스가 상품의 가치가 무엇인지를 정의하지 않은 채, '가치'라는 단어를 자꾸 사용하고 있다는 점입니다. 그러나 "얻기 쉽거나 또는 얻는 데 많은 노동이 소요되는 물건의 가치는 크고, 얻기 쉽거나 또는 노동을 거의 들이지 않고도 얻을 수 있는 물건의 가치는 작다"라는 스미스의 주장을 좀 더 깊게 분석하여 올바르게 정리해 보면, 다음과 같이 말할 수 있을 것입니다(다음에 이어질 설명은 스미스의 이야기를 수정·보완하여 완성시킨 마르크스의 견해이다).

상품들이 '가치'를 가진다는 말은, '상품들이 서로 비교할 수 있는 동질적인 그 무엇'을 가지고 있다는 것을 가리킵니다. 상품들이 가치를 가지고 있어야만, 상품들의 교환가치 또는 교환비율을 결정할 수 있을 것이 아닙니까?

그렇다면 상품들이 가지고 있다는 동질적인 그 무엇인 가치의 실체(본질)는 무엇일까요? 인간은 상품들을 생산하기 위하여 노동해야 하기 때문에, 각 상품에는 서로 비교할 수 있는 '동질적인 인간노동'이 응고되어 있거나 대상화되어 있는데, 이 동질적인 인간노동이 가치의 '실체'라고 볼 수 있습니다.

그러면 상품 가치의 크기는 어떻게 잴 수 있을까요? '각 상품을 만드는 데 드는 동질적인 인간노동의 양'에 의해 상품 가치의 크기를 알 수 있습니다. 그리하여 흔히들 상품의 가치라고 하면, '그 사회의 평균적인 노동자가 그 상품을 만드는 데 드는 노동시간'이라고 간단히 말하게 됩니다(여기에서 주의해야 할 점은 컴퓨터 공장에서는 노동자가 수많은 부품들을 조립하여 컴퓨터를 완성시키고 있으므로, 컴퓨터의 가치는 컴퓨터 공장에서 일하는 노동자의 노동시간뿐 아니라, 다른 공장에서 수많은 부품들을 생산하는 데 든 노동자들의 노동시간까지 포함해야 한다는 것이다). 따라서 평균적인 노동자보다 노동생산성이나 노동강도가 높은 노동자는 1시간을 노동하더라도 1시간 이상을 노동한 것으로 간주될 것입니다.

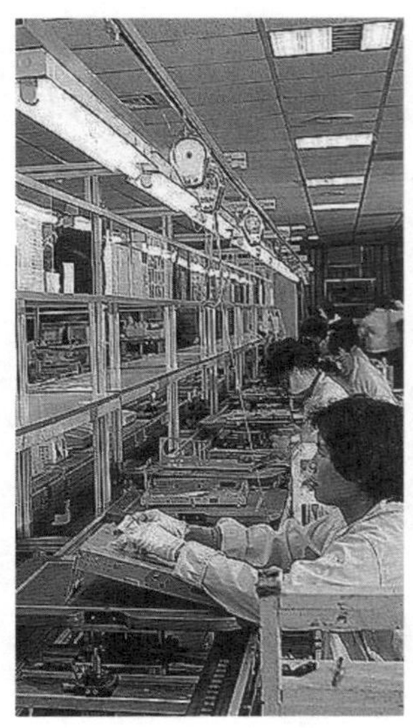

컴퓨터 공장의 분업

컴퓨터의 가치는 컴퓨터 공장에서 일하는 노동자의 노동시간뿐 아니라, 다른 공장에서 수많은 부품들을 생산하는 데 든 노동자들의 노동시간까지 포함해야 한다.

다시 앞으로 돌아가서, 스미스가 "상품의 교환가치를 재는 진정한 척도는 노동이다(37쪽)"라고 주장한 근거를 알아봅시다. 그는 이것에 대하여 두 가지 다른 근거를 대고 있습니다. 첫째로 분업이 철저히 실시된 뒤에는 사람들이 자기가 필요로 하는 물품의 대부분을 타인의 노동으로부터 사와야 하기 때문입니다.

어떤 상품의 가치는, 그 상품을 소유하고 있지만 그것을 자신이 사용하거나 소비하려 하지 않고 다른 상품과 교환하려고 하는 사람에게는, 그 상품이 그로 하여금 구매하거나 지배할 수 있게 해주는 타인 노동의 양과 같다. 따라서 노동은 모든 상품의 교환가치를 측정하는 진실한 척도이다(37쪽).

이 주장을 좀 더 정리하면 다음과 같습니다. 상품은 시장에서 다른 상품이나 화폐와 교환하게 되며, 상품의 교환가치는 '그 상품이 구매할 수 있는 다른 상품의 양이나 화폐의 양'에 의해 측정될 것입니다. 이 이야기를 좀 더 분석해 보면 "상품은 자기의 가치를 다른 상품의 양이나 화폐의 양으로 표현하기 때문에, 상품의 '교환가치'는 상품의 가치가 밖으로 표현되는 형식이다"라고 말할 수 있을 것입니다. 따라서 상품의 가치를 화폐의 양으로 표현한 것, 예컨대 '들소 가죽 2미터=금 1그램=1원'을 들소 가죽의 '가격'이라고 부릅니다.

그런데 스미스는 상품의 교환가치를 그 상품이 구매할 수 있는 다른 상품의 양으로 측정하지 않고, 이 다른 상품을 생산하는 데드는 타인 노동의 양으로 측정하고 있습니다. 이것은 전혀 문제가

우크라이나 탄광 노동자들

노동자가 노동의 대가로 받는 상품의 양이 많든 적든 간에 그가 지급하는 가격(희생)은 항상 동일하다. 사진은 영화 <노동자의 죽음>(2005)의 한 장면.

되지 않습니다. 들소 가죽 2미터의 교환가치가 창 1개라면, 들소 가죽 2미터를 생산하는 데 드는 노동의 양이 창 1개를 만드는 데 드는 노동의 양과 같다는 의미이므로, 곧장 노동은 모든 상품의 가치를 측정하는 진실한 척도라고 말할 수 있을 것입니다.

불변의 가치척도

그런데 다음에 나오는 것처럼, 상품의 교환가치를 재는 진정한 척도는 노동이라는 주장의 두 번째 근거로서 대는 것은 새로운 문제를 일으키고 있습니다. 스미스에 따르면 상품은 다른 상품이나 화폐와 교환되며, 따라서 상품의 교환가치는 그 상품이 구매할 수 있는 다른 상품의 양이나 화폐의 양으로 평가되는데, 다른 상품이나 화폐는 때로는 더 싸고 때로는 더 비싸기 때문에 한 상품의 교환가치를 재는 정확한 척도가 될 수 없다는 것입니다. 스미스의 이야기를 좀 더 자세히 들어봅시다.

한 걸음, 한 길, 한 줌처럼 그 자신의 양이 끊임없이 변하는 자연의 척도와 같은 것은, 다른 물건들의 양을 측정하는 정확한 척도가 될 수 없듯이, 자신의 가치가 끊임없이 변하는 상품은 다른 상품들의 가치를 측정하는 정확한 척도가 될 수 없다. 동등한 양의 노동은 때와 장소를 가리지 않고, 노동자에게 동일한 가치가 있다고 말할 수 있을 것이다. 노동자는 보통의 건강·체력 그리고 정신 상태에서는, 그리고 그의 기교·숙련의 정도가 보통인 상태에서는, 동등한 양의 노동에 대해 동일한 분량의 안일·자유 그리고 행복을 희생해야만 한다. 노동자가 노동의 대가로 받는 상품의 양이 많든 적든 간에, 그가 지급하는 가격(희생)은 항상 동일함에 틀림없다. (…)

물론 노동자는 노동의 대가로써 때로는 더 많은 상품을 구매할 수 있고, 때로는 더 적은 상품을 구매할 수도 있지만, 변동하는 것은 상품들의 가치이지 상품들을 구매하는 노동의 가치가 아니다. 어느 때나 어떤 장소에서도 얻기 어렵거나 또는 얻는 데 많은 노동이 소요되는 물건은 비싸며, 얻기 쉽거나 또는 노동을 거의 들이지 않고도 얻을 수 있는 물건은 싸다. 그러므로 자신의 가치가 결코 변동하지 않는 노동만이, 때와 장소를 가리지 않고 모든 상품들의 가치를 측정하고 비교할 수 있는 궁극의 진실한 척도이다. 노동은 상품의 진실가격이고, 화폐는 상품의 명목가격일 뿐이다(41-42쪽).

지금 스미스가 문제로 삼고 있는 것은, 들소 가죽 2미터의 가격이 은 1그램이었다가 은 2그램으로 변했을 때 들소 가죽의 가치가 변한 것인지 아니면 은의 가치가 변한 것인지를 어떻게 알 수 있는가에 대한 문제입니다. 이 문제의 해결 방법은 매우 간단합니다. 들소 가죽의 생산에 드는 노동의 양이 변했는지, 은의 생산에 드는 노동의 양이 변했는지를 알아보면 금방 알 수 있을 것입니다. 다시 말해, 상품의 가치나 교환가치를 재는 정확한 척도는 바로 노동인 것입니다. 아마 이것이 스미스가 이야기하려 한 것이라고 필자는 생각합니다.

그런데 "자신의 가치가 결코 변동하지 않는 노동"이나 "노동의 가치는 결코 변동하지 않는다"라는 표현은 말이 되지 않습니다. 노동은 상품 가치의 실체이고, 상품 가치의 크기를 재는 척도입니다. 따라서 '노동의 가치'라는 표현은 불합리한 동어반복입니다. 왜냐하면 '10시간 노동의 가치는 10시간이다'라고 표현하는 것과 같기 때문입니다.

그리고 노동은 어떤 특정한 가치를 가질 수도 없습니다. '노동'이라는 용어는 '무게'나 '길이'와 같은 성격의 용어이기 때문입니다. '무게'라는 용어가 특정한 무게를 가질 수 없고, '길이'라는 용어가 특정한 길이를 가질 수 없는 것과 마찬가지로, '노동'이라는 용어는 특정한 가치를 가질 수 없기 때문입니다.

스미스는 왜 "노동의 가치는 불변이다" 또는 "노동은 불변의 가치 척도이다"라고 주장했을까요? 『국부론』 책 전체에서 이 주장에 대한 근거를 찾아보면, "노동자의 1시간 임금이 역사적으로 매우 안정적이었다"라는 단순한 사실에서 그렇게 주장했다고 볼 수밖에 없습니다. 스미스는 다음과 같이 말합니다.

물가가 비싼 해(흉년)에는, 노동에 대한 수요가 감소하여 노동가격(임금)을 저하시키는 경향이 있지만, 다른 한편으로는 식료품의 높은 가격이 노동가격을 인상시키는 경향도 있다. 이와는 반대로, 물가가 싼 해(풍년)에는 노동에 대한 수요가 증가하여 노동가격을 인상시키는 경향이 있지만, 다른 한편으로는 식료품의 낮은 가격이 노동가격을 인하시키는 경향도 있다. (…) 이것이 아마도 어디에서나 노동임금이 식료품 가격보다 더욱 안정적이고 불변적인 이유일 것이다(113쪽).

흉년에는 한편으로는 농산물의 생산량이 적어 노동자를 많이 고용하지 않기 때문에 임금수준이 낮아지는 경향이 있지만, 다른 한편으로는 농산물의 가격이 상승하여 임금수준이 올라가는 경향도 있기 때문에 서로 반대되는 경향들이 상쇄되어 임금수준은 변화하지 않습니다.

또한 풍년에는 한편으로는 농산물의 생산량이 많아 노동자를 많이 고용하기 때문에 임금수준이 상승하는 경향이 있지만, 다른 한편으로는 농산물의 가격이 하락하여 임금수준이 낮아지는 경향도 있기 때문에 서로 반대되는 경향들이 상쇄되어 임금수준이 변화하지 않는다는 것입니다.

그런데 여기에서 매우 중요한 이론적 결함을 발견할 수 있습니다. 임금수준은 '노동의 가치'가 아니라 '노동력의 가치'라는 점입니다. 노동시장에서 자본가가 하루 얼마의 임금을 주고 노동자로부터 구매하는 것은 노동이 아니라 노동자가 가진 육체적이고 정신적인 힘, 또는 노동할 수 있는 능력인 노동력이라는 사실입니다. 자본주의 사회의 노동자는 먹고살 수 있는 재산은 없지만, 노예와는 달리 인격적으로 자유롭습니다. 그렇기 때문에, 자기의 몸이 아니라 노동력을 일정한 시간 동안 팔아 임금을 받고 살아가는 것입니다. 노동자는 하루의 노동력을 팔아 하루의 임금을 받는 것입니다.

노동은 일하는 것이고, 노동자가 자기의 노동력을 지출하는 행위입니다. 그러므로 노동시장에서는 아직 노동을 한 것이 아니므로, 노동은 팔 수가 없고 노동력을 상품으로 팔게 되는 것입니다. 그리고 노동자가 하루의 노동력을 노동시장에서 자본가에게 팔았을 때, 자본가는 공장에서 하루의 노동력을 어떻게 사용할 것인가 또는 노동자에게 몇 시간의 노동을 시킬 것인가를 결정하게 되는 것입니다.

따라서 노동자가 노동을 하는 공장에서는 노동자의 노동력이 이미 자본가의 것이 되어 있으므로, 노동자가 자기의 노동을 자본가에게 팔 수가 없습니다. 사실 스미스가 구별하지 못한 노동력과 노동의 차이를 발견하여 이윤이론 또는 잉여가치론[*]을 혁명한 사람이 바로 마르크스입니다.

위에서 인용한 단락에서 노동임금 또는 임금수준이 안정적이라는 것은, '노동의 가치'가 잘 변하지 않음을 가리키는 것이 아니라 '노동력의 가치'가 잘 변하지 않음을 의미하기 때문에, 반드시 노동이 불변의 가치척도라고 말할 수는 없습니다.

---

[*] 자본가가 노동자에게 노동력의 가치에 해당하는 임금 50원을 주고 고용했는데, 이 노동자가 생산과정에서 노동을 통해 80원의 새로운 가치(부가가치)를 창조했다. 자본가는 이 부가가치에서 임금 50원을 뺀 30원을 잉여가치로 가지게 된다. 이것이 바로 이윤이다. 『자본론을 읽는 시간』 3부 3장, 4부 1장 참조.

상품의 진실가격과 명목가격

스미스는 상품의 가치를 노동의 양으로 표현하는 것을 상품의 진실가격이라고 부르고, 상품의 가치를 화폐의 양으로 표현하는 것을 상품의 명목가격이라고 부릅니다. 그러나 상품 가치의 크기는 '그 상품을 만드는 데 드는 인간노동의 양'이기 때문에, 진실가격이라는 개념은 사실상 필요 없습니다.

그런데 스미스에 따르면 어떤 상품의 가치는 그 상품이 구매하거나 지배하는 노동의 양과 같기 때문에, 상품의 '진실가격'을 구하기 위하여 상품의 '시장가격'이 구매할 수 있는 노동의 양을 찾으려고 한 것입니다. 이 노동의 양은 상품의 시장가격을 시간당 임금수준으로 나누면 바로 얻을 수 있습니다. 예컨대 상품 A의 가격이 1,000원인데 노동자가 1시간의 노동에 100원의 임금을 받는다면, 그 상품은 10시간의 노동을 구매하고 지배할 수 있으므로 진실가격은 10시간의 노동이 되는 셈입니다.

그런데 이 경우 동일한 시기에는 시간당 임금수준이 동일하기 때문에, 상품들 사이의 교환 비율은 노동의 양이라는 우회를 거치지 않고도 시장가격에 의해 금방 알 수 있습니다. 상품 B가 2,000원이라면 이 상품은 20시간의 노동을 구매할 수 있으므로, B의 진실가격은 20시간의 노동이 될 것입니다. 따라서 A와 B의 교환비율은 진실가격에 의해 '10시간:20시간＝1:2'가 되지만, 시장가격에 의하더라도 A와 B의 교환비율은 '1,000원:2,000원＝1:2'가 될 수밖에 없습니다. 노동의 양이 아무런 의미를 가지지 않게 되는 것입니다.

물론 스미스는 은(하나의 상품이면서 동시에 화폐의 역할을 했음)이 구매할 수 있는 '노동의 양'을 통해 1202년부터 1764년 사이에 은의 진실가격 또는 가치가 어떻게 변했는가를 알아보려고 했습니다. 그런데 1시간 노동의 가격(임금수준)에 대한 역사적 기록이 거의 남아 있지 않았기 때문에 스미스는 노동의 가격 대신 비교적 더 잘 알려진 밀의 가격을 상품의 진실가격을 구하는 수단으로 사용하게 되었습니다(49쪽). 다시 말해, 은 1그램이 매년 밀 몇 킬로그램을 구매할 수 있었던가를 구하여 은의 진실가격이 어떻게 변화했는가를 추적한 것입니다. 여기에서도 노동의 양은 아무런 소용이 없었습니다.

결국 스미스는 상품의 가치를 설명하면서, 상품의 가치는 "평균적인 노동자가 그 상품을 만드는 데 드는 노동의 양"이라는 것을 발견했으면서도, "상품 가치의 실체가 노동"이라는 노동가치설을 계속 유지하지 못하고, 오히려 거꾸로 상품의 시장가격을 임금수준(1시간 노동의 가격)으로 나누어 상품의 가치(이른바 진실가격)를 구하는 이해할 수 없는 행동을 한 것입니다. 이렇게 함으로써 스미스에게 노동은 가치의 실체가 아니라, 불변의 가치척도가 된 것입니다.

그러나 스미스가 말한 불변의 가치척도는 사실상 "잘 변하지 않는 임금수준"이었으며, 임금수준은 노동의 가치가 아니라 노동력의 가치이기 때문에 불변의 가치척도가 노동력이라고 말해야 옳았을 것입니다. 하지만 이것은 거의 아무 의미도 없는 이야기입니다. 어쨌든 스미스는 노동가치설을 포기할 수밖에 없었습니다.

128

02

상품 가치의 구성 부분

스미스는 "자본의 축적과 토지의 사적 점유가 없었던 초기의 원시사회"와 "자본의 축적과 토지의 사적 점유가 있는 문명사회"를 구분하면서, 상품 가치의 구성 부분이 다르다는 것에 대해 다음과 같이 말합니다.

초기의 원시사회에서는 노동생산물 전체가 노동자에게 속하며, 어떤 상품을 획득하거나 생산하는 데 보통 지출되는 노동의 양이, 그 상품이 보통 구매·지배·교환해야 하는 노동의 양을 규정할 수 있는 유일한 요인이다(61쪽).

예컨대 수렵민족 사이에서 비버를 잡는 것이 사슴을 잡는 것보다 보통 2배의 노동이 든다면, 1마리의 비버는 당연히 2마리의 사슴과 교환되나, 2마리의 사슴과 같은 가치가 있어야 할 것이다(60쪽).

그런데 소득을 절약하여 자본을 축적한 자본가가 노동자를 고용해 이윤을 얻으려 하고 지주가 토지의 사용에 대해 지대를 요구하게 되는 문명사회에서는, 상품의 가치가 임금·이윤·지대로 구성되어야 한다고 스미스는 주장합니다. 그리고 스미스는 임금은 노동자가 행한 모든 노동에 대한 대가라고 생각합니다. 따라서 이윤과 지대가 어디에서 나오는지를 설명할 수 없었던 것입니다.

상품 가치는 소득의 합계인가

이런 스미스의 설명은 노동가치설과는 완전히 다릅니다. 자본가나 지주(또는 토지소유자)가 없는 사회에서는 생산자 혼자 노동을 하여 생산물을 만들기 때문에, 생산물을 만드는 데 드는 노동의 양 또는 이것의 대가인 임금만이 상품의 가치를 구성할 뿐이라고 스미스는 주장합니다.

그러나 항상 잊지 말아야 할 것은, 무엇을 생산할 때는 언제나 도구나 기계를 사용하며 원료를 소비하게 된다는 사실입니다. 비버나 사슴을 잡을 때도 활·화살·창·망태기 등의 도구가 필요했을 것이고, 이 도구들을 수리하거나 유지하기 위하여 대나무·실·철 조각·기름 등의 원료도 필요했을 것이며, 의식주에 필요한 생활 자료도 필요했을 것입니다.

만약 노동자 혼자서 하루 10시간 동안 A라는 상품을 만든다면, 노동자가 하루에 생산한 A라는 상품의 총 가치는 다음과 같습니다.

하루 생산량의 총 가치

= 도구·기계의 감가상각액(20원) + 원료비(10원) + 하루의 노동이 창조하

　는 가치(50원)

= 80원

이 식에서는 노동자가 1시간의 노동에서 5원의 새로운 가치(또는 부가가치)를 창조한다고 가정했습니다[1시간의 노동이 5원의 부가가치를 창조한다는 것은, 예컨대 지난 1년 동안의 총 부가가치액(=임금+이윤+지대)을 노동자들의 총 노동시간으로 나누면 알 수 있다]. 따라서 위의 총 가치를 노동시간으로 표현하면 다음과 같습니다.

하루 생산량의 총 가치

= 4시간(=20원/5원)　　　　　+2시간(=10원/5원) + 10시간

= 도구·기계의 감가상각액(4시간) + 원료비(2시간) + 하루의 노동(10시간)

= 16시간

그런데 여기에서 주의해야 할 것은, 상품 A를 생산하는 노동자는 하루에 10시간만 노동할 뿐이므로(이것을 '현재의 노동'이라고 부른다). 도구·기계의 감가상각액*에 해당하는 노동 4시간과 원료비에 해당하는 2시간은 각각 도구·기계의 생산자와 원료의 생산자가 자기들의 공장에서 행한 노동(이것을 '과거의 노동'이라고 부른다)이라는 사실

* 토지를 제외한 고정자본에 생기는 가치의 소모를 나타내는 금액

입니다.

이제 원시사회에서 문명사회로 넘어가봅시다. 자본가는 도구·기계와 원료를 구매하고, 노동자의 하루 노동력의 가치[*]에 해당하는 금액을 임금으로 지급하면서 노동력을 구매합니다. 즉 자본가는 도구·기계와 원료 및 노동력의 구매에 자본을 투자합니다.

이리하여 자본가는 노동자로 하여금 도구·기계를 사용하고 원료를 가공하여 상품 A를 만들게 하고, 생산된 상품 A를 시장에서 팔아 판매액 중에서 먼저 투자자본을 회수하고, 지주에게 토지를 빌린 대가로 지대를 주며, 노동자에게 임금을 주고, 그 나머지를 자기의 이윤으로 챙길 것입니다.

만약 노동자가 혼자 노동할 때와 생산기술과 생산 규모가 동일하다고 가정한다면, 그리고 노동자의 임금으로 10원을 주고 지주에게 지대로 15원을 주며 자기의 이윤으로 25원을 가진다면, 하루 생산량의 총 가치는 아래와 같이 구성됩니다.

---

[*] 노동력도 상품이므로 노동력의 가치는 '노동력을 생산하는 데 드는 노동의 양'이라고 정의되는데, 노동력은 정상적인 의식주생활과 문화생활 및 가정생활을 하는 과정에서 (재)생산된다. 그렇기 때문에, 노동력의 가치는 노동자가 정상적인 생활을 하는 데 필요한 재화와 서비스의 가치 합계라고 해석한다. 그리고 노동력의 가치와 임금수준이 동일하다고 이야기하는 것은, 노동자가 정상적인 생활을 해야만 정상적으로 노동력을 재생산할 수 있기 때문이다. 만약 장기적으로 임금수준이 노동력의 가치보다 낮아진다면, 노동자가 일찍 사망하게 됨으로써 자본가들은 노동자가 부족하여 이윤을 제대로 얻지 못할 것이다.

하루 생산량의 총 가치

= 도구·기계의 감가상각액(20원) + 원료비(10원) + 임금(10원) + 지대(15원)

　+ 이윤(25원)

= 80원

하루 생산량의 총 가치

= 도구·기계의 감가상각액(4시간) + 원료비(2시간) + 임금(2시간) + 지대

　(3시간) + 이윤(5시간)

= 16시간

잉여가치의 분할

스미스가 주장한 대로 상품 가치의 구성 부분은 변했지만, 총 가치는 변함이 없습니다. 왜냐하면 노동자의 10시간 노동이 자기의 임금과 자본가의 이윤과 지주의 지대를 창출하므로, 노동자는 2시간의 노동으로 자기의 임금을 창조하고, 3시간의 노동으로 지주의 지대를 창조하며, 나머지 5시간의 노동으로 자본가의 이윤을 창조한다고 볼 수 있기 때문입니다.

노동자는 하루 10시간 노동하지만, 10시간 노동에 대한 대가를 모두 임금으로 받지는 못합니다. 노동자가 받은 임금은 결국 2시간 노동에 대한 대가인 것입니다. 따라서 노동자의 노동 중 임금을 창조

한 2시간은 지급 받은 노동(필요노동[*])이고, 지대와 이윤을 창조한 8시간의 노동은 지급 받지 못한 노동(잉여노동[**])입니다.

이것은 다음과 같이 알기 쉽게 요약할 수 있습니다. 자본가는 노동자를 고용하여 하루에 10시간을 노동시키는데, 노동자는 그중에서 8시간을 '잉여노동'으로 일하여 이것에 해당하는 '잉여생산물'[***]을 생산하고, 자본가는 이 잉여생산물을 팔아 '잉여가치'를 얻은 뒤, 그중에서 일부를 지주에게 지대로 지급하고 나머지를 자기의 이윤으로 가져갑니다. 따라서 노동자의 하루 노동을 식으로 정리하면 아래와 같습니다.

노동자의 하루 노동 = 임금 + 잉여가치 = 필요노동 + 잉여노동

여기에서 자본가가 노동자를 착취하는 비율은 '잉여노동/필요노동=잉여가치/임금'입니다. 위의 경우에는 착취율은 '8시간/2시간=40원/10원=400퍼센트'입니다. 잉여가치가 이윤과 지대의 원천이라는 '잉여가치론'을 마르크스가 발견하여, 부르주아경제학의 이윤론과 지대론을 우스개로 만들어버린 것입니다.

부르주아경제학에서는 "이윤은 소득을 소비하지 않고 저축하느라고 애를 쓴 자본가의 절욕obstinence: 욕망을 억제함에 대한 보수이거나, 자본가가 위험을 무릅쓰고 투자한 것에 대한 보상"이라고 떠들지만,

---

[*] 노동자가 자신의 노동력의 가치와 동등한 가치를 생산하는 데 들이는 노동

[**] 노동자의 노동 중 대가를 받지 못하는 노동. 이것이 이윤·이자·지대의 원천이다.

[***] 소비되는 것보다 더 많이 생산된 물품

절욕이나 위험이 어떻게 이윤을 창조하는지를 과학적으로 설명하지 못했습니다. 그리고 지대에 대해서는 토지가 지대를 스스로 창조한다고 억지를 부리고 있습니다.

그런데 왜 노동자는 하루의 노동에서 50원을 창조하면서도 10원만을 임금으로 받겠습니까? 부르주아경제학에서는 노동자가 '바보'이기 때문에 10원을 받고 있다고 여깁니다. 부르주아경제학자들은 자본주의 사회가 진정으로 자유롭고 평등하다고 '생각'하고 있는 것이 아니라, '가정'하고 있을 따름입니다. 이런 가정은 자본주의 사회를 유토피아로 찬양하기 위한 속임수에 지나지 않습니다.

역사적으로 볼 때, 한쪽에서는 노동하지 않더라도 먹고살 수 있는 재산을 가진 부르주아 집단(자본가 계급)이 나타나고, 다른 한쪽에서는 인격적으로 자유롭지만 먹고살 수 있는 재산은 자기의 노동력밖에 가지지 않은 프롤레타리아 집단(노동자 계급)이 대규모로 생겨남으로써, 처음부터 자본가 계급이 노동자 계급을 착취하는 형태로 자본주의 사회가 탄생했다는 것을 부르주아경제학자들은 전혀 알려고 하지 않습니다.

노동자는 10원을 받지 않으면 굶어 죽을 수밖에 없기 때문에, 10원이라도 받는 것입니다. 부르주아경제학자들은 자본주의 사회가 진정으로 자유롭고 평등하다고 가정해 버렸기 때문에, 언론과 집회의 자유, 비정규노동자들의 정규직화, 노동자 계급의 정치세력화 등에 대해 자본주의 사회의 자유와 평등을 망가뜨리는 행위라고 맹렬히 비난하고 있습니다.

상품의 시장가격과 자연가격

이리하여 스미스는 "상품의 가치는 그 상품을 만드는 데 드는 인간노동의 양이고, 임금·지대·이윤은 인간노동이 창조한 새로운 가치를 분할한 것에 지나지 않는다"라는 노동가치설의 핵심을 버리고, 문명사회에서 "상품의 가치는 각각 다른 원리에 의해 결정된 임금과 이윤과 지대를 합산한 것이다"라고 결론 내리게 된 것입니다.

그런데 스미스는 상품의 시장가격이 매일 끊임없이 등락하면서도 일정한 가격수준에 끊임없이 가까워지고 있는 것을 관찰해 냈습니다. 스미스는 이처럼 시장가격을 만유인력처럼 끌어당기고 있는 가격을 자연가격이라고 부르고, 이 자연가격이 임금·이윤·지대 각각의 '자연적인 수준'의 합계라고 말합니다.

어떤 상품의 가격이 그 상품을 제조하여 시장으로 내오는 데 사용된 토지의 지대, 노동의 임금, 자본의 이윤을 각각의 자연율natural rate에 따라 지급하는 데 과부족이 없다면, 그 상품은 이른바 그것의 자연가격으로 판매되는 것이라 할 수 있다(10쪽).

다시 말해, 상품의 시장가격이 매일매일의 수요·공급의 변화에 따라 끊임없이 등락하면서도 일정한 가격수준에 점점 더 가까워지고 있기 때문에, 스미스는 이 '일정한 가격수준'을 자연가격이라고 부르고, 자연가격은 '임금과 이윤과 지대가 각각 어떤 수준으로 수렴해 나가는 크기, 즉 자연적인 수준의 임금과 이윤과 지대를 합계

1778년 1월 30일부터 1789년까지 스코틀랜드 관세청장으로 일한 스미스는 매우 성실하게 청장 임무를 수행했다. 그 자신의 표현에 따르면, "매주 4일을 관세청에서 일하는데, 이때에는 다른 업무를 할 수가 없다. 나머지 3일에도 관세청의 특별한 과제와 나 자신의 사적 업무, 그리고 사회의 일반적인 의무 때문에, 좀처럼 시간을 낼 수가 없다"라고 할 정도였다.

스미스는 관세청장이 된 이후 4개월 휴가를 받은 1782년 3월 19일까지 한 번도 결근한 적이 없었고, 휴가로부터 돌아와 업무를 개시한 1782년 7월 11일부터 1787년 초까지 총 24일을 결근했는데, 이 가운데 6일은 1784년 5월 23일 모친의 사망에 의한 것이었다. 1787년 1월 3일부터 7월 30일까지 휴가를 얻어 건강을 위해 런던을 방문하고, 소 피트 내각의 장관들을 만났으며, 『도덕감정론』을 마지막으로 교정하였다.

1787년 7월에 관세청에 돌아왔지만, 병마와 고령을 견뎌야만 했다. 1789년에는 자기의 집안일을 모두 맡아오던 외사촌 여동생 재닛 더글러스가 죽어 정신적으로 크게 타격을 받았다. 1789년에는 상태가 조금 회복되어 관세청 근무를 잘할 수 있었다.

관세청의 바쁜 업무 때문에 스미스가 인문학과 사회과학에 대한 연구를 거의 중단하게 된 것을 안타까워하는 사람들이 많다. 그러나 그는 이 기간에 에든버러의 큰 주택에 살면서 여러 친구들과 즐겁게 교제하였고, 『국부론』 제2~5판 그리고 『도덕감정론』 제5·6판을 발간하였다.

한 것'이라고 생각한 것입니다. 이리하여 임금·이윤·지대의 자연적인 수준(또는 자연가격)을 찾아내려고 노력한 것입니다.

임금의 자연적인 수준 또는 자연가격을 생각해 봅시다. 임금은 노동자 자신과 가족이 생활하는 데 필요한 금액이어야 하기 때문에, 이런 수준의 생활비가 바로 '임금의 자연가격'이 될 것입니다.

사람이 항상 자신의 노동에 의해 생활을 유지해야 한다면, 그의 임금은 적어도 그의 생활을 유지하는 데 충분해야 한다. 대부분의 경우 임금은 이것보다 좀 더 많아야 한다. 그렇지 않으면 그는 자기 가족을 부양할 수 없을 것이며, 노동자 계급은 제1세대를 넘어 존속할 수 없을 것이다(89쪽).

이처럼 스미스는 임금의 자연적인 수준은 매우 쉽게 찾아냈습니다. 그러나 이윤과 지대의 자연적인 수준은, '자본가와 지주의 욕심을 어디까지 채워주어야 하는가?' 하는 질문에 부닥쳐 결코 찾지를 못했습니다. 이런 한계와 혼란에 빠진 것은 '노동자의 노동이 창조한 새로운 가치라는 한계 안에서 임금·이윤·지대가 분할된다'라는 노동가치설의 원리를 무시했기 때문입니다. 이리하여 스미스는 상품의 자연가격(또는 가치)이 어떤 수준인가를 규정하지 못한 것입니다. 스미스의 가치론과 가격론의 한계입니다.

애덤 스미스의 도그마

마르크스는 『자본론』에서 '애덤 스미스의 도그마dogma'라는 용어를 사용하면서 스미스의 가치이론을 비판합니다. 이 용어는 '애덤 스미스가 굳게 믿고 있는 생각'을 가리키는 말로서, 그 내용은 다음과 같습니다.

컴퓨터 1대의 가치는 그 컴퓨터를 만드는 데 사용된 기계나 도구의 감가상각액, 부품비, 노동자의 임금 그리고 자본가의 이윤으로 구성될 것입니다. 문제를 좀 간단하게 하기 위해 기계나 도구가 컴퓨터 1대를 만드는 동안 완전히 망가진다고 가정하면, 기계나 도구를 구매하는 데 드는 자본은 '고정자본'이 아니라 부품을 구매하는 데 드는 자본처럼 '유동자본'이 됩니다. 이렇게 가정하면, '컴퓨터 1대의 가치=기계나 도구의 가치+부품의 가치+임금+이윤'이 될 것입니다.

그런데 스미스는 기계나 도구 그리고 부품도 "이전 시기로 계속 거슬러 올라가면 결국 인간이 맨손으로 자연을 가공하여 만든 것일 뿐"이라고 주장합니다. 예컨대 지금(예를 들어 2026년 3월 11일, t기) 컴퓨터를 만드는 데 사용되는 기계는 기계공장에서 노동자가 강철로 만들었을 것이고(t-1기), 이 강철은 제철공장에서 노동자가 철광석을 녹여 만들었을 것이며(t-2기), 이 철광석은 노동자가 광산에서 채굴했을 것이므로(t-3기), 지금(t기) 기계의 가치는 결국 '(t-3)기의 인간노동+(t-2)기의 인간노동+(t-1)기의 인간노동'이 된다는 것입니다. 이것은 도구나 부품의 가치에도 그대로 적용될 것입니다.

따라서 기계나 도구 및 부품의 가치는 과거 노동이 창조한 가치가 되고, 임금과 이윤은 현재 노동이 창조한 가치가 될 것입니다. 또한 나아가 과거 노동이 창조한 가치도 당시에는 임금과 이윤으로 분할되었을 것이므로, '컴퓨터 1대의 가치＝과거 노동과 현재 노동＝역사적으로 적립된 임금과 이윤의 합계'로 표시해야 한다는 것입니다.

여기까지는 마르크스도 스미스의 주장에 기본적으로 동의합니다. 물론 기계의 가치는 '현재 이 기계를 만드는 데 드는 노동시간'입니다. 옛날부터 그 기계를 만들기 위하여 얼마나 큰 노동시간이 들었는가는 기계의 현재 가치를 결정할 수 없습니다. 지금은 그 기계가 새로운 생산 방법에 의해 매우 값싸게 생산될 수 있기 때문입니다.

그런데 이 지점에서 스미스는 "상품의 가치는 각 상품의 생산에 참여한 계급들이 얻는 소득들의 합계와 같다"라고 말하면서 '상품의 가치＝임금과 이윤'이라고 주장하는데, 마르크스는 이것이 '애덤 스미스의 도그마'이며 잘못된 것이라고 지적합니다.

예컨대 하루에 컴퓨터 1대를 만드는 공장에서 자본가가 기계나 도구와 부품을 70원어치 사고 노동자의 하루 노동력을 30원 주고 구매했는데, 노동자가 하루 노동에서 기계나 도구와 부품의 가치(70원)를 컴퓨터로 옮기면서 50원의 새로운 가치를 컴퓨터에 추가(또는 부가)했기 때문에 컴퓨터 1대의 가치가 120원이 되고 자본가는 20원을 이윤(또는 잉여가치)으로 얻게 됩니다.

이 경우 '컴퓨터 1대의 가치＝임금(30원)＋이윤(20원)＝50원'이라고 표현하면 안 됩니다. '컴퓨터 1대의 가치＝기계나 도구와 부품의 가치(70원)＋임금(30원)＋이윤(20원)＝120원'이라고 표현해야 합니다. 그리고 애덤 스미스는 '상품의 가치=각 계급의 소득의 합계'라는 공식에 의거하면서, 각 계급이 자기 소득을 모두 소비에 지출하면 상품 전체가 팔릴 수 있다고 주장했습니다.

그러나 이것은 옳은 주장이 아닙니다. 위의 예에서 보듯이 실제 컴퓨터의 가치는 120원인데, 각 계급의 소득 합계는 '임금(30원)+이윤(20원)=50원'에 지나지 않습니다. 따라서 스미스의 생각(각 계급이 자기의 소득을 모두 소비에 지출하면 상품 전체가 팔린다)은 잘못된 것임이 드러나게 됩니다. 왜냐하면 50원을 지출하더라도 120원짜리 상품(이것을 '120원어치의 상품'으로 확대하여 해석해도 좋음)을 살 수 없기 때문입니다.

결국 70원에 해당하는 부분, 즉 기계나 도구와 부품의 가치에 해당하는 부분을 누구든 구매해야 120원어치의 상품이 모두 팔릴 수 있게 됩니다. 문제는 '누가 이 부분을 구매하는가?'인데, 이를 해결하기 위해 마르크스는 『자본론』 제2권 제3편에서 '재생산표식(사회적 총자본의 재생산 과정을 이론적으로 전개한 표식)'을 만들게 된 것입니다(『자본론을 읽는 시간』 5부 1장 참조).

4부

노동자와 자본가
및 지주

스미스에 따르면, 한 나라의 토지·노동의 연간 생산물 전체 또는 연간 생산물의 총 가격은 세 부분, 즉 토지 지대·노동임금·자본 이윤으로 구성되어 있습니다. 그리고 이 요소들은 상이한 세 계급, 즉 지대로 먹고사는 사람들(지주 계급), 임금으로 먹고사는 사람들(임금노동자 계급), 이윤으로 먹고사는 사람들(자본가 계급)의 수입을 구성합니다. 이 세 계급은 모든 문명사회(또는 자본주의 사회)를 기본적으로 구성하는 3대 계급입니다. 그리고 다른 모든 계급의 소득은 궁극적으로 볼 때 바로 이 세 계급의 소득으로부터 파생됩니다.

자본주의 사회에서
왜 지주가 3대 계급 중 하나일까

스미스에 따르면, 한 나라의 토지·노동의 연간 생산물 전체 또는 연간 생산물의 총 가격은 세 부분, 즉 토지 지대·노동임금·자본 이윤으로 구성되어 있습니다. 그리고 이 요소들은 상이한 세 계급, 즉 지대로 먹고사는 사람들(지주 계급), 임금으로 먹고사는 사람들(임금 노동자 계급), 이윤으로 먹고사는 사람들(자본가 계급)의 수입을 구성합니다. 이 세 계급은 모든 문명사회(또는 자본주의 사회)를 기본적으로 구성하는 3대 계급입니다. 그리고 다른 모든 계급의 소득은 궁극적으로 볼 때 바로 이 세 계급의 소득으로부터 파생됩니다(320쪽).

그런데 토지소유자인 지주가 큰 세력을 가지던 시절은 농업이 가장 큰 산업이던 시기인 산업혁명 이전이었을 텐데, 기계제 대공업이 확립되고 제조업이 가장 큰 산업이 된 지금도 지주가 큰 세력을 가지는 이유는 무엇일까요? 만약 토지가 모두 공짜여서 아무나 그 일부를 차지해 집을 짓고 농사 지을 수 있다면, 공장에서 일할 노동자들이 모두 자영농민이 되어버림으로써 자본주의는 망할 것이기 때문입니다.

다음 일화를 살펴봅시다. 영국의 맨체스터에 있는 한 방적공장 사장이 공장을 확장하려고 하는데, 맨체스터의 땅값이 너무 비싸고 공장들이 너무 집중되어 공기도 좋지 않아서, 영국의 식민지인 오스트레일리아의 광활한 땅에 넓은 공장을 지어서 노동자들과 그들의 가족을 모두 데리고 이사를 갔습니다. 아직 그곳에서는 아무나 땅을 차지해 집을 짓고 농사를 지을 수 있었습니다. 그리하여 오스트레일리아에 간 노동자들과 그들의 가족은 공장에서 자본가의 잔소리를 들으면서 힘들게 오랫동안 일하기보다는 땅을 갈아먹는 자유로운 자영농민이 되기로 결심했습니다. 노동자들이 하나둘 공장을 그만두고 농사를 짓게 되니까, 이 방적공장 사장은 노동자를 구할 수가 없어서 파산할 수밖에 없는 상황에 빠졌습니다.

그래서 이 방적공장 사장은 영국 런던의 외무부에 '오스트레일리아에 오는 이주민들이 토지를 공짜로 차지할 수 없게 처녀지에 대한 가격을 인위적으로 인상해 줄 것'을 긴급하게 요청한 것입니다. 처녀지에 대한 가격을 높이면, 이주민들이 토지를 구입할 수 있을 만큼 돈을 벌기 위해 비교적 장기간 임금노동을 할 수밖에 없기 때문입니다. 그리고 토지를 판매한 돈으로 기금을 만들어 유럽으로부터 빈민을 대량 수입할 수도 있었을 것입니다.

영국 정부는 오스트레일리아의 땅값을 올리고, 아무나 땅을 공짜로 차지하지 못하게 했습니다. 그러나 이 정책은 완전히 실패했습니다. 왜냐하면 이주민들이 오스트레일리아로 가지 않고 아직도 땅이 무료인 미국으로 모두 가버렸기 때문입니다. 결국 자연의 일부인 토지를 사적으로 소유해야만 자본주의가 존립할 수 있음을 알 수 있습니다.

01

노동자의 임금과 자본가의 이윤

스미스는 임금 인상을 지지하였으며, 물가 상승의 원인이 임금 인상보다는 이윤율 인상에 의한 것이라고 생각했습니다. 이런 생각은 지금의 주류경제학의 주장과는 전혀 반대되는 것입니다. 왜 스미스가 이런 생각을 가지게 되었을까요? 그리고 스미스는 경제학의 역사상 처음으로 '자본주의가 발달할수록 이윤율은 저하하는 경향이 있다'라고 생각했습니다. 이런 생각은 마르크스의 이윤율 저하 경향의 법칙으로 이어졌습니다. 스미스는 왜 자본주의가 발달할수록 이윤율이 저하한다고 생각했을까요?

임금 인상을 찬성하라

스미스는 자본주의 사회에서는 원천적으로 자본가 계급이 노동자 계급보다 세력이 크다고 봅니다. 왜냐하면 노동자들은 자본가 밑에서 일하지 않으면 먹고살 수 없기 때문이고, 게다가 고용주들 또는 자본가들은 경찰이나 검사나 판사의 도움을 받을 수 있기 때문입니다. 따라서 노동자들이 임금을 인상하기 위해 투쟁한다고 해도, 결국에는 투쟁 주동자가 처벌 받고 임금은 인상되지 않는 것이 보통입니다. 스미스는 임금 투쟁에서 고용주들이 항상 승리하게 되는 이유를 다음과 같이 말합니다.

고용주들은 노동임금을 현재의 수준 이상으로 올리지 않기 위하여, 언제 어디서나 일종의 암묵적인, 그러면서도 한결같은 연합을 지속적으로 맺고 있다. (…) 그러나 노동자들의 단합은 공격적인 것이든 방어적인 것이든, 항상 세상의 이목을 끈다. 왜냐하면 문제를 신속하게 해결하기 위해 노동자들은 언제나 큰 소리로 소란을 피우고, 때로는 매우 놀라운 폭행과 폭력을 사용하기 때문이다.

그들은 절망하고, 그리고 절망적인 사람처럼 온갖 황당하고 제멋대로인 행동을 한다. 그 이유는 그들이 고용주를 위협해서 자기들의 요구를 곧바로 받아들이도록 하거나, 아니면 굶어죽는 방법밖에 없기 때문이다. 이런 경우, 고용주들도 노동자들을 향해 큰 소리를 지르고, 치안판사(즉결심판을 담당하는 판사)의 도움을 끊임없이 요구하고, 하인·노동자·직인(도제와 장인 사이에 있는 직급)의 단합에 대해 현행 법률을 엄격하게 집행할 것을 소리 높여 요구한다.

이리하여 노동자들은 이 소란스러운 단합의 폭력행사로부터 거의 아무런 이익도 얻지 못한다. 부분적으로는 치안판사의 개입 때문에, 부분적으로는 고용주들의 뛰어난 침착함 때문에, 그리고 부분적으로는 대부분의 노동자들이 당장의 생존을 위해 굴복할 수밖에 없는 필연성 등의 이유 때문에 이러한 폭력행사는 투쟁 주동자의 처벌과 파멸 외에는 아무것도 얻지 못하고 끝나고 마는 것이 보통이다(87-89쪽).

그러나 스미스는 가장 부유한 나라에서 임금수준이 가장 높은 것이 아니라, 가장 빨리 성장하는 나라에서 임금수준이 가장 높다고 말합니다. 경제가 빨리 성장하기 위해서는 자본의 규모가 점점 더 커져야 하며, 그렇게 되면 취업자의 수가 증가하게 됩니다. 노동인력에 대한 수요가 공급보다 더 많아지면 임금수준은 오를 수밖에 없습니다. 그리하여 현재의 실업자들, 주부나 농민 등의 잠재적인 노동자들 그리고 새로운 경제활동 참여자들(예를 들어 학교 졸업자들) 등이 일자리를 찾게 됩니다. 스미스의 설명을 들어봅시다.

임금으로 살아가는 사람들에 대한 수요는 그 나라의 소득 및 자본의 증대와 함께 필연적으로 늘어나며, 그것 없이는 늘어날 수 없다. 소득과 자본의 증대는 국부의 증대이다. 따라서 임금으로 살아가는 사람들에 대한 수요는 국부의 증대와 함께 자연적으로 늘어나며, 그것 없이는 늘어날 수 없는 것이다. 노동임금의 인상을 가져오는 것은 국부의 실제의 양이 아니라, 국부의 계속적인 증대이다.

따라서 노동임금이 가장 높은 나라는 가장 부유한 나라가 아니라, 가장 번성하고 있는 나라 또는 가장 급속히 부유해지고 있는 나라이다. 잉글랜드는 확실히 현재로서는 북아메리카의 어느 지역보다 훨씬 더 부유한 나라이다. 그러나 노동임금은 잉글랜드의 어느 지역보다도 북아메리카 지역이 훨씬 더 높다(90-91쪽).

자본주의 사회의 원리
자본주의 사회에서는 원천적으로 자본가 계급의 세력
이 노동자 계급보다 크다고 할 수 있다. 그림은 공권력
과 재력을 앞세워 노동자 계급을 착취하는 자본가 계급
을 나타내고 있다.

위와 같이 임금이 상승하는 것을 자본가 계급은 매우 반대하지만, 스미스는 적극적으로 찬성합니다. 임금이 상승하는 것은 그 나라의 부가 증가한 것의 결과이기 때문이고, 또한 노동자의 체력을 향상시켜 더 많은 일을 할 수 있게 만들기 때문이며, 나아가 장래전망을 밝게 함으로써 결혼을 빨리 하여 인구를 증가시킬 수 있기 때문입니다. 출산율이 낮다고 걱정하면서도, 노동자들을 해고하고 정규직을 비정규직으로 강등시키며 임금수준을 인하하는 한국 정부와 기업의 정책을 스미스는 도저히 이해할 수 없을 것입니다.

노동에 대한 후한 보수는 부의 증대로 인한 결과이면서 또한 인구 증가의 원인이 된다. 노동에 대한 후한 보수를 불평하는 것은, 그 나라의 최대 번영의 필연적인 인간관계에 대해 한탄하는 것이다. (…) 노동에 대한 후한 보수는 인구 증가를 장려하면서도, 보통 사람의 근면을 증대시킨다. (…) 풍부한 생활수단은 노동자의 체력을 증진시키고 노동자의 상태를 개선시킨다.

그리하여 안락하고 풍부한 가운데 생을 마칠 수 있을 것이라는 유쾌한 희망은, 그로 하여금 자신의 체력을 최대한도로 발휘하도록 고무시킨다. 따라서 임금이 높은 곳에서는 임금이 낮은 곳에서보다 노동자가 더욱 적극적이고, 더욱 부지런하고, 더욱 빨리 움직이는 것을 항상 보게 되는데, 예컨대 스코틀랜드보다는 잉글랜드에서, 그리고 멀리 떨어진 농촌 지방보다는 대도시 주변에서 더욱 그러하다(105-106쪽).

이윤율의 저하 경향과 상승 경향

스미스는 어떤 산업 부문이나 경제 전체에 자본이 증가할 때 또는 자본가들 사이에 경쟁이 심해질 때, 이윤율은 저하한다고 주장합니다. 왜냐하면 자본이 증가하면 노동자의 임금이 상승하기 때문이며, 자본가들 사이에서 상품 가격의 인하 경쟁이 심해지기 때문입니다. 스미스의 설명을 들어봅시다.

자본의 증가는 한편으로는 임금을 인상시키지만, 다른 한편으로는 이윤을 하락시킬 수 있다. 다수의 부유한 상인들의 자본이 동일한 사업으로 돌려질 때, 그들 자본의 상호 간 경쟁은 자연히 그 사업의 이윤을 하락시키게 된다. 또한 동일한 사회에서 모든 상이한 업종의 자본이 증가할 때, 위와 동일한 경쟁이 그들 사이에서 동일한 효과를 일으킬 것이 틀림없다(115쪽).

위의 인용문에서도 분명하게 나오지만, 스미스는 자본의 축적에 따라 장래에 이윤율이 실제로 꼭 저하한다고 말한 것은 아닙니다. 한쪽 측면에서 봤을 때 자본의 증가와 경쟁의 증가가 임금수준을 상승시키고 가격 인하 경쟁*을 강화함으로써, '이윤율을 저하시키는 경향'을 보이더라는 것입니다. 그러나 다른 측면에서 보면, 자본의 증가가 '이윤율을 상승시키는 경향'을 만들어내기도 합니다. 예컨대 자본이 증가하면 자본가는 능률적인 기계를 도입하여 대규모로 생산할 수 있기 때문에, 대량생산에 따른 비용 절감을 통해 이윤율이 상승할 수도 있습니다.

그러므로 자본주의의 발달 과정에는 스미스가 말한 이윤율의 저하 경향도 나타나지만, 필자가 말하는 이윤율의 상승 경향도 나타나는 것입니다. 그런데 이 상반되는 두 경향 중 어느 경향이 더욱 강력하여 현실적으로 이윤율이 저하할 것인가 상승할 것인가는 이론적으로는 알 수 없고, 구체적인 경제 상황에 달려 있다고 보아야 할 것입니다.

마르크스도 『자본론』 제3권 제3편에서 '이윤율 저하 경향의 법칙'을 제시하는데, 이를 자세히 분석하면 자본을 축적하는 과정이 이윤율을 저하시키는 경향과 상승시키는 경향을 동시에 만들어낸다

---

* 농심라면과 삼양라면이 서로 경쟁한다고 할 때, 가장 먼저 라면 가격을 인하하는 경쟁부터 시작한다. 가격을 인하하는 기업이 손실을 본다면, 가격 인하 경쟁을 하지 않을 것이다. 가격 인하가 이윤을 증가시키는 이유에 대해서는 『자본론을 읽는 시간』 4부 1장 참조.

는 것을 지적하고 있음을 알 수 있습니다. 반대되는 두 경향으로 말미암아 이윤율이 현실적으로 저하한다면, 상품들이 팔리지 않아 기업이 파산할 수도 있고, 아파트·토지·유가증권에 대한 투기가 일어날 수도 있으며, 경제위기와 공황이 생길 수도 있습니다. 이윤율이 상승한다면, 자본가들은 투자의욕이 더욱 강화되고 투자할 수 있는 능력이 증강되기 때문에 경제는 호황을 맞이할 것입니다.

스미스에 따르면 이윤율이 높다는 것은 화폐의 투자(또는 사용)에 의해 큰 이득을 얻을 수 있다는 것을 가리키기 때문에, 화폐의 사용료로 대부업자에게 주는 이자율이 높을 수밖에 없습니다. 따라서 이윤율은 이자율에 의해 추정할 수 있다고 말합니다. 그러나 이윤율과 이자율을 결정하는 요소들은 서로 다르기 때문에, 이윤율과 이자율이 동일한 방향으로 변동한다고 말할 수 없습니다.

이윤율은 자본가가 생산과정에서 노동자 계급으로부터 착취하는 잉여가치를 총 투자자본으로 나눈 것을 가리키기 때문에, 이윤율의 상승이나 저하는 자본가가 노동시간의 연장이나 노동생산성의 향상과 노동 강도의 강화를 통해 생산과정에서 노동자의 잉여노동을 얼마나 많이 착취하는가, 그리고 이 잉여노동의 결과로 인해 생산된 상품들이 시장에서 얼마나 잘 판매되는가에 달려 있습니다. 따라서 호황일 때는 이윤율이 대체로 상승하고, 불황일 때는 이윤율이 저하합니다.

그런데 이자율은 자금에 대한 수요와 공급에 따라 결정되므로 자금에 대한 수요가 많은 가난한 지역에서는 이자율이 높습니다. 그리고 투기적인 활황 뒤에 상품들이 팔리지 않아 기업들이 파산하게 되는 경제위기 국면에서는 어떻게 해서라도 자금을 구해야 하기 때문에, 이자율이 가장 높은 수준으로 상승하게 됩니다. 결국 호황일 때는 이윤율은 높지만 이자율은 낮고, 경제위기 국면에서는 이윤율은 매우 낮지만 이자율은 매우 높습니다.

스미스는 물가 상승의 원인이 임금 인상에 있는가 아니면 이윤율 인상에 있는가를 고찰한 뒤, 임금 인상보다는 이윤율 인상이 물가를 더욱 상승시킨다는 결론을 내렸습니다. 그의 분석은 매우 훌륭합니다.

예컨대 면포를 생산하는 세 공정에 고용된 노동자들(면화 손질공*·방적공**·직포공***)의 임금이 하루 2원씩 인상된다고 가정하면, 면포 가격은 '2원×취업자 수×노동하는 일수'의 금액만큼 인상될 필요가 있을 것입니다. 그러나 이들 노동자를 고용하는 각 고용주의 이윤이 5퍼센트 인상된다고 가정하면, 면포 가격은 훨씬 더 상승할 것입니다. 그 계산은 다음과 같습니다.

첫째로 면화 손질공을 고용하는 고용주는 그가 미리 지급한 원료·임금의 가치 전체 A원에 대한 추가적인 5퍼센트를 자기 면화를 판매할 때 요구할 것이므로, 면화의 가격은 'A+0.05A', 즉 1.05A원이 될 것입니다. 둘째로 방적공의 고용주는 이미 지급한 면화의 구매가격 1.05A원과 방적공의 임금 B원에 대해 5퍼센트를 추가할 것이므로, 면사의 가격은 '1.05(1.05A+B)원'이 될 것입니다. 셋째로 직포공

---

* 면화를 실로 만드는 공정으로 보내기 위해 면화를 손질하는 노동자
** 면화로부터 실을 뽑는 노동자
*** 실을 가지고 베(면포)를 짜는 노동자

의 고용주는 이미 지급한 면사의 구입가격 '1.05(1.05A+B)원'과 직포공의 임금(C)에 대해 5퍼센트를 추가할 것이므로, 면포의 가격은 '1.05[1.05(1.05A+B)원+C원]'일 것입니다.

다시 말해 상품 가격을 인상시키는 형태에서 임금 인상은 채무의 누적에서 보는 단리*와 같은 방식으로 작용하고, 이윤율 인상은 복리**처럼 작용하기 때문에(127-128쪽), 이윤율 인상에 따른 물가 상승이 임금 인상에 따른 물가 상승보다 훨씬 더 크다고 보아야 합니다.

그런데 상인과 제조업자는 높은 임금의 나쁜 영향에 대해서는 크게 불평하면서도, 높은 이윤율의 나쁜 영향에 대해서는 아무런 이야기도 하지 않습니다. 그들은 자기 자신의 이윤이 미치는 해로운 영향에 대해서는 입을 다물고, 타인의 이득이 미치는 해로운 영향에 대해서만 불평하고 있는 셈입니다.

스미스는 사업 분야에 따라 임금수준과 이윤율이 다른 이유를 찾고 있습니다. 그는 먼저 사업 분야에 따라 임금수준이 다른 이유로 다섯 가지를 들고 있습니다.

첫 번째는 '직업 자체가 사람들을 즐겁게 하는가, 아니면 불쾌하게 하는가'를 기준으로 하여, 사람들을 즐겁게 하는 직업의 임금은 대체로 낮다고 말합니다. 그러나 반드시 그렇지는 않은 것 같습니다. 연예계에 종사하는 사람들은 매우 큰 보수를 받기 때문입니다.

두 번째 기준은 '그 직업을 습득하기가 쉽고 비용이 저렴한가, 아

* 원금에 대해서 이자가 붙는 방식
** 일정 기간마다 이자를 원금에 가산하여 계속 이자를 낳게 하는 방식

154

니면 어렵고 비용이 많은 드는가'인데, 습득하기가 쉬운 직업의 임금은 대체로 낮다고 말합니다.

세 번째 기준은 '취업이 안정적인가, 아니면 불안정한가'인데, 불안정한 직업의 임금이 오히려 높다고 말합니다. 겨울이 긴 스칸디나비아에서는 건설업 종사자의 임금이 매우 높은 편입니다.

네 번째 기준은 '그 직업에 종사하는 사람에게 주어진 신임, 곧 그의 책임이 큰가 작은가'인데, 신임이 큰 직업의 임금이 높다고 합니다. 변호사의 보수가 높은 이유가 여기에 속한다고 합니다.

다섯 번째 기준은 '그 직업에서 성공 가능성이 높은가 낮은가'인데, 성공할 가능성이 낮은 직업의 임금이 높다고 합니다. 그렇지 않으면 그 직업에 도전하지 않을 것이기 때문입니다(130쪽).

그러나 실제로는 지금과 같이 정규직인가 비정규직인가, 대기업의 노동자인가 중소기업의 노동자인가, 사회보장제도가 잘 정비되어 있는가 아닌가 등에 따라 임금수준이 크게 차이가 납니다. 사회보장제도가 잘 되어 있어 학교와 병원이 무료이고, 장기 임대주택을 정부에서 공급하며, 실업수당과 노후연금을 지급하는 나라에서는 기업으로부터 받는 '직접적인 임금'이 낮아지는 경향이 있습니다.

그러나 국가로부터 받는 사회보장 혜택을 '사회적 임금'으로 계산해서는 안 될 것입니다. 왜냐하면 사회보장 혜택은 인민대중 모두의 투쟁에 의거해 획득한 것이지, 노동자 계급의 '임금투쟁'에 의해 얻어진 것이 아니기 때문입니다.

이윤율의 균등화

그리고 이윤율에 차이를 일으키는 요인들은 임금수준에 차이를 일으키는 요인들보다 적기 때문에, 이윤율은 평준화되는 경향이 있다고 스미스는 생각합니다. 임금수준의 차이를 일으키는 다섯 가지의 이유 중에서 오직 두 가지, 즉 사업의 유쾌함과 불쾌함, 그리고 사업에 따르는 위험과 안전이 자본의 이윤율에 영향을 미친다고 봅니다.

그런데 각종 사업은 유쾌함과 불쾌함의 여부에서 따져볼 때, 노동의 측면에서 보면 큰 차이가 있지만 자본의 측면에서 보면 거의 차이가 없습니다. 또한 자본의 이윤율은 보통 위험과 함께 증가하지만, 위험에 반드시 비례하여 증가하지는 않는 것 같습니다. 이것으로부터 알 수 있는 것은, '동일한 사회·지방에서는 각종 투자의 평균 또는 보통 이윤율이 각종 노동의 화폐임금보다 더욱 평준화되어야 한다(145쪽)'는 점입니다. 그리고 사실상으로도 그렇습니다.

그러나 이윤율의 균등화는 기본적으로 자본의 이동이 얼마나 신속하게 이루어지는가에 달렸을 것입니다. 만약 자동차산업이 섬유산업보다 훨씬 더 높은 이윤율을 올리고 있다면, 자본이 어떻게 이동할 수 있을까요? 섬유산업의 자본가가 섬유제품을 생산하지 않고 자동차를 생산할 수 있다면 자본이 섬유산업에서 자동차산업으로 이동한다고 말할 수 있지만, 섬유산업의 기계로 자동차를 만들 수는 없기 때문에 이런 형태로는 자본이 이동할 수 없습니다.

결국 은행이나 유가증권시장에 모여 있는 화폐 형태의 자본이 더 이윤율이 높은 자동차산업에 더욱 많이 투자됨으로써 자본의 이동이 이루어지고, 사회 전체적으로 이윤율이 균등해질 것입니다. 그러나 기업 규모가 너무 커지고 독과점이 지배하는 현재와 같은 상황에서는 자본의 이동이 쉽지 않으며 이윤율의 균등화도 어렵습니다.

스미스도 임금수준이나 이윤율이 균등화되기 위해서는, 노동자나 자본가가 어떤 사업에 진입하는 것을 막는 장벽이 없어야 한다는 점을 지적하고 있습니다. "사물들이 자기의 자연적인 과정을 따치도록 방임되는 사회, 완전한 자유가 있는 사회 그리고 모든 사람이 자기가 적당하다고 생각하는 어떤 직업을 완전히 자유롭게 선택하거나 자기가 적당하다고 생각할 때마다 완전히 자유롭게 직업을 바꿀 수 있는 사회에서는, (…) 모든 사람은 자기 이익이 명하는 바에 따라 유리한 사업을 찾으려 하고 불리한 사업을 피하려고 할 것(129쪽)"입니다.

스미스는 정부의 정책이 임금수준과 이윤율의 균등화를 막고 있는 경우를 비판하고 있습니다.

첫째로 정부가 몇몇 사업에서 경쟁을 제한하거나, 거기에 참여하려고 하는 수보다 적은 수만 허용하는 정책을 채택하고 있다(155-169쪽)는 점입니다. 예컨대 동업조합(길드)의 배타적 특권[장기간의 도제(직업에 필요한 지식·기능을 배우기 위해 스승 밑에서 일하는 직공) 수업을 요구하며 도제의 수를 제한함]이나 외국상품에 부과하는 고율의 관세가 바로 경쟁을 제한한다는 것입니다.

둘째로 정부가 동업자들의 음모를 묵인하는 경우입니다. 한국의 한국경제인협회나 대한상공회의소는 기업가들을 존경하지 않는다

임금수준의 균등화를 막는 요인들

스미스는 정부가 도제제도를 통해 임금수준의 균등화를 막는다고 지적했다. 그림은 중세 유리
공장의 모습이다.

고 민중을 나무라지만, 스미스는 정말로 기업가를 사기꾼처럼 비난
했습니다.

동업자들이 오락이나 기분 전환을 위해 만나는 경우에도, 그들의
대화는 대중의 이익을 해치는 음모나 가격 인상을 위한 모종의 책략
으로 끝나지 않을 때가 거의 없다. (…)동업자들이 때때로 갖는 모임
을 법률로 저지할 수는 없다고 하더라도, 법률이 그러한 모임을 촉진
해서는 안 되며, 더구나 그러한 모임이 필요하도록 만들어서도 안 된
다(168쪽).

셋째로 정부가 일부 업종에서 경쟁을 자연적으로 가능한 것 이상

158

으로 격화시키는 정책을 채택한다(169-175쪽)는 점입니다. 예컨대 장려금·장학금·연구보조금 등으로 성직자·문필가·교사 등을 너무 많이 배출해, 그들의 소득을 감소시키는 경우입니다. 그러나 이 경우는 "대체로 국민 대중에게는 해로운 것이라기보다 오히려 유리(175쪽)"했습니다.

넷째로 정부가 한 업종에서 다른 업종으로, 그리고 한 장소에서 다른 장소로, 노동이나 자본이 자유롭게 이동하는 것을 방해하는 정책을 채택하기도 했다(175-186쪽)는 점입니다. 예컨대 도제제도와 동업조합의 배타적 특권에 의해 자기 지역에 새로운 사업체가 들어오는 것을 막았고, 구빈법*에 의해 노동자의 거주지 이동을 제한했으며, 법률 또는 치안판사가 임금을 규제하거나 가격을 규제하기도 했습니다.

* 16세기 이래 영국에서 빈민들을 구제하기 위해 실시한 제도

02

지주의 지대와 사회의 일반적 이익

스미스는 지주가 얻는 지대를 차액지대와 절대지대로 나누어 생각하지 않고, 주로 절대지대만을 염두에 두고 있었습니다. 따라서 이 두 지대의 차이부터 설명해야 할 것입니다.

이것은 "지대가 상승하면 농산물의 가격이 상승한다"라는 주장이나 "농산물의 가격이 상승하면 지대가 상승한다"라는 주장을 해명하기 위해 필요합니다.

그리고 스미스는 "자본주의의 3대 계급인 지주와 임금노동자와 자본가(고용주) 중 어느 계급이 사회의 일반적 이익을 증대시키는가?" 하는 매우 중요한 질문에 대해 "사회가 발달할 때, 자기의 계급적 이익인 지대와 임금수준이 증가하는 지주와 노동자가 사회의 일반적 이익도 증대시킨다"라고 대답합니다. 스미스의 이 주장을 어떻게 평가할지를 여기에서 다룰 것입니다.

차액지대와 절대지대

농업자본가[*]가 지주로부터 빌리는 토지는 비옥도와 위치가 서로 달라, 동일한 자본을 투자하더라도 연간 생산물에서는 차이가 납니다(비옥도는 토지가 얼마나 기름진가를 가리키고, 위치는 큰 시장이 얼마나 가까이 있는가를 말한다. 비옥도가 높고 위치가 좋은 땅에는 자본가가 동일한 100원을 투자하더라도 더 많은 생산량을 얻을 수 있다).

그렇지만 가장 나쁜 토지(1,000평의 토지 A)를 빌린 농업자본가도 그 사회의 평균이윤율[**]을 얻어야만 생산을 계속할 수 있기 때문에, 농산물의 단위가격(예를 들어 쌀 1가마의 가격)은 가장 나쁜 토지에 투자한 자본가에게 투자자본과 평균이윤을 보상하는 수준이 되어야 할 것입니다.

예컨대 토지 A에 1년 동안 100원을 투자하여 쌀 1가마를 생산했을 때 사회의 평균이윤율이 10퍼센트라면, 쌀 1가마의 가격은 110원(=투자자본 100원+평균이윤 10원)이 되어야 할 것입니다. 이제 이 토지 A보다 비옥도가 더 높은 토지(1,000평의 토지 B)를 빌린 자본가가 1년에 100원을 투자하여 쌀 3가마를 얻었다면, 이 자본가의 쌀 판매금액은 330원(=110원×3가마)이 됩니다. 여기에서 투자자본 100원

---

[*] 농업에서도 자본주의 제도가 도입되면, 농업자본가가 지주로부터 토지를 일정한 기간 동안 빌리고 농업노동자를 고용하여 농산물을 생산한 뒤 그 농산물을 팔아, 이 판매금액 중에서 일부를 지주에게 토지의 사용료인 지대로 주게 된다. 이것을 '농업의 자본주의화'라고 부른다. 그런데 자본주의가 발달한 선진국에서도 농업에서는 자영농민(자기의 토지에서 자기가 자본을 투자하여 주로 가족과 함께 농사 짓는 형태)이 가장 많다.

[**] 상이한 생산 부문에 투자한 100원이 동일한 이윤을 얻는 것을 가리킨다.

과 평균이윤 10원을 빼면 220원의 '초과이윤'*을 얻게 될 것이고, 이 초과이윤을 자본가가 자기의 주머니에 넣을 것입니다.

이 경우 토지 B를 소유하는 지주는 토지임대기간(보통 10~99년)이 끝날 때, 토지 B를 빌린 자본가가 얻고 있는 초과이윤을 지대로 줄 것을 요구하게 됩니다. 그런데 이 자본가는 초과이윤을 지주에게 주더라도 평균이윤을 얻기 때문에, 초과이윤을 지주에게 주게 됩니다. 이렇게 되면 토지 B를 경작하던 자본가가 매년 얻었던 초과이윤 220원이 이제 지주의 손으로 들어가게 되는데, 이런 형태의 지대를 '차액지대'라고 부릅니다.

가장 나쁜 토지 A를 빌린 자본가는 평균이윤 이외의 초과이윤을 얻지 않기 때문에, 토지 A를 소유하는 지주에게 차액지대를 바치지 않습니다. 그렇기 때문에 쌀 1가마의 가격은 110원 그대로입니다. 또한 토지 B를 경작하는 자본가가 초과이윤을 지주에게 차액지대로 바치더라도 쌀 1가마의 가격은 상승하지 않습니다. 다시 말해 차액지대는 농산물의 가격을 변경시키지 않습니다.

그런데 가장 나쁜 토지 A를 빌린 자본가라도 지주에게 토지 사용에 대한 대가를 주지 않으면, 지주는 토지를 빌려주지 않을 것입니다. 이때 지주에게 주는 지대가 '절대지대'입니다. 절대지대를 지주에게 바치게 되면, 쌀 1가마의 가격은 '가장 나쁜 토지 A를 빌린 자본가가 투자한 자본금액＋이것에 대한 평균이윤＋절대지대'가 되어야만 하기 때문에, 지주가 더욱 큰 절대지대를 요구하면 쌀 1가마의

---

* 생산 조건이 더 좋은 자본가가 평균이윤보다 더 큰 이윤을 얻는 경우, 평균이윤을 넘는 이윤을 초과이윤이라 한다.

가격은 상승하지 않을 수 없습니다.

다시 말해 절대지대는 농산물의 가격을 상승시키는 요인이 됩니다. 물론 절대지대도 토지를 빌릴 때 매년 얼마인지 계약서에 명시하고 있으므로, 계약을 갱신할 때마다 절대지대의 금액이 달라질 수 있습니다.

지주가 자본가에게 요구하는 차액지대나 절대지대는 토지임대차 기간 중에는 계약에 의해 일정한 금액으로 고정되어 있습니다. 그러나 계약을 갱신할 때는 지주와 농업자본가 사이에 한바탕 크게 흥정이 벌어집니다. 경제 전체가 어떤 상황이고, 농산물의 가격은 어떻고, 그동안 농업자본가가 얼마의 이윤을 얻었고, 토지에 대한 수요가 어떤 상태인가 등이 지대의 크기를 결정하는 요인으로 들어올 것입니다. 그동안에 토지 생산물의 가격이 크게 상승했다면, 그리고 농업자본가가 큰 이윤을 얻었다면, 지주는 차액지대와 절대지대의 금액을 인상하려고 할 것입니다.

스미스는 토지가 개량되고 경작지가 확장될수록 지주가 얻는 지대는 점점 더 증가하게 된다고 봅니다(318-319쪽). 그러나 지금은 토지가 농경지로 사용되는 것보다는 도로·철도·항만·신도시의 건설, 건물·주택·아파트의 건설, 공업단지, 스포츠 등의 용도로 사용되는 것이 더욱 많으므로, 토지의 비옥도보다는 토지의 위치가 더욱 중요하게 되었습니다. 그리고 위치는 사람이 모이면 모일수록 좋아지는 경향이 있으므로, 토지소유자(즉 지주)는 아무 일도 하지 않으면서 점점 더 큰 지대를 얻게 될 것입니다.

사실상 땅값이 올라가는 것은, 그 땅을 빌려주면 얻을 수 있는 지대가 올라가는 것과 마찬가지 의미입니다. 왜냐하면 토지의 가격은 토지가 얻을 수 있는 장래의 모든 지대를 현재의 가격으로 환산한 것에 불과하기 때문입니다(이것은 '주식의 가격은 주식을 가지고 있으면 받을 수 있는 장래의 배당 모두를 현재의 가격으로 환산한 것과 같다'와 같은 원리이다). 따라서 땅값은 장래의 알 수 없는 사정들(예를 들어 그 옆에 도로나 골프장이 생길 것인가)에 의하여 크게 변동하게 마련입니다. 그러나 어쨌든 사회가 발달하면 토지소유자는 큰 이익을 보게 되어 있습니다.

농업 이윤율이 사회의 평균 이윤율을 규제한다

스미스나 리카도는 농업에 투자한 자본의 이윤율이 공업에 투자한 자본의 이윤율을 규제한다고 말하고, 마르크스는 공업에 투자한 자본의 이윤율이 농업에 투자한 자본의 이윤율을 규제한다고 말합니다. 이것은 스미스와 리카도의 시대에는 농업이 지배적인 산업이었으므로, 사회의 평균이윤율이 공업보다는 농업의 이윤율에 따라 변동했다는 것을 가리킵니다.

그런데 이제 스미스는 토지 중에서 곡물과 목초 생산지가 가장 큰 부분을 차지하고 있기 때문에, 곡물과 목초 생산지의 지대와 이윤율이 다른 모든 토지의 지대와 이윤율을 규제한다고 말합니다.

모든 큰 나라에서, 대부분의 경작지는 인류의 식량 또는 가축의 사료를 생산하는 데 사용되고 있다. 이들의 지대와 이윤은 다른 모든 경작지의 지대와 이윤을 규제한다. 만일 다른 어떤 특정 생산물이 곡물·사료보다 더 적은 지대와 이윤을 낳는다면 그 토지는 곧 곡물·목초의 생산지로 바뀌며, 만일 특정 생산물이 이보다 많은 지대와 이윤을 가져오면 곡물 생산지·목초지의 일부가 곧 그 생산물의 생산지로 바뀐다(198-199쪽).

그리고 스미스는 '사회가 발달함에 따라 천연생산물의 가격이 어떻게 변동할까'에 큰 관심을 가졌습니다. 그리하여 다음과 같이 말합니다.

첫 번째로 인간의 노동에 의해서는 더 이상 증가시킬 수 없는 천연생산물(예를 들어 희귀한 새와 물고기, 다양한 종류의 사냥감, 야생의 새)의 가격은 수요 증가에 의해 터무니없는 정도로까지 상승할 수 있습니다.

두 번째로 인간의 힘으로 수요에 비례해 증가시킬 수 있는 천연생산물(예를 들어 소·사슴·닭·오리·돼지·낙농품)의 가격은 비록 크게 상승할 수 있다 할지라도, 이 상승에는 일정한 한도가 있어 아주 오랫동안 높은 가격이 유지될 수는 없습니다.

세 번째로 인간노동의 효과가 제한되어 있거나 불확실한 천연생산물(예를 들어 양모와 날가죽의 증가는 외국으로부터의 수입량에 의존하고, 광물과 금속의 증가는 불확실함)의 가격은 불규칙하게 변동합니다.

우리는 스미스가 모든 상품의 가치 변화(특히 오랜 시간에 걸친 가치 변화)를 정확히 파악하기 위하여, 자기 자신의 가치가 변하지 않는 상품(불변의 가치척도)을 찾으려고 노력했다는 것을 3부 1장(상품의 교환가치와 노동)에서 설명한 바 있습니다.

스미스는 처음에는 노동의 임금수준이 가장 변하지 않는다는 것을 알았지만, 임금수준에 관한 역사적인 기록이 충분하지 않아 임금수준을 기준으로 다른 상품의 가치 변화를 추정할 수가 없었습니다. 그다음으로 가치가 변하지 않는 상품으로 스미스가 발견한 것은 밀입니다. 그리하여 스미스는 귀금속 은의 가치가 어떻게 변동했는가를 은과 밀의 교환비율, 즉 밀의 평균 화폐가격을 통해 판단하고 있습니다.

예컨대 밀의 평균 화폐가격이 올라가면, 다시 말해 밀 1가마의 가격이 10원에서 20원으로 올라가면 은의 가치가 저하한 것(예컨대 노다지 은 광산이 발견된 것)을 가리키고, 밀의 평균 화폐가격이 내려가면 은의 가치가 상승한 것을 가리킨다고 해석하고 있습니다. 다른 경제학자들은 이런 역사적 조사를 한 적이 없기 때문에, 여기에서 좀 소개하겠습니다.

1350년부터 1570년까지는 밀의 평균 화폐가격이 점차로 하락했습니다. 왜냐하면 은에 대한 수요가 증가했지만 그 공급이 증가하지 못했으므로, 은 가치는 밀 가치에 비해 점차로 상승했기 때문입니다.

1570년부터 1640년까지는 아메리카 대륙에서 풍부한 은 광산이 발견됨으로써 다년간 은의 공급이 수요보다 더 큰 비율로 증가하여 은의 가치가 점차로 하락했고, 밀의 평균 화폐가격은 모든 농업상의 개량에도 불구하고 점점 더 상승했습니다.

1640년부터 1770년까지는 은의 공급이 은의 수요와 거의 같은 비율로 증가해, 밀의 평균 화폐가격은 모든 농업상의 개량에도 불구하고 계속 거의 일정했습니다.

그리고 금과 은 사이의 가치 변화를 살펴보면, 아메리카에서 금과
은 광산이 발견된 1570년 이전에는 '순금 1온스＝순은 10~12온스'
였지만, 1650년경에는 '순금 1온스＝순은 14~15온스'였습니다. 금과
은의 가치가 모두 하락했지만, 아메리카에서 은광이 금광보다 더욱
풍부했기 때문에 은의 가치가 금의 가치보다 더욱 하락한 것입니다.

세 계급의 이익과 사회의 일반적 이익

스미스는 자본가 계급과 임금노동자 계급 및 지주 계급이 문명사
회(즉 자본주의 사회)의 3대 계급이라고 지적하고, 각각의 계급적 이
익이 사회의 일반적 이익과 일치하는가 아니면 충돌하는가를 연구
하면서, 만약 어떤 계급의 이익이 사회의 일반 이익을 저해하는 경
우에는 그 계급의 이익에 봉사하는 정책을 채택해서는 안 된다고
주장합니다.

3대 계급 중에서 자기들의 계급적 이익과 사회의 일반적 이익이 일
치하는 계급은 지주 계급과 노동자 계급뿐이며, 자본가 계급은 그렇
지 않다고 스미스는 주장합니다. 왜냐하면 사회가 발달할 때 지대와
임금은 상승하지만, 이윤율은 저하하기 때문이라는 것입니다(322쪽).

그러나 스미스가 이렇게 단순하게 특정 계급을 옹호하거나 배척
한 것은 아닙니다. 좀 더 자세히 그의 이야기를 들어봅시다.

스미스에 따르면 자본가 계급 중에서 최대의 자본을 투자하는 상
인과 공장주는 정부로부터 가장 큰 배려를 받는데, 정부는 그들을

자본주의 시스템의 피라미드

자본주의 시스템에서는 대다수의 노동자 계급이 최하층을 떠받치고, 그 위로 자본가 계급, 경찰(군인), 성직자, 마지막으로 소수의 지배계급(공권력)이 최상층을 차지하면서 피라미드 구조를 형성한다.

위하여 '시장을 개척하거나 경쟁을 제한하는 정책'을 실시합니다. 그런데 시장을 개척하는 것은 공공의 이익을 증진시킬 수도 있지만, 경쟁을 제한하는 것은 공공의 이익을 저해한다는 것입니다.

자본가 계급 중 최대의 자본을 투하하며, 그들의 부로 인해 정부로부터 가장 큰 배려를 받는 층은 상인과 공장주 두 계급 사람들이다. (…) 어떤 특수한 상업·제조업 분야에서 상인과 제조업자의 이익은 항상 공공의 이익과 다르고, 심지어는 상반되기도 한다. 시장을 확대하고 경쟁을 제한하는 것은 항상 상인과 제조업자에게 이익이 된다. 시장을 확대하는 것은 종종 공공의 이익에 합당할 수 있지만, 경쟁을 제한하는 것은 항상 공공의 이익과 충돌한다(322-323쪽).

그런데 더욱 중요한 것은 지주 계급과 노동자 계급은 국가정책에 영향을 미치지 못한다는 점입니다. 지주 계급과 노동자 계급의 이익은 사회의 일반적 이익과 일치하지만, 그들은 국가정책에 영향을 미칠 능력을 가지고 있지 않다고 스미스는 판단합니다.

토지소유자는 (…) 자신이 속한 계급의 이익을 증진시키기 위해 노력하는 과정에서, 국가의 정책을 결코 잘못된 방향으로 이끌 수는 없다. 그런데 실제로 그들은 아주 종종 적절한 지식을 갖지 못하는 경우가 많다. 세 계급 중에서 그들은 스스로 노동도 하지 않고, 애를 태우지도 않고, 마치 저절로 굴러들어오는 것처럼 자기의 의도나 계획과는 무관하게 자신의 소득을 얻고 있는 유일한 계급이다. 그들의 상황은 편안하고 안전하기 때문에 자연히 나태해지며, 따라서 그들은 어떤 국가정책의 결과를 예견하거나 이해하는 데 필요한 통찰력을 가질 수 없을 뿐 아니라, 이용할 수도 없게 된다(320-321쪽).

노동자의 이익이 사회의 이익과 밀접히 연관되어 있음에도 노동자들은 사회의 이익을 파악할 수도 없고, 자신의 이익과 사회의 이익 사이의 관계를 인식할 수도 없다. 노동자의 생활 상태는 그것에 필요한 견문을 넓힐 여유를 주지 않는다. 더욱이 그의 교육·관습은 그가 비록 충분한 정보를 가진다고 하더라도, 그것을 바르게 판단할 수 없게 한다.

그 까닭에 정부의 정책적 논의에서 노동자의 목소리는 다만 노동자의 이러저러한 불평이 그의 고용주에 의해, 노동자의 목적을 위해서가 아니라 고용주 스스로의 목적을 위해 고무·선동·지지되는 특별한 경우를 제외하고는 거의 경청되지 않으며 별로 존중되지도 않는다(321쪽).

이리하여 사회의 이익과 상반되는 계급적 이익을 가진 상인과 공장주가 가장 예리한 통찰력을 가지고 있어서, 정부로 하여금 자기들의 이익을 증진시키는 법률과 규정을 제정하게 한다고 스미스는 보고 있습니다.

상인과 공장주 두 계급은 일생 동안 여러 가지 계획·목표에 몰두하고 있으므로, 대부분의 대지주보다 예리한 이해력을 갖는 경우가 많다. 하지만 그들은 사회의 이익보다는 자신의 특수한 사업상의 이익을 더 많이 고려하므로, 그들의 판단은 가장 공평한 경우에도(그들의 판단이 모든 경우에 공평한 것은 아님) 사회의 이익보다는 자기 계급의 이익을 더욱 고려하고 있다. (…)

따라서 이러한 계급이 제안하는 어떤 새로운 상업적 법률·규제들에 대해서는 항상 큰 경계심을 가지고 주목해야 한다. (…) 왜냐하면 그것은, 그들의 이익이 결코 공공의 이익과 정확히 일치하지 않는 계급이자 사회를 기만하고 심지어 억압하는 것이 그들의 이익이 되며 따라서 수많은 기회에 사회를 기만하고 억압한 적이 있는 계급으로부터 나온 제안이기 때문이다(322-323쪽).

이처럼 스미스는 지주와 노동자를 사회를 진보시키는 계급이라 보는 반면, 상인과 공장장(제조업자)에 대해서는 매우 비판적인 태도를 보이고 있습니다. 그러나 이런 태도는, 당시의 절대왕정이 상인과

부르주아혁명

자본가 계급에 의해 이루어진 시민혁명으로, 봉건적 사회체제를 무너뜨리고 자본주의적 사회체제를 확립했다. 그림은 당시 프랑스 7월 혁명을 주제로 들라크루아가 그린 것이다.

프롤레타리아혁명

노동자 계급이 주체가 되는 혁명을 통하여 자본주의적 관계나 계급이 없는 공산주의 사회를 목적으로 한다. 우표 속 그림은 레닌이 노동자와 군인들 앞에서 연설하는 모습이다.

제조업자의 이익을 옹호하면서 일반 대중의 이익을 희생시키고 있는 것에 대한 분노를 표현한 것이라고 보아야 할 것입니다. "사회가 진보하면 이윤율이 저하하기 때문에 이윤을 얻는 상인과 제조업자의 이익은 사회의 일반적 이익과 일치하지 않는다"라는 주장은, 사회가 진보한다고 해서 반드시 이윤율이 저하하는 것은 아니기 때문에 옳지 않다고 보아야 합니다.

스미스가 이 책을 쓴 1776년으로부터 지금까지 240년 이상이 지났지만 그동안 이윤율이 0이 되지 않은 것을 보아도, 이윤율이 계속 저하하지는 않는다는 것을 알 수 있습니다. 이윤율은 장기적인 상승 추세나 저하 추세를 나타내지 않으면서 경기순환에 따라 상승과 저하를 반복하고 있다고 보아야 옳습니다.

또한 스미스는 이윤과 지대의 진정한 원천을 올바로 파악하지 못했기 때문에, 세 계급 사이의 갈등관계를 잘못 설정하고 있다고 비판할 수 있습니다. 상인·제조업자의 이윤과 토지소유자의 지대가 모두 노동자 계급의 잉여노동에서 나오기 때문에, 잉여가치를 이윤과 지대로 분할하는 문제에서 누가 더 많이 가져가느냐를 둘러싸고 자본가 계급은 토지소유자 계급과 대립할 것입니다.

그러나 노동자 계급으로부터 잉여노동을 더욱 많이 착취해야 '갈라먹을 수 있는 빵'이 더욱 커지기 때문에, 상인과 제조업자 및 토지소유자 계급은 연합을 통해 노동자 계급에 대한 착취를 강화할 수밖에 없습니다.

그리고 원래 자본주의 사회에서는 자본가 계급과 토지소유자 계급 등 지배계급이 국가기구(예를 들어 대통령·장관·국회·국정원·검찰·경찰·언론기관·법원 등)를 장악해서 사회를 지배하고 있습니다.

지주 계급과 노동자 계급의 이익이 바로 자본주의 사회의 일반적 이익(또는 공공의 이익)과 일치한다고 하여, 스미스가 '새로운 사회'를 구상할 때, 상인과 제조업자를 뒤로 물리치고 지주 계급과 노동자 계급을 지배계급으로 삼으려고 했을까요? 필자의 생각은 전혀 다릅니다. 뒤에서 자세히 논의하겠지만, 스미스는 절대주의 왕정의 중상주의적 개입을 철폐시킴으로써, '모든 개인들이 정의의 원칙을 위반하지 않으면서 자유롭게 자기의 이익을 추구하는 사회'를 희망한 것입니다.

따라서 스미스는 '부르주아혁명을 잉태하고 있던 시대의 혁명가'였고, 마르크스는 '프롤레타리아혁명을 잉태하고 있던 시대의 혁명가'였다고 말할 수 있을 것입니다.

경제학은 '꼴사나운' 학문인가

스코틀랜드의 역사가이자 사상가인 토머스 칼라일Thomas Carlyle: 1795~1881(잉글랜드와의 접경 지역인 에클페칸에서 태어나서 에든버러 대학교에서 공부함)이 경제학을 '꼴사나운 학문dismal science'이라고 부른 바 있습니다. 그러나 이것이 무엇을 의미하는가에 대해서는 두 개의 서로 다른 주장이 있습니다.

첫 번째 주장은 칼라일이 맬서스의 『인구론』을 읽고, 경제학은 지금 세상이나 다음 세상에 대한 희망을 주지 않는 음울한 과학이라고 말했다는 것입니다. 맬서스는 『인구론』에서 인구는 기하급수적으로(1, 2, 4, 8, 16, 32, …) 증가하는데 식량은 오직 산술급수적으로(1, 2, 3, 4, 5, 6, …) 증가하므로, 인간은 장래에 굶어죽든지 질병에 걸리든지 전쟁으로 죽든지 하는 수밖에 없다고 예언했기 때문입니다.

두 번째 주장은 영국의 식민지인 서인도제도의 흑인 노예제를 찬양하는 칼라일이 흑인 노예의 해방을 추진하는 경제학을 경멸하면서 꼴사나운 학문이라고 불렀다는 것입니다. 칼라일은 '영웅'을 숭배하고 '민주주의'를 싫어했으므로 '두 다리를 가진 역축two-legged cattle'인 흑인은 백인의 채찍을 맞아야만 사회에 기여할 수 있다고 생각하고 있었는데, 경제학자들이 인간은 평등하다고 말하면서 흑인 노예들을 해방시킬 것을 정부에 요구했기 때문에 화가 나서 경제학을 꼴사나운 학문이라고 불렀다는 것입니다.

어느 주장이 맞을까요? 첫 번째 주장에서 근거로 제시하는 칼라일의 글1839년에는 "맬서스의 『인구론』에서 제시한 인구과잉 저지 조치들이 우울하고 둔감하며 음울하고, 지금 세상이나 다음 세상에 대한 희망을 주지 않는다"라고 되어 있습니다. 여기에 'dismal'이라는 단어는 나오지만 'dismal science'라는 용어는 나오지 않습니다.

그런데 두 번째 주장에서 근거로 제시하는 칼라일의 글1849년에서는 흑인 노예의 해방을 외치는 영국복음주의와 경제학을 경멸하면서, 경제학을 꼴사나운 학문이라고 부르고 있습니다. 그는 경제학에 대해 "진짜로 치사하고 남을 애먹이는 (…) 꼴사나운 학문dismal science"이라고 표현합니다. 따라서 두 번째 주장이 더 옳은 것 같습니다.

칼라일은 1831년부터 1882년까지 계속 흑인 노예제와 아일랜드 지배를 찬성하는 글을 썼습니다. 그런데 경제학자들은 계속 인간의 평등을 주장했습니다. 애덤 스미스도 다음과 같이 말했습니다.

각 사람의 천부적 재능의 차이는 사실상 우리가 생각하는 것보다 훨씬 작다. 상이한 직업에 종사하는 어른들이 발휘하는 매우 상이한 재능은, 많은 경우에 분업의 원인이라기보다는 분업의 결과이다. 그 성격이 극히 상이한 두 사람 사이의 차이도, 예컨대 한 사람은 철학자이고 다른 한 사람은 거리의 평범한 짐꾼인 경우에 (…) 그 두 사람이 출생해서 6~8세가 되기 전에는 그들의 천성이 너무나 똑같아서 부모나 친구들조차 어떤 현저한 차이를 발견하지 못할 것이다.

대략 이 나이 때쯤이나 또는 얼마 지나지 않아서 그들은 매우 상이한 직업에 종사하기 시작한다. 그러면 재능의 차이가 눈에 띄게 되고 그 차이가 점점 커져서, 드디어 철학자가 허영심 때문에 자신과 짐꾼 사이에 그 어떤 유사성도 인정하지 않으려는 단계에까지 도달한다(20쪽).

칼라일은 흑인 노예제를 찬성하는 과정에서 친구인 경제학자 존 스튜어트 밀과 논쟁하고 결국 헤어집니다. 칼라일의 경멸에도 불구하고 '꼴사나운 학문'인 경제학은 계속 번창하고 있습니다.

5부

자본의 축적과
투자의 우선순위

스미스는 절약을 통해 자본을 축적하는 것과 생산적 노동자를 더 많이 고용하는 것을 강조했을 뿐만 아니라, 이 자본을 어떤 산업부문에 투자해야 국부가 가장 크게 증가할 수 있는가도 연구했습니다. 그는 농업에 대한 투자를 제1위로 하고, 그 뒤 '제조업→도매업→소매업' 순으로 투자해야 한다고 했습니다. 이른바 '투자의 우선순위'를 발표한 셈입니다.

백화점과 은행에서 일하는 노동자는 새로운 가치를 창조하지 못한다

자본주의 사회에서 '생산적 노동자'는 자본가를 위해 직접적으로 잉여노동을 함으로써 자본가의 이윤을 증가시키는 노동자를 가리킵니다. 예를 들어 컴퓨터 공장에서 컴퓨터를 생산하는 노동자는 컴퓨터 공장에 투자한 자본가를 위해 직접적으로 잉여노동을 함으로써 자본가의 이윤을 증가시킵니다.

그러나 상품의 매매에 종사하는 노동자는 화폐 100만 원으로 100만 원어치의 상품을 사거나 상품 100만 원어치를 팔아 화폐 100만 원을 얻는 일만 하기 때문에 판매할 수 있는 새로운 재화나 서비스를 생산하지 못합니다. 이런 노동자는 아무런 새로운 가치나 부를 창조하지 않으며, 따라서 상품의 매매에 자본을 투자한 상업자본가를 위해 이윤을 창조해 줄 수도 없습니다.

그러나 상업자본가는 산업자본가들(예를 들어 컴퓨터를 생산하는 자본가들)이 스스로 수행해야 할 컴퓨터의 판매 업무를 대신 담당함으로써 다수의 산업자본가가 허비했을 상품 판매 시간을 없애주었

으며, 산업자본가들이 고용했을 컴퓨터 판매 노동자들이나 산업자
본가들이 세웠을 직판장들을 모두 불필요하게 해주었습니다. 그렇
기 때문에, 산업자본가들은 자본을 크게 절약할 수 있어서 생산적
노동자의 고용과 착취에 더욱 많은 자본을 사용할 수 있게 된 것입
니다. 다시 말해 상업자본가는 산업자본가가 얻는 잉여가치(또는 이
윤)의 창조에 '간접적으로' 크게 기여합니다.

따라서 자본주의 사회에서는 상업자본가도 산업자본가와 마찬가
지로 사회적 평균이윤을 얻어야만 합니다. 다시 말해 상업자본가는
상품의 판매라는 자본주의 경제의 필수불가결한 업무를 담당하기
때문에, 산업자본가 계급 전체가 생산적 노동자들로부터 착취한 총
잉여가치를 산업자본가와 똑같이 나누어 가져야 합니다. 만약 상업
자본의 이윤율이 산업자본의 이윤율보다 높다면 산업자본가가 공
장 문을 닫고 상업 활동에 나서야 할 것이고, 반대로 산업자본의 이
윤율이 상업자본의 이윤율보다 높다면 상업자본가가 상점 문을 닫
고 생산 활동을 시작해야 할 것이기 때문입니다. 그러나 주의해야
할 것은, 상업자본이 상품의 판매를 더욱 촉진함으로써 산업자본의
잉여가치 생산을 '간접적이긴 하지만' 더욱 증대시키지 못한다면, 상
업자본은 사회적 평균이윤율을 저하시키게 된다는 사실입니다.

은행의 업무는 기본적으로 금전출납 업무(예컨대 기업들을 위해 현
금을 보관하고 지급하는 업무, 당좌계정을 관리하는 업무 등)와 예금·대
부 업무입니다. 은행은 자본가 계급 전체의 금전출납을 담당함으로
써, 각 개별 자본가가 금전출납을 위하여 금고를 설치하거나 경리사
원을 둘 때 발생하는 막대한 사회적 비용을 절약하고 있습니다. 그

리고 예금·대부 업무는 사회의 각계각층이 가지고 있는 '사용하지 않는 자금(유휴자금)'을 예금으로 받아들임으로써, 기업들에게 화폐 자본을 공급하여 잉여가치의 생산을 확대하게 합니다.

증권회사는 은행이나 유휴자금 소유자로부터 자금을 빌려 주식·채권(국가가 발행하는 '국채'나 회사가 발행하는 '회사채') 등의 매매를 통해 수익을 올립니다. 만약 기업이 주식이나 회사채의 발행을 통해 자금을 조달하여 잉여가치의 생산에 사용하는 경우, 이 신규 발행된 주식과 회사채를 구매하는 증권회사는 잉여가치의 생산에 '간접적으로' 기여합니다.

그러나 유가증권시장에서 거래되는 대부분의 주식과 회사채는 과거에 발행된 것이고, 여기에서 수익을 올리기 위해서는 유가증권의 가격 변동을 이용하여 증권거래자들의 주머니를 터는 수밖에 없습니다. 간단히 요약하면, 주식과 회사채의 '발행시장'은 산업기업의 자본 규모를 증가시키지만, 주식과 회사채의 '유통시장'은 산업기업의 자본 규모를 조금도 변동시키지 않습니다.

시시각각으로 변동하는 증권 시세를 보여주는 곳은 바로 유통시장인데, 아무런 새로운 가치를 창조하지 않고 기존의 부를 서로 많이 차지하기 위해 증권에 투기하는 곳입니다. 유통시장에서는 자금이 풍부하고 기업들의 내부 정보에 밝은 투기꾼들(은행과 증권회사를 포함함)이 돈을 벌기 때문에, 증권의 유통시장은 그 사회의 부와 소득의 분배를 더욱 불평등하게 만듭니다.

그러나 유가증권의 유통시장은 증권의 발행시장이 성공하기 위해서는 필요불가결합니다. 석탄·철강 등 중화학공업이 등장함에 따라 내용연수(고정자산의 이용 가능한 연수)가 긴 고정자본(광산 설비나 용광로 등)이 필요하게 되었는데, 은행은 항상 단기자금을 취급하므로, 장기자금을 조달하기 위하여 주식회사가 탄생한 것입니다. 기업은 주식 발행을 통해 조달한 화폐자본을 장기적인 고정자본에 투자하지만, 주식 소유자는 자기 주식을 언제라도 유가증권시장에서 팔아 현금으로 전환시킬 수 있기 때문에 유휴자금 소유자들이 즐겁게 주식을 구매하기 시작함으로써 주식회사가 등장할 수 있었던 것입니다. 다시 말해 주식의 유통시장이 발달하지 않았다면 주식의 발행시장은 성립할 수 없었습니다.

금전출납, 예금·대부 업무, 투자 업무 등을 수행하기 위해 은행과 증권회사는 자기자본을 투자해서 건물과 각종 사무기계를 구매해야 하고, 금융노동자를 고용해야 합니다. 금융기관의 자기자본은 자본주의 경제의 원활한 운영을 위해 필요불가결하기 때문에 산업자본·상업자본과 더불어 사회의 총 투자자본을 이루며, 따라서 사회적 평균이윤율을 얻어야만 합니다.

그러나 금융업이 담당하는 금전출납·예금·대부·투자 업무 등은 기업들의 잉여가치 생산에 '간접적으로' 기여할 뿐이기 때문에, 금융업에 투자한 자기자본은 직접적으로 잉여가치를 생산하지 못하며, 따라서 금융업에 종사하는 노동자는 '비생산적' 노동자입니다. 금융기관이 대부와 투자 업무를 통해 산업자본의 잉여가치 생산을 크게 촉진하지 못한다면, 사회적 평균이윤율은 크게 저하할 수 있습니다. 사실상 2008년 9월의 세계적인 금융공황과 산업공황의 원인은 아무런 가치나 잉여가치를 생산하지 않는 금융자본의 지나친 투기 활동 때문이었다는 점을 기억해야 할 것입니다.

5부에서는 『국부론』 제2편(자본의 성질·축적·사용)과 제3편(각국의 상이한 국부 증진 과정)을 다룰 것입니다. 자본의 축적은 소득을 소비에 지출하지 않고 절약하여 자본에 추가하는 것과, 이 자본으로 '생산적' 노동자를 추가적으로 고용하는 것을 가리킵니다.

또한 스미스는 임금을 받고 있는 노동자가 모두 동일한 노동자는 아니고, 새로운 가치와 부를 생산하는 '생산적' 노동자와 그렇게 하지 않는 '비생산적' 노동자로 구별할 수 있다고 말했습니다. 이것은 주류경제학이 감히 할 수 없는 매우 중요한 이론적 공헌입니다.

01

자본의 축적

자본가는 반드시 절약해야만 자본을 증가시킬 수 있다고 스미스는 말하는데, 현대의 자본가들은 호화롭게 사치를 즐기면서도 사업에 성공하고 있습니다. 그리고 스미스는 자본이 증가하면 취업노동자의 수가 반드시 증가한다고 말하지만, 지금은 자본이 증가했는데도 실업자가 넘치고 있습니다. 또한 가수와 배우를 모두 '비생산적 노동자(자본가의 이윤을 증가시키는 직업에 종사하지 않는 노동자들을 말한다)'에 포함시키고 있는데, 이러한 스미스의 방식이 과연 옳은 걸까요?

자본축적은 절약에 의해 가능한가

스미스에 따르면 개별 자본가는 그가 얻는 연간 이윤의 일부를 절약하는 것에 의해 자본을 증가시키는데, 이것을 자본의 축적이라고 합니다. 예컨대 자본금 1,000원을 가진 자본가가 연간 이윤으로

세계대공황 시위 행렬
1930년대 세계대공황으로
실업자가 된 사람들이 시위
를 벌였다.

100원을 얻어 이 100원 중에서 40원은 자기와 가족을 위하여 소비하고, 나머지 60원은 자본에 추가한다면, 자본축적액은 60원이고, 자본축적률은 60퍼센트(=60원/100원)이며, 자본팽창률은 6퍼센트(=60원/1,000원)가 됩니다. 물론 개별 자본가는 절약에 의해 축적한 자본을 자기 스스로 생산 규모를 확대하는 것에 사용할 수도 있고, 다른 자본가에게 이자를 받고 빌려주어 더 많은 노동자를 고용하게 할 수도 있습니다.

물론 개별 자본가들의 자본을 합산한 사회의 자본도 사회의 연간 총 이윤 중 소비하지 않고 절약한 부분에 의해 증가할 것입니다. 따라서 근면이 아니라 절약이 자본을 증가시키는 직접적인 원인이라는 것입니다. 근면으로 무엇을 획득하든 간에 절약을 통해 저축하지 않으면, 자본은 더 커질 수 없습니다(413쪽).

『국부론』을 쓴 18세기 중엽은 자본주의적 발달의 초기였기 때문에, 스미스는 자본가가 자본의 증가를 위해 근검절약한다고 말합니다. 그리하여 스미스는 "소비를 줄이고 저축하라"라고 외쳤습니다.

그러나 자본주의가 제법 발달하면 자본가는 이미 큰 자본을 투자하여 많은 이윤을 얻는 상태가 되기 때문에, 근검절약하지 않아도 자기의 향락욕과 축

존 메이너스 케인스

1883~1946. 영국의 경제학자. 완전고용을 위해서는 자유방임이 아닌 정부의 개입이 필요하다고 주장한 '케인스 혁명'으로 잘 알려져 있다.

적욕을 모두 충족시킬 수 있습니다. 현재 한국 자본가들을 보면 호화롭고 사치스럽게 생활하면서도 회사 규모를 점점 더 확대하고 있습니다.

그리고 "한 사회를 구성하는 모든 개인들의 자본을 합계한 사회의 자본도, 저축에 의해서만 증가할 수 있을 뿐이다"라는 주장은 케인스에 의해 크게 비판 받았습니다. 모든 개인이 저축하면 사회 전체의 저축은 0이 될 수도 있다는 것입니다. 모든 개인이 자신의 소득으로 상품을 구매하지 않고 저축만 한다면 상품들이 팔리지 않을 것이며, 따라서 생산자는 생산을 축소하고 노동자들을 해고할 수밖에 없을 것입니다.

이렇게 되면 아무도 저축할 수 있는 소득을 벌 수 없기 때문에 사회의 저축은 0이 된다는 이야기입니다. 그래서 케인스는 "저축하지 말고 소비하라"라는 구호를 외친 것입니다.

뉴딜정책
대공황 때 경제를 살리기 위해 미국의 루스벨트 대통령이 추진한 정책. 실업자들에게 일자리를 만들어주고, 저소득층을 위해 사회복지비를 지출하며, 노동조합의 권리를 확대했다.

케인스가 1930년대의 세계적 대공황을 보면서 위와 같은 슬로건을 내건 것은 옳았습니다. 미국의 루스벨트 대통령이 실시한 뉴딜정책이 바로 소비를 증가시켜 공황으로부터 탈출하자는 정책이었습니다. 현재 우리도 상품이 팔리지 않아 파산하는 기업들을 너무 많이 보고 있습니다. 정부가 실업자를 줄이기 위하여 좀 더 적극적으로 각종 사업을 벌이고 빈곤층에게 생활보조금을 지원해 준다면, 사회 전체적으로 소비가 늘어나서 상품들이 팔리게 될 것입니다.

이에 따라 생산업체가 생산을 증가시키고 노동자를 추가적으로 고용하기 시작하면, 경제가 공황 국면으로부터 점차 회복될 것입니다. 이런 공황탈출정책을 실시하는 데 필요한 돈은 어디에서 나올까요? 정부가 불요불급한 지출을 줄이고, 부자들에게 좀 더 많이 세금을 거두어야 할 것입니다.

그러나 소비를 줄여 저축을 늘린 다음 이 저축으로 투자하면, 다

186

시 소비가 증가하게 되어 있습니다. 산업자본가가 자본을 투자한다는 것은, 기계·원료를 구입하고 노동자를 고용하여 상품의 생산을 시작하는 것을 가리킵니다. 따라서 산업자본가가 투자하면, 기계 생산자와 원료 생산자는 기계와 원료를 팔 수 있어 생산을 계속하고 취업노동자를 해고하지 않을 수 있습니다.

또한 노동자들을 고용하여 그들에게 임금을 줄 수 있게 되며, 노동자들은 이 임금으로 시장에서 소비재를 살 것이므로, 소비재 생산자들은 생산을 계속하고 취업노동자를 해고시키지 않을 것입니다. 소비와 저축과 투자는 서로 연결 고리를 이루고 있다고 생각해야 합니다.

스미스에 따르면 개인은 낭비와 과소비 등의 잘못된 행동으로 말미암아 가난해질 수 있지만, 이런 개인보다는 더 많은 개인들이 절약하기 때문에 결코 사회 전체가 가난해질 수는 없다고 합니다. 그러나 국왕이나 정부의 낭비는 규모가 너무 커서 큰 문젯거리가 된다면서 스미스는 다음과 같이 말합니다.

큰 나라들은 개인의 낭비와 잘못된 행동에 의해서는 결코 가난해지지 않지만, 때때로 정부의 낭비와 잘못된 행동에 의해 가난해지는 경우는 있다. 대부분의 나라에서 정부 세입의 전부 또는 거의 전부는 다음과 같은 비생산적인 일에 종사하는 사람들을 유지하는 데 사용된다.

예컨대 다수의 화려한 궁전이나 큰 교회(국립 교회)에 있는 사람들, 평화 시에는 아무것도 생산하지 않고 전시에도 자신들의 유지비를

명예혁명
1689년 영국 의회는 왕의 정치권을 제한한 「권리장전」을 제출함으로써 의회정치 발달의 기초를 마련하였다.

보상할 아무것도 획득할 수 없는 육군과 해군을 들 수 있다. 이러한 사람들은 스스로는 아무것도 생산하지 않으므로, 타인 노동의 생산물에 의해 유지된다.

그러므로 이들이 불필요한 수에 이를 정도로 증가한다면, 어떤 해에는 생산물의 대부분을 소비해 버리고, 그다음 해에 그것을 재생산할 생산적 노동자들의 유지에 필요한 것을 남기지 않을 것이다(419쪽).

국왕이나 정부가 궁전이나 교회를 짓는 데 너무 큰돈을 지출하며, 궁전·교회·군대를 유지하느라고 너무나 많은 '비생산적인' 사람들을 고용하고 있기 때문에, 정부가 나라를 가난하게 만들 수 있다는 것이다. 그런데 정부가 이처럼 낭비하는데도 큰 나라들이 실제로 가난해지지 않는 것은, '인간성에 숨어 있는 자기 개선 노력' 때문이다.

자기 자신의 처지를 개선하려는 모든 사람들의 공통되고 꾸준하며 중단 없는 노력, 즉 개인의 풍요뿐만 아니라 사회·국민의 풍요가 원천적으로 유래하는 이 행동원리는 때때로 매우 강력한 것이어서, 정부의 낭비와 행정상의 큰 오류에도 불구하고 개선을 향한 사물의 자연적 진행을 유지하는 데 충분하다. 이것은 알려지지 않은 동물 생명의 원리가 의사들의 엉터리 처방에도 불구하고 질병뿐만 아니라 종종 신체에 건강과 활력을 회복시켜 주는 것과 마찬가지다(420쪽).

그러나 스미스도 강조하고 있는 바와 같이, 영국의 명예혁명은 국왕과 정부의 행정을 매우 민주적으로 변화시켜서, 정부가 옛날과 같은 부정과 부패를 저지를 수가 없게 되었습니다. 오늘날에는 대통령이나 국회의원의 선거가 4~5년마다 돌아오기 때문에, 국민들이 정권을 심판하는 것이 더욱 쉬워졌습니다.

자본축적은 취업노동자를 증가시킨다

스미스는 자본의 증가분이 노동자의 추가 고용에만 투자되는 것처럼 묘사하고 있습니다. 스미스가 살았던 때는 기계를 거의 사용하고 있지 않은 매뉴팩처 시대였기 때문에, 생산 규모를 늘리려면 취업노동자의 수를 늘리면 되었던 것 같습니다.

그러나 지금과 같이 수많은 기계를 사용하는 '기계적 대공업'의 시대에는 많은 노동자가 필요하지 않으며, 더욱이 노동자 대신 로봇까지 생산을 맡고 있습니다. 따라서 "자본축적은 취업노동자를 증가시킨다"라고 이야기할 수가 없습니다. 한국도 이제는 취업노동자의 수가 증가하지 않으면서도 국내총생산GDP이 증가하는 단계에 들어섰습니다. 다시 말해 '고용 없는 성장'의 시대에 들어온 것입니다.

예를 들어 설명해 봅시다(이 책의 「여는 글」에 쓴 것을 여기에 다시 요약함). 기계 1대에 노동자가 10명 필요하다고 가정할 때, 어느 공장이 기계 100대를 가지고 있다면 노동자는 1,000명이 고용되어 있을 것입니다. 상품이 잘 팔리기 때문에, 생산 규모를 증가시키기 위해 공장장이 동일한 기계 50대를 추가로 구입합니다. 그러면 새로운 노동자 500명이 추가로 고용되며, 이 공장에 고용되어 있는 노동자의 수는 1,000명에서 1,500명으로 증가하게 됩니다.

그런데 몇 년이 지나 지금의 기계를 폐기처분할 때가 됩니다. 새로도입할 기계는 값이 더 싸고 성능이 더 좋아서 지금의 생산량을 생산하기 위해서는 60대만 필요하고, 또한 1대당 3명의 노동자만 필요로 합니다. 공장장은 다른 기업과의 경쟁에서 지지 않기 위하여, 이 새로운 기계를 60대 도입합니다.

이 기계 60대가 필요로 하는 노동자는 180명(=3명×60대)밖에 되지 않으므로, 나머지 노동자 1,320명(=1,500명-180명)은 한꺼번에 해고되어 실업자가 될 것입니다. 훨씬 적은 노동자로 동일한 생산량을 생산하기 때문에, '고용 없는 성장'이 얼마든지 가능한 것입니다.

스미스는 실업자에 대해서는 전혀 알지를 못했습니다. 그러나 마르크스는 "실업자는 자본주의 사회를 유지하는 필요불가결한 조건"이라고 할 정도로 중요하게 생각했습니다. 실업자가 있어야 노동조합이 임금수준을 올릴 수 없어 자본가들이 큰 이윤을 얻을 수 있으며, 또한 실업자가 있으면 노동자 계급이 자본가 계급에게 굽실거릴 수밖에 없기 때문입니다. 이렇게 본다면 "공황이 와서 경기가 나쁘고 실업자가 많이 생기는 시기에 혁명이 일어난다"라는 예언은 틀린 것이 아닐까요?

국왕·군인·성직자 등은 비생산적 노동자

경제학의 태두인 스미스는 임금이나 봉급을 받는 모든 노동자가 동일하다고 생각하지 않고, 그들 중에 '비생산적' 노동자가 있다고 주장했습니다. 이 논쟁은 지금도 진행 중입니다. 스미스가 생산적 노동자와 비생산적 노동자를 구별하는 기준으로 내세운 것은 오직 한 가지입니다. 즉 자기가 받은 임금이나 보수를, 어떤 서비스가 아니라 재화의 형태로 고용주에게 되돌려주는 노동자는 '생산적'이라고 봅니다. 하인의 노동, 국왕과 그의 신하의 노동, 교회 목사의 노동, 가수의 노동 등은 '생산되는 바로 그 순간 사라져버리는' 서비스를 생산하기 때문에, '비생산적'이라고 말합니다. 먼저 스미스의 주장을 들어봅시다.

노동에는 그것이 가해지는 대상의 가치를 증가시키는 노동이 있고, 그런 효과를 갖지 않는 노동이 있다. 전자는 가치를 생산하므로 생산적 노동이라 할 수 있고, 후자는 비생산적 노동이라 할 수 있다. 제조공의 노동은 일반적으로 그의 작업 대상인 원료의 가치에다 자기 자신의 유지비와 고용주의 이윤의 가치를 부가한다. 반대로 하인의 노동은 아무런 가치도 부가하지 않는다.

비록 제조공의 임금은 고용주로부터 미리 지급되지만, 임금의 가치는 일반적으로 그의 노동이 가해진 대상의 증대된 가치의 형태로 이윤과 함께 회수되기 때문에, 사실 고용주는 아무런 비용도 들이지 않는 것이라 볼 수 있다. 그러나 하인의 유지비는 결코 회수되지 않는다. 다수의 제조공을 고용하는 사람은 부자가 되지만, 다수의 하인을 유지하는 사람은 가난해진다. (…)

제조공의 노동은 어떤 특정 대상이나 판매 가능한 상품에 고정되어 체현되고, 그 상품은 노동이 끝난 뒤 적어도 얼마 동안은 존속한다. 말하자면 그 상품은 필요한 어떤 다른 경우에 사용되기 위해 저장되고 비축되어 있는 일정량의 노동이다. 그 노동의 대상 또는 마찬가지지만 그것의 가치는, 나중에 필요하다면 최초에 그것을 생산한 것과 같은 양의 노동을 부릴 수 있다.

반대로 하인의 노동은 어떤 특정 대상이나 판매 가능한 상품에 고정되거나 체현되지 않는다. 그의 서비스는 일반적으로 수행되는 바로 그 순간 사라지며, 나중에 동일한 양의 서비스를 획득할 수 있는 어떤 흔적이나 가치를 남기는 경우가 드물다.

사회에서 가장 존경 받는 어떤 계층의 노동은 하인의 노동과 마찬가지로 어떤 가치도 생산하지 않고, 그 노동이 끝난 뒤에도 존속하거나 나중에 같은 양의 노동을 구매할 수 있게 하는 어떤 영구적인 노동대상이나 판매 가능한 상품에 자기 자신을 고정시키거나 체현하지 못한다.

예를 들어 국왕과 그 밑에서 봉사하는 문관·무관·육군·해군은 모두 비생산적 노동자들이다. 그들은 국민의 공복이고, 다른 사람들이 한 노동의 연간 생산물 중 일부로 유지된다. 그들의 서비스가 아무리 고귀하고 아무리 유용하고 아무리 필요하다고 할지라도, 나중에 같은 양의 서비스를 획득할 수 있는 어떤 물건도 생산하지 않는다. 그들이 1년 동안 노동한 효과인 국가의 보위와 안전과 국방은 다음 해의 보위와 안전과 국방을 구매하지 못할 것이다.

가장 근엄하고 가장 중요한 약간의 직업, 예컨대 성직자·변호사·의사·모든 종류의 문필가 등, 그리고 가장 하찮은 일부 직업, 예컨대 배우·광대·음악가·오페라 가수·오페라 무용수 등도 위와 같은 종류에 속한다. (…) 배우의 대사 낭독, 연설가의 도도한 웅변, 음악가의 노래와 연주 등등 그들의 작업은 생산되는 바로 그 순간 사라져버린다(404-406쪽).

그러나 스미스의 주장을 좀 더 깊게 살펴보면, 그가 가장 중요하게 생각하고 있는 점은 단순히 서비스를 생산하는가 아니면 재화를 생산하는가에 있지는 않은 것 같습니다.

예컨대 그는 이렇게 말합니다. "하인의 서비스는 나중에 동일한 양의 서비스를 획득할 수 있는 어떤 흔적이나 가치를 남기는 경우가 드물다"라고 말하고, 국왕·관리·군인의 노동에 관해서도 마찬가지로, "그들이 1년 동안 노동한 효과인 국가의 보위와 안전과 국방은, 다음 해의 보위와 안전과 국방을 구매하지 못할 것이다"라고 지적하고 있습니다. 또한 배우의 대사 낭독, 연설가의 도도한 웅변, 음악가의 노래와 연주 등 그들의 작업 역시 생산되는 바로 그 순간 사라져버리기 때문에 다음번의 대사 낭독이나 웅변이나 노래를 구매할 수 있는 어떠한 흔적이나 가치도 남기지 않는다고 말하고 있습니다.

따라서 스미스의 이런 관점을 올바로 이해한다면, 고용주가 노동자의 '서비스(예를 들어 가수의 노래)'를 고객에게 팔아 화폐를 받을 수 있을 경우 그 화폐로 다음번에도 노동자(예를 들어 가수)의 서비스를 구매할 수 있기 때문에 노동자가 서비스를 생산하든 재화를 생산하든 문제가 되지 않습니다. 오직 고용주로 하여금 나중에 같은 양의 노동을 구매할 수 있게 하느냐 그렇지 않느냐가 문제의 핵심이 될 것입니다.

스미스가 이야기하는 생산적·비생산적 노동의 기준은, '자본주의 사회 전체에서 그 노동이 이윤을 증가시키느냐 증가시키지 않느냐' 하는 것입니다. 스미스가 "자본을 투자하여 '생산적 노동자'를 증가시켜야 국부가 증가한다"라고 말한 것도 동일한 의미를 가집니다.

그러므로 자본가의 밑에서 자본가의 이윤을 증가시키는 사업에 직접적으로 종사하지 않는 모든 노동자(예를 들어 하인·국왕·관리·성직자·군인)는 '비생산적'인 것입니다. 그러나 자본가가 조직한 기업에서 자본가의 이윤 추구를 위하여 일하는 노동자들(예를 들어 공장과 회사의 노동자, 사립학교의 교사, 영리법인에 고용되어 있는 배우·가수·연기자)은 모두 '생산적' 노동자가 됩니다.

하지만 상품의 매매를 전담하는 상업노동자나 금융 활동(대부업무, 유가증권의 매매업무 등)이나 부동산 투기 업무에 종사하는 노동자들은, 간접적으로는 산업자본가의 생산 활동에 기여하지만 직접적으로는 아무런 새로운 가치를 생산하지 않기 때문에 '비생산적'입니다.

주부의 가사노동은 가정생활과 가족들의 사회생활을 유지하기

194

위해 필수불가결한 노동이지만, 자본주의 사회에서는 판매할 수 있는 서비스를 생산하지 않기 때문에 비생산적이라고 평가되는데, 앞으로 다가올 '새로운 사회'에서는 '생산적 노동'으로서 사회로부터 높은 보수를 받게 될 것입니다(비생산적 노동에 관한 논쟁은 지금도 계속되고 있다. 더욱 자세한 현대적 논쟁은 『자본론을 읽는 시간』 4부 3장 참조). 따라서 자본주의 사회에서 '비생산적 노동'으로 평가 받는다고 해서 조금도 부끄러워할 것이 없습니다.

02

대부자본

스미스는 자본가가 자본을 사용하는 방법으로 농업·제조업·상업·금융업을 언급했지만, 사실상 각각의 사업은 전혀 분석하지 않았습니다. 다만 금융업 중 대부업무에 대해서는 조금 분석했습니다.

대부자본과 이자율의 상관관계

화폐 소유자는 화폐를 타인에게 이자를 받고 대부함으로써, 자기가 소유하는 화폐를 자본(대부자본[*])으로 전환시킵니다. 1,000원을 한 달 동안 빌려주고 이자 100원을 받으면 원래의 1,000원이 1,100원으로 커지기 때문에 처음의 화폐가 자본으로 전환되며, 처음의 화폐 소유자는 '대부자본가'가 되는 것입니다. 대부자본가의 최고봉은 은행입니다.

---

[*] 화폐의 형태로 자본을 대출하여 이자를 얻는 자본으로, 은행자본이 대표적이다.

그런데 화폐를 빌린 차입자는 그 화폐를 자본으로 사용할 수도 있고, 소비재의 구매에 사용할 수도 있습니다(429쪽). 빌린 화폐를 소비재의 구매에 사용하는 것을 '소비금융'이라고 부르는데, 이 경우 차입자는 부채를 갚기가 어려울 것입니다. 경제 규모가 세계 제10위인 한국에서 지금처럼 '고리대'*가 성행하는 것은 국제적으로 큰 수치입니다.

이자를 받고 대부하는 자본의 양이 증가하면, 이자(그 자본의 사용에 대한 대가)는 반드시 줄어듭니다. 그 이유는, 첫째로 재화의 양이 증가하면 시장가격은 보통 하락한다는 일반적인 이유 때문이고, 둘째로 "한 나라에서 자본이 증가하면 그것을 사용해서 얻을 수 있는 이윤은 필연적으로 감소(433쪽)"하기 때문이라고 말합니다.

그러나 둘째 이유인 '이윤율의 저하 경향'은 앞(4부 2장)에서도 설명한 바와 같이, '실제 장기적으로 이윤율이 저하한다'라는 것을 예측한 것은 아닙니다. 스미스의 다음 이야기도 이윤율의 '상승 경향'은 보지 않고 '저하 경향'만을 보고 있습니다.

한 나라에서 자본이 증가하면, 그것을 사용해서 얻을 수 있는 이윤은 필연적으로 감소한다. 국내에서 새로운 자본을 사용하는 유리한 방법을 발견하기가 갈수록 더 어려워진다. 그 결과 상이한 자본들 사이에 경쟁이 생겨나서, 한 자본의 소유자는 다른 자본의 소유자가 차지하고 있는 사용처를 손에 넣으려고 한다.

---

* 화폐를 높은 이자로 대부하여 이익을 얻는 일

대금업자와 그의 아내
대금업자는 화폐를 빌려주고 높은 이자를
통해 더 큰 이익을 남긴다.

그러나 대부분의 경우, 더욱 합리적인 조건으로 거래하는 방법 이외에는 다른 자본의 소유자를 밀어낼 수 있는 방법이 없다. 그는 자기가 거래하는 상품을 다소 싸게 팔아야 할 뿐 아니라, 때로는 팔 물건을 확보하기 위하여 그것을 비싼 값에 구매해야 한다. 왜냐하면 생산적 노동에 대한 수요는, 그들을 유지하는 데 사용되도록 예정된 기금이 증가함에 따라 날이 갈수록 더욱 커지기 때문이다.

노동자들은 쉽게 일자리를 찾게 되지만, 자본의 소유자들은 노동자들을 고용하기가 어려워진다. 자본가들 사이의 경쟁은 노동임금을 올리고, 자본 이윤을 감소시킨다. 자본의 사용에 의해 얻을 수 있는 이윤이 이와 같이, 말하자면 양쪽에서 감소할 때 자본의 사용에 대한 대가로 지급할 수 있는 가격, 즉 이자율은 이윤과 함께 필연적으로 감소한다(433-434쪽).

그러나 4부 1장(노동자의 임금과 자본가의 이윤)에서 말한 바와 같이, 이자율은 이윤율과는 다른 원리에 따라 움직입니다. 이자율은 대부자본에 대한 수요와 공급의 변동에 따라 움직이지만, 이윤율은 자본가가 노동자의 잉여노동을 노동시간의 연장, 노동생산성의 향상, 노동 강도의 강화 등을 통해 얼마나 착취하는가, 그리고 자본가가 생산한 상품들이 얼마나 잘 팔리는가에 달려 있습니다.

따라서 경기가 너무 좋은 투기적 활황의 시기 이후의 경제 위기 국면에서는, 상품들이 팔리지 않아 산업자본가의 이윤율은 폭락하지만, 어떻게 해서라도 파산을 막으려고 모두가 대부자본을 찾기 때문에 이자율은 폭등하게 됩니다.

이자 금지 법률의 효과

"화폐에 대한 이자가 법률에 의해 금지되면, 이자율은 더욱 상승하여 고리대의 해악이 더욱 증가한다"라고 스미스는 주장합니다. 왜냐하면 채무자는 이자뿐만 아니라, 채권자가 이자를 받음으로써 감수하게 되는 위험 또는 처벌에 대해서도 대가를 지급해야 하기 때문입니다(437쪽).

실제로 이자를 금지하는 법률은 전혀 효과가 없었습니다. 예컨대 이슬람에는 "이자를 받지 못한다"라는 율법이 있습니다. 그런데 실제로 돈을 빌려주고 이자를 받지 못한다면, 누가 돈을 빌려주겠습니까? 이슬람을 연구하여 『이슬람과 자본주의』(프랑스어판 1966년 발간, 영어판 1977년 발간)를 쓴 프랑스의 막시므 로뎅송_{Maxime Rodinson} 교

막시므 로뎅송

1915~2004. 프랑스 학자. 회교 신앙
과 이슬람 신학이 자본주의 사회의
발전을 막았다는 견해를 반박했다.

막스 베버

1864~1920. 독일의 사회과학자. 사
회학과 공공정책학 분야의 근대적
연구 토대를 만든 사람으로 평가된
다. 종교나 정치 영역에서의 행위나
동기와 관련시켜 역사적 현상을 설
명하려 했다.

수가 이 질문에 대한 답을 했습니다.

그는 막스 베버가 집필한 『프로테스탄티즘 윤리와 자본주의 정
신』(1904년부터 1905년까지 잡지에 연재함)을 비판한 학자입니다. 베버
의 주장은 "기독교가 다른 종교에는 없는 합리성을 가지고 있었기
때문에, 유럽에서만 자본주의가 발달하게 되었다"라는 것입니다.

좀 길게 설명하면, 기독교는 살기 위하여 돈을 버는 것과 더 많이
벌기 위하여 합리적으로 생산망을 조직하고 비용을 계산하며 판매
망을 찾는 것을 독려했고, 취업자들로 하여금 자기의 직업을 '소명
(하나님이 시키는 일)'으로 알아 열심히 일하게 했으며, 거래자들로 하
여금 서로 속이지 않고 신용을 가지고 거래하게 했기 때문에 유럽

에서만 자본주의가 발달하게 되었다는 것입니다.

로뎅송은 베버가 주장하는 합리성의 주요한 특징들이 이슬람에도 있다고 주장합니다(로뎅송은 그러므로 중동의 이슬람 나라들에서 자본주의적 발전이 늦은 이유는, 종교 이외의 다른 곳에서 찾아야 한다고 말한다).

이슬람의 경전은 알라가 예언자 마호메트*에게 말한 것을 모은 『코란』과 마호메트가 말하고 행한 것을 10세기에 정리한 율법집인 『순나』(아랍어로 '관행'이란 의미이며, 이슬람의 전통적 습관이나 규범을 적은 책이다)가 있는데, 이슬람에서는 가톨릭의 교황청 같은 기구가 없기 때문에 교리를 해석할 최고 권위자가 없어서 종파에 따라 여러 가지로 해석되면서 신도들이 서로 다르게 행동했다는 것입니다. 특히 사회의 토대를 이루는 경제에 관한 교리는 당시의 경제활동을 위축하지 않는 방향으로 성직자들이 교묘하게 해석하거나 우회로를 열어주었다는 것입니다.

예컨대 이자를 금지하는 율법을 피하기 위하여, 갑이 오늘 1,000원을 을에게 주면서 을로부터 가치가 전혀 없는 재화 A를 받고, 한 달 뒤에 을이 1,100원을 갑에게 주면서 갑으로부터 가치가 전혀 없는 재화 A를 도로 받는다는 것입니다. 이것은 실제로는 이자를 주는 것이지만, 이자를 금지하는 율법을 피하기 위하여 돈으로 A를 구매하는 형식을 취한 것뿐입니다.

중세에 교회 권력이 강했을 때는 교회가 거대한 부를 동원하여 성직자를 육성하였으므로, 가난한 사람들이 무료로 높은 수준의 교육을 받을 수 있었다. 이렇게 교육을 받은 사람 중에서 성직자가 나왔고, 성직자가 되지 못한 사람들은 문인이 되거나 교사가 되었다.

교사가 되는 것과 변호사나 의사가 되는 것은 시간·독창성·노력 면에서 거의 차이가 없었지만, 변호사와 의사의 보수는 교사의 보수보다 훨씬 더 많았다. 왜냐하면 교사가 되려면 무료로 교육을 받을 수 있기 때문에 가난한 사람들로 꽉 차 있는 반면에, 변호사와 의사는 자기 비용으로 교육을 받기 때문에 매우 적은 사람들만이 종사할 수 있었기 때문이다.

이리하여 교사의 보수는 형편없이 낮아서, 인쇄술의 발명으로 책을 저술하기 전에는 학자scholar와 거지beggar가 거의 같은 의미로 사용되었으며, 대학 총장들이 학자들에게 가끔 구걸 면허장을 발행했다고 한다(172-173쪽).

물론 중세 이전의 고대에는 플라톤, 아리스토텔레스, 프로타고라스 등 우수한 학자들이 호화롭게 살 정도로 많은 보수를 받았다.

03

자본을 투자하는 우선순위

스미스는 절약을 통해 자본을 축적하는 것과 생산적 노동자를 더 많이 고용하는 것을 강조했을 뿐만 아니라, 이 자본을 어떤 산업 부문에 투자해야 국부가 가장 크게 증가할 수 있는가도 연구했습니다. 그는 농업에 대한 투자를 제1위로 하고, 그 뒤 '제조업→도매업→소매업' 순으로 투자해야 한다고 하였습니다. 이른바 '투자의 우선순위'를 발표한 셈입니다.

어떤 투자가 국부를 가장 크게 증가시키는가

자본은 농업·제조업·도매업·소매업에 투자될 수 있습니다. 그런데 동일한 규모의 자본을 각각의 산업부문에 투자할 때 어느 부문에서 가장 많은 양의 생산적 노동을 사용할 수 있으며, 따라서 그 사회의 토지·노동의 연간 생산물(또는 연간 생산액)을 가장 크게 증가시킬 수 있는가를 연구하여, 스미스는 그 결과를 다음과 같이 발표했습니다.

첫째로 소매상의 자본은 그가 상품을 구입하는 도매상의 자본을 이윤과 함께 보상함으로써 도매상의 사업을 계속할 수 있게 합니다. 소매상의 자본이 직접 고용하는 유일한 생산적 노동자는 소매상 자신이며, 그의 투자가 사회의 토지·노동의 연간 생산물에 부가하는 가치는 그의 이윤뿐입니다(444쪽).

둘째로 도매상의 자본은 그가 취급하는 천연생산물과 공산품을 만든 농업자본가와 제조업자의 자본을 이윤과 함께 보상함으로써 그들로 하여금 각각의 사업을 계속할 수 있게 합니다. 도매상은 이런 역할을 통해 사회의 생산적 노동을 유지하고, 연간 생산물의 가치를 증가시키는 데 간접적으로 기여합니다.

또한 도매상의 자본은 자기 재화를 한 지역에서 다른 지역으로 수송하는 선원·운송인을 고용하고, 그 재화의 가격을 자기 자신의 이윤과 그들의 임금만큼 증가시킵니다. 이것이 도매상의 자본이 직접 사용하는 모든 생산적 노동이며, 연간 생산물에 직접적으로 부가하는 가치 전체입니다. 이 두 측면에서 볼 때 도매상 자본의 활동은 소매상 자본의 활동보다 훨씬 우월합니다(444-445쪽).

그리고 모든 도매업, 즉 도매로 팔기 위해 도매로 사는 것은 세 종류로 분류될 수 있습니다. 국내 상업, 국내 소비를 위한 대외무역 그리고 중개무역이 그것입니다(451쪽).

국내 상업에 종사하는 자본은, 예컨대 서울의 공산품을 부산에 보내고 부산의 수산물을 서울로 가져오게 함으로써, 한국의 두 자본을 유지하는 역할을 합니다. 국내 소비를 위한 대외무역에 종사하

포르투갈 상선
중개무역에 앞장선 포르투갈의 배이다. 16세기 신대륙의 발견 이후 신항로를 개척한 포르투갈은 오랫동안 중개무역을 독점하였다.

는 자본은, 예컨대 한국 상품을 일본으로 보내고 일본 상품을 한국으로 가져오게 함으로써, 하나의 국내 자본과 하나의 외국 자본을 유지하는 역할을 합니다. 중개무역에 종사하는 자본은 일본과 중국 사이의 무역을 중개하기 때문에, 두 외국 자본을 유지하게 됩니다.

따라서 한 나라의 국내 상업에 사용된 자본은 일반적으로 국내 소비를 위한 대외무역에 사용된 동일한 양의 자본보다 많은 양의 생산적 노동을 유지하며, 연간 생산물의 가치를 더 크게 증가시킵니다. 그리고 국내 소비를 위한 대외무역에 사용된 자본은, 국내의 생산적 노동을 유지하고 연간 생산물의 가치를 증가시킨다는 측면에서, 중개무역에 사용된 같은 금액의 자본보다 훨씬 큰 이점을 가지고 있습니다(456쪽).

셋째로 제조업자의 자본의 일부는 고정자본*으로서 생산도구에 투하되어, 자기에게 생산도구를 판매하는 다른 수공업자의 자본을

* 건물이나 기계 등에 투자되는 자본

이윤과 함께 보상합니다. 유동자본*의 일부는 원료를 구입하는 데 사용되어, 자기에게 원료를 판매하는 농업자본가·광부의 자본을 이윤과 함께 보상합니다.

그러나 대부분의 유동자본은 제조업자가 고용하는 여러 노동자들 사이에서 매년 또는 더 짧은 기간에 임금으로 지출됩니다. 제조업자의 자본은 노동자들의 임금과 제조업자의 이윤만큼 연간 생산물의 가치를 증가시킵니다. 그러므로 제조업자의 자본은 도매상의 손에 있는 동일한 양의 자본이 하는 것보다 훨씬 많은 양의 생산적 노동을 직접 사용하며, 훨씬 큰 가치를 사회의 토지·노동의 연간 생산물에 부가합니다(445쪽).

끝으로 농업에 대한 평가입니다. 이 평가는 상당한 오류를 지니고 있기 때문에, 스미스의 이야기를 좀 더 쉽게 풀어볼 필요가 있습니다. 그는 다음과 같이 이야기합니다.

동일한 금액의 자본으로 농업자본가의 자본보다 더 많은 양의 생산적 노동을 사용하는 것은 없다. 농업자본가의 노동자뿐만 아니라 역축(농사를 짓거나 수레로 짐을 나를 때 이용하는 소, 말 따위의 가축), 즉 일하는 말과 소도 생산적 노동이다. 농업에서는 자연도 인간과 더불어 노동한다. 자연의 노동은 비용이 전혀 들지 않지만, 자연의 노동이 만든 생산물은 노동자의 가장 비싼 생산물처럼 가치를 가진다.

농업에 사용되는 노동자와 역축은 제조업에 고용된 노동자와 마찬

206

가지로 그들 자신의 소비 또는 그들이 고용하는 자본에 해당하는 가치를 소유자의 이윤과 함께 재생산할 뿐만 아니라, 그보다 더 큰 가치를 재생산한다. 왜냐하면 노동자와 역축은 농업자본가의 자본·이윤 이외에 지주의 지대를 규칙적으로 재생산하기 때문이다. 이 지대는 지주가 농업자본가에게 대부한 자연력의 생산물로 간주될 수 있다. 지대는 토지의 힘, 또는 다른 말로 하면 토지의 자연적 또는 인공적 비옥도에 따라 커지거나 작아진다.

그러므로 농업에 사용된 자본은 제조업에 사용된 동일 규모의 자본보다 더 많은 양의 생산적 노동을 사용할 뿐만 아니라, 농업자본가가 고용하는 생산적 노동량에 비해 훨씬 더 큰 가치를 그 나라의 토지·노동의 연간 생산물, 즉 주민의 진정한 부와 소득에 부가한다. 따라서 자본이 사용되는 모든 방법 중에서 농업에 대한 투자가 가장 유리한 방식이다(445-447쪽).

위와 같은 평가에 따라, 생산적 노동의 사용에 가장 크게 기여할 뿐만 아니라, 연간 생산물의 가치에 가장 크게 기여하는 투자의 순서는, 제1위인 농업으로부터 '제조업→도매업(국내 상업→국내 소비를 위한 대외무역→중개무역)→소매업'이라고 스미스는 주장합니다.

농업이 투자 우선순위에서 제1위를 차지한 이유는 농업이 제조업과 달리 농업자본가의 자본을 보충하고, 자본에 대한 이윤뿐만 아니라 지주를 위한 지대까지 낳기 때문이라고 스미스는 주장합니다. 하지만 이 주장과 농업에 관한 이야기에는 매우 큰 오류가 있습니다.

먼저 농업에 관한 스미스의 이야기를 검토해 봅시다. 역축을 '생산적 노동자'로 표현하면, 역축이 삼키는 먹이를 역축의 '임금'이라고 표현할 수밖에 없는데, 이렇게 말할 수 있을까요? 사실상 역축을 구입하기 위해 지급한 자본은 기계의 구입에 지출한 자본과 마찬가지로 고정자본이고, 역축의 사료는 기계에 필요한 기름과 마찬가지로 유동자본입니다.

따라서 역축이 새로운 가치를 창조하는 것이 아니라, 농업노동자가 역축을 부림으로써 역축의 감가상각비와 유지비를 생산물의 가치에 옮길 뿐입니다. 역축에 투자한 자본은 새로운 가치를 창조하는 힘을 가지지 않습니다.

그리고 공짜로 이용할 수 있는 자연(예를 들어 공기·햇빛·물 등)은 생산물의 '생산'에는 기여하지만, 생산물의 '가치'를 형성하는 요인이 될 수는 없습니다. 왜냐하면 우리는 돈을 내지 않고 자연을 공짜로 이용하기 때문이며, 또한 생산물의 가치에 '자연의 가치'를 얼마로 넣을 것인가를 모르기 때문입니다.

항상 기억해야 할 것은, 노동자는 노동을 통해 기계와 원료의 가치를 생산물에 옮길 뿐만 아니라 새로운 가치를 창조한다는 사실이며, 따라서 생산물의 가치는 이렇게 '옮겨진 가치+새로 창조된 가치'로 구성된다는 사실입니다. 그러므로 지주가 받는 지대는 역축이나 자연이 창조한 가치가 아닙니다.

그리고 "지대는 토지의 힘, 또는 다른 말로 하면 토지의 자연적 또는 인공적 비옥도에 따라 커지거나 작아진다"라는 스미스의 주장도 옳지 않습니다. 그 이유를 설명하겠습니다. 4부 2장(지주의 지대와 사회의 일반적 이익)에서 말한 바와 같이, 스미스는 지주가 받는 지대를 "가장 나쁜 토지라도 그 토지의 사용에 대해 농업자본가가 지주에게 바쳐야만 하는 절대지대"로 국한하고 있습니다.

그렇다면 이 절대지대는 토지의 비옥도와 전혀 관계가 없고, 대지의 일부를 자기의 사적 소유로 삼은 것, 즉 토지의 사적 소유자에게 농업자본가가 바치는 공물에 지나지 않습니다. 왜냐하면 비옥도나 위치가 좋거나 나쁘거나 관계없이 일률적으로 토지소유자에게 지대를 바치지 않으면 토지를 사용할 수 없기 때문입니다.

또한 농산물의 가격도 절대지대만큼 상승하게 됩니다. 가장 나쁜 토지를 빌린 자본가가 자기의 자본을 회수하고 그것에 대한 평균이윤을 얻는 수준에서 농산물의 가격을 결정할 수가 없고, 지주에 대한 절대지대를 농산물의 가격에 추가해야 하기 때문입니다. 다시 말해 토지의 사적 소유를 통해 지주는 농산물을 소비하는 모든 사람들에게 절대지대만큼의 희생을 강요하는 셈입니다.

그런데 스미스는 생각하지 못했지만, 비옥도가 다른 토지를 가진 지주들은 상이한 크기의 지대를 얻을 수 있습니다. 이미 4부 2장에서 설명한 바와 같이, 비옥한 토지를 가진 지주는 차액지대를 얻습니다(차액지대의 예는 4부 2장에도 있지만, 여기에서는 조금 다른 각도에서 다룬다).

이 지대는 어디로부터 나온 것일까요? 토지의 자연적인 비옥도에서 나온 걸까요, 아니면 쌀 1가마의 가격이 결정되는 특수한 방식으로부터 나온 걸까요? 답은 쌀 1가마의 가격이 결정되는 특수한 방식으로부터 지주가 얻는 지대가 나온다는 것입니다.

앞에서 나온 것처럼 비옥도가 다른 두 토지(갑과 을)가 있을 때, 1년에 100원을 투자하여 토지 갑은 1년에 1가마의 쌀을 생산하고 토지 을은 3가마를 생산하며, 사회적 평균이윤율은 10퍼센트라고 해 봅시다. 나쁜 토지 갑에서 생산된 쌀 1가마의 가격 110원(=투자자본 100원+이윤 10원)이 쌀의 판매가격이 되지 않는다면, 토지 을의 소유자는 차액지대 220원[(=110원×3가마)-(투자자본 100원+이윤 10원)]을 얻을 수 없습니다.

쌀 1가마의 가격이 결정되는 다른 방식을 생각해 봅시다. 쌀 4가마 모두를 생산하는 데 드는 총 투자자본은 200원이고 이에 대한 총 이윤은 20원(=200원×10%)이므로, 쌀 4가마의 가격은 220원이면 충분할 것이고, 이렇게 되면 쌀 1가마의 판매가격은 110원이 아니라 55원(=220원/4가마)이 될 것입니다.

쌀 1가마를 55원에 판다면, 토지 갑을 경작한 농업자본가는 100원을 투자하여 오직 55원을 얻기 때문에 45원의 손해를 볼 것입니다. 그리고 토지 을을 경작한 농업자본가는 3가마를 팔아 165원을 얻고, 거기에서 투자자본 100원과 평균이윤 10원을 뺀 55원의 초과이윤을 얻게 되지만, 이 초과이윤은 지주에게 줄 수가 없습니다. 지주에게 지대로 주면 갑을 경작하던 자본가가 손해를 보아 경작을 중단하게 됨으로써, 이 사회의 쌀 수요량인 4가마를 채울 수가 없기 때문입니다. 토지 을을 경작한 농업자본가가 초과이윤 55원을 모두 토지 갑을 경작한 자본가에게 주어야만, 토지 갑을 경작하는 자본가가 손해 45원을 메우고 평균이윤 10원을 얻게 되어 매년 1가마의 쌀을 공급하게 될 것입니다.

쌀 가격이 이렇게 결정되면, 지주는 지대를 얻지 못합니다. 결국 토지는 지주의 사적 소유가 되지 않고, 국가 또는는 공동체의 공동소유로 넘어가게 될 것입니다. 쌀 1가마의 값은 110원에서 55원으로 하락하면서 지주의 지대는 사라질 것인데, 그렇다 하더라도 토지의 자연적인 비옥도는 그대로 있기 때문에, 지대가 토지의 자연적인 비옥도에서 나온다고 이야기하는 것은 옳지 않다는 말이 됩니다.

끝으로 농업에서는 상업자본가가 얻는 이윤 이외에도 지주가 지대를 얻기 때문에, 농업에 투자된 자본은 제조업에 투자된 자본보다 더 큰 가치를 생산한다는 스미스의 논의도 옳지 않습니다. 기본적으로 농업노동자가 창조한 새로운 가치(또는 부가가치)가 임금·평균이윤·지대로 분배되는 것이며, 노동자가 창조한 부가가치 이외에 '어떤 신비스러운 원천에서 창조된' 지대가 농산물에 추가되는 것은 아닙니다.

인간의 천성에 따른 투자 우선순위

스미스는 앞에서 국부를 증진시키는 데 가장 유리한 투자 우선순위는, 제1위부터 말하면 '농업→제조업→도매업(국내 상업→국내 소비를 위한 대외무역→중개무역)→소매업'이라고 했는데, 이때 기준으로 삼은 것은 각각의 투자가 얼마나 큰 생산적 노동을 사용하는가 하는 것이었습니다. 그리고 스미스는 다시, 이런 우선순위는 인간의 자연적 천성에도 꼭 들어맞는다고 말합니다. 이리하여 이 투자 우선순위를 국부증진을 위한 '자연적인 순서' 또는 '자연적인 진행과정'이라고 부르고 있습니다.

왜 '인간의 자연적 천성'을 들먹이게 된 것일까요? 정부가 경제에 개입하지 않고 개인들에게 맡겨두면, 인간의 자연적 천성에 따라 투자가 국부를 가장 크게 증가시키는 산업부문들로 자연스럽게 향하게 된다는 것을 강조하기 위해서입니다. 그런데 누가 인간의 자연적 천성을 알고 있는지가 항상 궁금하지 않으세요? 스미스의 주장을 들어봅시다.

사물의 본성상 생필품이 편의품·사치품에 우선하는 것과 같이, 생필품을 생산하는 산업은 편의품·사치품을 생산하는 산업에 반드시 우선해야 한다. 그러므로 생필품을 공급하는 농촌의 경작·개량은 편의와 사치의 수단을 제공할 뿐인 도시의 성장에 반드시 우선하지 않으면 안 된다. (…)

만약 인간의 이러한 자연적 성향이 인간이 만든 제도에 의해 방해받지 않았다면, 어디에서나 도시의 발전은 주변 지역의 개량·경작이 유지할 수 있는 한도를 초과하지 못했을 것이다. 즉 적어도 모든 주변 지역이 완전하게 경작되고 개량될 때까지는 도시가 성장하지 못했을 것이다. (…)

동일한 또는 거의 동일한 이윤이라면, 대부분의 사람들은 자신의 자본을 제조업이나 대외무역보다는 토지의 개량·경작에 사용할 것이다. 자신의 자본을 토지에 사용하는 사람은 그 자본을 자신의 감시·통제하에 둘 수 있고, 그의 재산은 무역업자의 그것에 비해 여러 가지 사고를 당할 위험이 적다.

왜냐하면 무역업자는 자기의 재산을 흔히 풍파에 맡겨야 할 뿐만 아니라, 그들의 성격·사정을 완전히 알 수 없는 먼 나라의 사람들에게 신용(외상)을 줘야 함으로써, 인간의 어리석음·부정과 같은 더 불확실한 요소에 맡기지 않을 수 없기 때문이다.

반대로 토지 개량에 고정되어 있는 지주의 자본은 인간사가 허용할 수 있는 최대의 안전성을 가진 것처럼 보인다. 게다가 시골의 아름다움, 시골생활의 즐거움, 시골생활이 약속하는 마음의 평온, 그리고 인간들이 만든 법률의 불공정함이 그것에 간섭하지 않는 한 시골이 제공하는 독립감, 이러한 모든 것은 사람들을 다소간 끌어들이는 매력을 가지고 있다. 땅을 경작하는 것이 인간의 원초적 운명이었으므로, 인간 역사의 모든 단계에서 인간은 원시적 직업에 대해 일종의 편애를 가지고 있는 듯하다(464-465쪽).

이와 같은 주장은 객관적이고 과학적인 분석과는 거리가 있어 보입니다. 오히려 스미스가 가진 천성이나 편견을 드러내는 것 같기도 합니다. 특히 지금과 같은 시대에 살았다면, 농촌에서 농사를 짓는 것이 인간의 천성에 꼭 들어맞는다고 독자들에게 '농촌으로 돌아가자'라고 강력 추천하지는 못할 것입니다.

인간의 천성이 변한 것일까요? 아니면 인간의 천성은 원래부터 정해져 있지 않고, 인간의 정신은 육체와 함께 붙어서 존재하기 때문에 각 시대의 변화를 잘 수용하고 있다고 말해야 할까요? 스미스의 이야기를 계속 들어봅시다.

각 개인은, 그가 지배할 수 있는 자본이 가장 유리하게 사용될 수 있는 방법을 찾으려고 부단히 노력한다. 사실 그가 고려하는 것은 자기 자신의 이익이지 사회의 이익은 아니다. 그러나 자기 자신의 이익을 추구하는 것이 자연스럽게 또는 오히려 필연적으로, 그로 하여금 사회에 가장 유익한 사용방법을 채택하도록 한다.

첫째, 각 개인은 만약 자본의 보통이윤 또는 보통이윤보다 아주 적지 않은 이윤을 얻을 수만 있다면, 가능한 한 자기 집에 가까운 곳, 따라서 가능한 한 본국 노동의 유지를 위해 자기의 자본을 사용하려고 노력한다. 이윤이 같거나 거의 같다면, 모든 도매상들은 자연히 국내 소비를 위한 대외무역보다는 국내 상업에 종사하고 싶어하며, 중개무역보다는 국내 소비를 위한 대외무역에 종사하고 싶어 한다. (…)

둘째, 본국 노동의 유지에 자기의 자본을 사용하는 각 개인은, 반드시 그 생산물이 가능한 한 최대의 가치를 갖도록 노동을 지휘하려고 애쓴다(549-551쪽).

그러나 이런 '국부 증진을 위한 자연적인 순서'는 정부의 경제정책, 즉 자연히 저절로 흘러드는 것보다 더 큰 규모의 자본을 특정 부문에 흘러가도록 강제하거나 유인하는 정책에 의해 크게 왜곡되었습니다.

유럽의 모든 근대 국가에서는 이 순서가 많은 측면에서 완전히 전도되었다. 먼저 약간의 외국무역을 하는 도시가 좀 더 정교한 제조업이나 원거리 판매에 적합한 제조업을 도입했으며, 그다음으로 제조업과 외국무역이 농업에서의 주요한 개량을 야기했다. 최초에 그들을

214

다스렸던 통치의 성격으로부터 유래되어, 그 통치가 크게 바뀐 뒤에
도 여전히 남아 있던 풍습과 관습이 이러한 부자연스럽고 퇴보적인
순서를 이들 나라에 강요한 것이다(468쪽).

유럽 대부분의 지역에서 도시의 상업·제조업은 시골의 개량·경작
의 결과가 아니라, 그 원인이었다. 그러나 이러한 순서는 사물의 자연
적인 진행과정과 반대되므로, 필연적으로 느리고 불확실하다. 상업과
제조업에 부를 크게 의존하고 있는 유럽 나라들의 느린 진보와 부가
전적으로 농업에 의거하고 있는 북아메리카 식민지의 빠른 진보를
비교해 보라(508-509쪽).

스미스, 마르크스, 케인스

스미스, 마르크스, 케인스 세 인물을 비교해 봅시다. 먼저 출신 성분은 어떨까요? 스미스는 1723년 6월 5일에 스코틀랜드 커콜디에서 유복자로 태어났습니다. 아버지는 커콜디의 세관 공무원이었고, 어머니는 그 지방의 지주 가문 출신이었습니다. 마르크스는 1818년 5월 5일에 독일 서부의 트리어에서 유대인 법률가의 아들로 태어났습니다. 케인스는 마르크스가 죽은 해인 1883년 6월 5일에 영국 케임브리지에서 태어났으며, 아버지는 케임브리지 대학교 교수였고 어머니는 케임브리지 시장에 당선되기도 했습니다. 성장기까지는 케인스, 마르크스, 스미스의 순서로 부모의 도움을 받았습니다.

결혼 관계를 봅시다. 스미스는 처음부터 끝까지 독신으로 일생을 마쳤고, 케인스는 젊었을 때는 동성애자로 지내다가 42세에 소련의 발레리나와 결혼했으며, 마르크스는 25세에 결혼하여 평생을 함께 살았습니다. 케인스의 애인(남자 애인 덩컨과 여자 애인 리디아 모두)은 "교육을 받지 않은 사람들이었고, 그들의 태도는 시원스럽고 생기발랄하며 예측할 수 없었습니다. 케인스는 질이 낮은 자신의 스타일을 싫어했습니다."Robert

Skidelsk, John Maynard Keynes: 1883-1946. *Economist, Philosopher, Statesman*, Pan Books, 2004. p.301.

케인스는 아이를 가지지 않았습니다. 마르크스는 아이를 7명 낳았지만, 열 살 이상 산 아이는 3명의 딸뿐이었습니다. 하지만 하나의 비화도 있습니다. 마르크스 부인이 결혼할 때 데려온 가정부가 1851년 6월 23일에 남자아이를 낳아 다른 집에 양자로 준 일이 있습니다. 당시 결혼하

216

지 않은 엥겔스는 그 아이가 자기 아이라고 이야기했지만, 죽을 때는 그 아이가 마르크스의 아이였다고 고백했습니다.

직업을 비교해 봅시다. 스미스는 글래스고 대학교의 교수, 귀족의 가정교사, 관세청장을 하다가 67세의 나이로 세상을 떠났습니다. 마르크스는 대학을 졸업하고 고정적인 직업을 얻지 못하고 망명을 다니다가, 1849년 8월에 31세의 나이로 런던에 영주하게 됩니다. 1851년부터 1862년까지《뉴욕 데일리 트리뷴》의 유럽 문제 기고자라는 직업이 처음이자 마지막인 정규직이었지만, 돈 많은 동지인 엥겔스로부터 끊임없이 생활비를 받아 썼습니다. 『자본론』이 출간된 뒤에도 생활에 큰 도움이 되었다는 이야기는 없고, 평생을 어렵게 살다가 1883년 3월 14일에 65세의 나이로 죽었습니다.

케인스는 대학 졸업 후 영국의 재무부 관리가 되었다가 그만두고 케임브리지 대학교의 전임강사 생활을 오래 했습니다. 그러다가 제1차 세계대전이 일어나자 재무부 장관의 고문이 되어 1919년의 파리평화회의에 영국 대표로 참가했습니다. 그 뒤에도 1930년대의 대공황 문제, 제2차 세계대전의 전쟁비용 조달(미국으로부터의 원조 등), 그리고 전후 국제통화와 경제 부흥 문제(국제통화기금 창립 등)에 관여하다가, 1946년 4월 21일에 63세의 나이로 죽었습니다.

이들이 어떤 형태의 새로운 사회를 기대하고 있었는가를 봅시다. 스미스는 개인이 정의의 원칙을 지키면서 자기 이익을 추구하는 자유로운 사회를 희망했고, 케인스는 실업자가 없고 소득분배의 불평등이 매우 낮은 자본주의 사회를 기대했으며, 마르크스는 인간에 의한 인간의 착취가 없으며 인류가 공동으로 자유롭고 평등하게 살아가는 사회를 꿈꾸었습니다.

6부

중상주의와
중농주의

스미스에 따르면 중상주의의 두 원칙은 '국부는 금은으로 구성된다'는 원칙과 '광산이 없는 나라에서 금은은 수입보다 더 큰 수출, 즉 무역흑자에 의해서만 얻을 수 있다'는 원칙입니다. 그러므로 금은 광산이 없는 나라를 부유하게 하는 2개의 큰 엔진은 수입에 대한 제한조치와 수출에 대한 장려책이었습니다. 스미스는 수입 제한과 수출장려의 두 측면을 가진 중상주의 정책들을 비난한 뒤에, 정부가 중상주의 정책들을 폐기하고 개인들에게 경제문제를 맡길 것을 주장합니다.

금과 은은 국부를 증가시킬 수 없는가

스미스는 국부는 토지와 노동의 연간 생산물이라고 말하면서, 금은을 국내에 대규모로 모아두는 것은 국부를 오히려 감소시킨다고 말합니다. 물론 스페인과 포르투갈의 경우를 보면, 국내에 금은이 너무 많아 공산품과 농산물의 가격을 상승시킴으로써 타국의 상품들이 쉽게 시장을 차지하게 되어 자국의 공업과 농업이 쇠퇴하게 되었음을 곧 이해할 수 있습니다.

그러나 스미스의 논의에는 금은의 증가가 곧 금화나 은화의 증가로 이어지고, 금화와 은화의 증가는 곧 물가를 상승시킨다는 가정이 깔려 있는 듯합니다. 사실은 그렇지 않습니다. 금과 은이 많이 들어오면 금화와 은화를 더 많이 만들 수도 있지만, 금은 장식품·사치품·금은도금 등에 사용될 수도 있으며 나머지는 금은 덩이로 금고에 보관될 수도 있습니다. 따라서 금은의 수입 증가가 곧 금은화의 증가로 나타난다는 가정은, 금은을 상품들을 유통시키는 수단으로만 지나치게 일면적으로 파악했기 때문이 아니었는지 의심스럽습니다.

재산을 축적하는 수단으로 금은을 금고에 넣어둘 수 있으며, 해외에 대부해서 이자를 얻을 수도 있을 것입니다.

마찬가지로 금은화의 증가가 곧 물가를 상승시킨다는 가정도 좀 지나쳤다고 생각합니다. 왜냐하면 금은을 금은화로 만들어 공업이나 농업에 투자하려 할 가능성도 충분히 있기 때문입니다. 이렇게 투자한다면 생산물이 증가할 것이고, 따라서 물가는 오히려 하락할 가능성도 있기 때문입니다.

특히 스페인과 포르투갈 정부가 금은을 국내 산업에 투자해서 국산품을 해외에 수출함으로써 더욱 많은 금은을 모으겠다고 계획했다면, 금은은 세계화폐였으므로 세계 어느 곳에서나 스페인과 포르투갈이 원하는 기계나 원료 등 생산재를 살 수 있었을 것입니다.

따라서 문제는 '왜 스페인과 포르투갈이 그렇게 많은 금은을 국내 산업에 투자하려고 하지 않았는가?'가 될 것입니다. 가장 큰 이유는 전쟁이었던 것 같습니다. 15세기와 16세기 지리적 대발견 시대에 스페인과 포르투갈은 아메리카·아시아·아프리카에 걸치는 세계 제국으로 등장했습니다.

그러나 세계에 걸쳐 있는 식민지들을 방위·보호하기 위해서는 거대한 군사비가 필요했으며, 더욱이 17세기와 18세기가 되면 네덜란드·영국·프랑스가 후추 무역과 노예 무역에서 강력한 경쟁자로 등장하기 때문에 군사비를 점점 더 지출하게 되었던 것입니다. 결국 식민지 수탈과 무역을 통해 살아온 나라들이기 때문에 국내 산업에는 사실상 역점을 둘 수 없었고, 국내 산업이 취약하니까 더욱더 투자를 할 수 없었던 듯합니다.

01

중상주의의 두 원칙

스미스에 따르면, 중상주의의 두 원칙은 '국부는 금은으로 구성된다'는 원칙과 '광산이 없는 나라에서 금은은 수입보다 더 큰 수출, 즉 무역흑자에 의해서만 얻을 수 있다'는 원칙입니다(546쪽). 그러므로 금은 광산이 없는 나라를 부유하게 하는 두 개의 큰 엔진은 수입에 대한 제한조치와 수출에 대한 장려책이었습니다. 스미스는 다음과 같이 설명합니다.

수입에 대한 제한조치에는 두 종류가 있었습니다. 첫째로 국내 소비용 외국 재화가 국내에서 생산될 수 있는 것이라면, 그 외국 재화의 수입을 제한하는 것입니다. 둘째로 어떤 나라와의 무역에서 본국이 적자를 내고 있다면, 그 나라로부터는 거의 모든 종류의 재화 수입을 제한하는 것입니다.

이러한 수입제한은 때로는 높은 관세*에 의해, 때로는 완전한 금

* 국내 산업을 보호하기 위해 법률에 의거하여 수입품목에 부과하는 조세

중상주의 시대의 프랑스 항구도시
16세기 말에서 18세기까지 유럽에서는 중상주의가 지배적이었다.

지에 의해 이루어졌습니다. 그에 반해 수출은 때로는 세금 환불[*]에 의해, 때로는 장려금에 의해, 때로는 외국과의 유리한 통상조약[**]에 의해, 때로는 먼 나라에 식민지를 건설하는 것으로써 촉진되었습니다(546쪽).

스미스는 이런 두 종류의 수입제한과 네 가지의 수출장려책이 금은을 본국에 가져오느냐 아니냐를 따지기보다는, 그 정책들 각각이 본국의 연간 생산물에 미치는 영향을 주로 고찰했습니다.

[*] 해당 상품을 수출하는 경우 이미 지급한 세금을 되돌려받는 것
[**] 주로 두 나라 사이에 경제·통상 관계에 대하여 법적인 규제를 가하기 위해 체결하는 조약

금은의 과잉 보유와 국제경쟁력

스페인과 포르투갈이 금은을 많이 가지게 된 것은, 그들의 식민지가 수많은 금은 광산을 가졌기 때문입니다. 그러나 이 막대한 금은 때문에, 그들의 농업과 제조업은 오히려 쇠퇴하여 국부가 감소했다고 스미스는 주장합니다(622-625쪽). 그 이유는 무엇이었을까요?

스페인은 금은의 수출에 세금을 부과함으로써 그리고 포르투갈은 금은의 수출을 금지함으로써, 두 나라에서는 토지·노동의 연간 생산물에 대한 금은(물론 금은은 주화에만 사용되는 것이 아니라, 장식품·식기·도금으로도 사용된다. 그러나 주화가 부족하면, 장식품·식기 등을 녹여 주화를 만든다)의 비율이 다른 나라들에 비해 매우 높았습니다.

이리하여 금은은 매우 싸지고, 금은의 구매력은 저하하였으며, 모든 상품들의 가격은 크게 상승하였습니다. 이러한 이유 때문에 두 나라의 농업과 제조업은 국제경쟁력을 잃고 침체하게 된 것입니다. 스미스의 이야기를 들어봅시다.

금은이 풍족하기 때문에 필연적으로 다른 모든 상품의 가격이 상승함으로써, 스페인과 포르투갈의 농업·제조업은 위축될 수밖에 없었다. 왜냐하면 외국은 각종 천연생산물과 거의 모든 종류의 제조품을 스페인과 포르투갈보다 더 싼 가격으로 생산할 수 있었기 때문이다. 금은의 수출에 대한 과세(세금을 정하여 의무적으로 부과하는 것을 말한다)와 수출 금지는 두 가지의 상이한 방식으로 작용한다.

224

그것들은 스페인과 포르투갈에서 귀금속의 가치를 크게 저하시켜 국내의 물가를 상승시킬 뿐만 아니라, 다른 나라로 흘러들어가야 할 일정량의 금은을 국내에 보유함으로써 다른 나라 금은의 가치를 그렇지 않을 경우에 비해 상승시켜 다른 나라의 물가를 저하시키게 된다. 따라서 외국은 스페인·포르투갈과 이루어지는 무역에서 이득을 보게 된다(624쪽).

하나는 스페인과 포르투갈에 금은이 너무 많아 상품 가격이 너무 비싸기 때문에, 외국에서 두 나라로 상품을 쉽게 수출하게 됨으로써 얻는 이득입니다. 그리고 다른 하나는 금은이 외국으로 나가는 것을 그대로 두었다면 외국의 상품 가격도 올라갔을 텐데, 금은의 유출을 막았기 때문에 외국의 상품 가격이 더 낮아져서 외국은 수입보다 수출을 증가시킴으로써 이득을 보게 되었다는 것입니다.

금은의 수출 자유화

이렇기 때문에 스미스는 두 나라의 정부에 금은의 수출을 자유화하라고 권고합니다. 금은이 외국으로 유출되면 곧 상품들의 가격이 저하하지만, 모든 상품들의 가격이 저하하기 때문에 실질적인 변화는 없을 것입니다. 그런데 금은을 해외로 보내면서 기계와 원료 및 생필품을 수입하기 때문에 두 나라의 농업과 제조업을 육성할 수 있게 될 것이고, 국부가 크게 증가하여 인민대중의 삶이 부유해질 것입니다. 스미스는 다음과 같이 말합니다.

금은의 수출에 대한 과세와 수출 금지를 제거한다면 스페인과 포르투갈에서는 금은의 양이 크게 줄어들 것이고, 다른 나라에서는 어느 정도 늘어날 것이며, 이리하여 토지·노동의 연간 생산물에 대한 금은의 비율은 곧 같아지거나 거의 비슷하게 될 것이다. 스페인과 포르투갈이 금은의 수출에 의해 입는다고 말하는 손실은 전적으로 명목적이거나 거짓말이다. 두 나라의 상품 및 토지·노동의 연간 생산물 명목가치는 떨어질 것이고, 전보다 더 적은 금은에 의해 표시되거나 대표될 것이다.

그러나 그것들은 전과 동일한 양의 노동을 구매하거나 고용할 수 있다. 그리고 외국으로 나가는 금은은 공짜로 나가는 것이 아니라, 동일한 가치의 각종 상품들을 가져온다. 아마도 이러한 상품의 대부분 또는 일정 부분은 근로인민의 고용과 유지를 위한 원료·도구·식료품으로 이루어질 것이며, 근로인민은 그들이 개인적으로 소비한 식료품의 가치와 생산적으로 소비한 원료·도구의 가치 등 모든 가치 전체를 이윤과 함께 재생산할 것이다.

따라서 사회의 금은 중 일부는 활동적인 자본으로 대체될 것이고, 전보다 더 많은 양의 노동을 활동하게 할 것이다. 그들의 토지·노동의 연간 생산물은 즉각적으로 조금밖에 증가하지 않겠지만, 아마 몇 년 안에는 크게 증가할 것이다. 왜냐하면 산업이 현재 자신을 억누르고 있는 가장 무거운 짐의 하나로부터 벗어나기 때문이다(624-625쪽).

결국 스미스는 금은과 같이 귀금속이 국부가 아니라 토지·노동의 연간 생산물이 국부라는 것을 다시 확인하면서, 귀금속을 지나치게 많이 보유하는 것은 국내 물가를 상승시켜 국내의 농업과 제조업 및 상업을 망치게 된다고 주장합니다.

02

중상주의 비판

중상주의 경제정책은 두 종류의 수입제한조치와 네 가지의 수출 장려책을 실시했습니다. 하지만 스미스는 이에 대해 하나씩 예를 들어가면서 불합리하다고 비판합니다. 스미스의 이야기를 들어봅시다.

자유무역 옹호

스미스는 국내에서 생산할 수 있는 재화를 외국에서 수입하는 것에 대한 제한은 쓸모없거나 해롭다고 말합니다. 국내에서 생산할 수 있는 재화의 수입을 높은 관세나 절대적 금지에 의해 제한하면, 이 재화를 생산하는 국내 산업은 국내 시장에서 다소간 독점권을 가지게 됩니다(548쪽). 그런데 국내의 특정한 제조업자에게 국내 시장의 독점권을 부여하는 것은 각 개인에게 그들의 자본을 어떻게 사용해야 하는가를 지시하는 것으로서, 거의 모든 경우 쓸모없거나 유해한 규제임에 틀림없습니다.

만약 국산품이 외래품만큼 싸게 공급될 수 있다면, 이러한 규제는 명백히 쓸모없어집니다. 그리고 만약 외국이 우리가 스스로 제조하는 것보다 더욱 값싸게 상품을 공급할 수 있다면, 우리가 비교우위를 가진 국산품의 일부로 그것을 사는 것이 더욱 유리합니다(553-554쪽).

또한 스미스는 영국이 무역적자를 내는 나라로부터 상품을 수입하지 못하도록 제한하는 것은 말이 되지 않는다고 비판합니다(575-577쪽). 첫째로 예컨대 한국과 중국이 자유무역을 하는 경우 중국이 무역흑자를 내는 것이 확실하다 하더라도, 이 무역이 한국에 불리하거나 무역적자를 더욱 확대시킨다고는 도저히 생각할 수 없기 때문입니다.

만약 중국산 강철이 일본산 강철보다 싸고 좋다면, 중국이 무역흑자를 내더라도 중국산 강철을 수입해야 할 것입니다. 둘째로 중국으로부터 수입한 재화의 대부분이 다른 나라로 재수출되어 거기에서 이윤을 남기고 팔린다면, 중국산 상품의 수입 대금은 다시 국내로 들어올 것이기 때문입니다.

그리고 무역차액설*은 엉터리라고 스미스는 비판합니다. 무역차액설에 따르면, 서로 무역하는 두 나라 A와 B의 무역수지가 균형을 이룬다면 A와 B 어느 나라도 이익을 보거나 손실을 보지 않는 반면, A가 무역적자를 낸다면 A는 손실을 보고 B는 이득을 얻는다고 가정합니다. 스미스는 이 두 가정이 엉터리라고 말합니다(594쪽).

* 중상주의 시대의 경제이론으로, 수출은 장려하고 수입은 억제하여 무역 차액으로 금은을 가져와야 한다는 주장을 말한다.

　첫째로 무역수지가 균형을 이루고 있더라도 A와 B가 모두 자국 상품만을 수출한다면, 두 나라는 모두 자기들의 잉여생산물을 팔기 때문에 이익을 얻을 뿐만 아니라 이윤도 균등할 것입니다(595쪽). 둘째로 A는 자국 상품만을 수출하고 B는 외국 상품만을 수출한다면, 무역수지는 균형을 이루더라도 자국 상품만을 수출하는 A의 주민이 무역에서 더욱 큰 소득을 올릴 수 있을 것입니다(595쪽).

　무역차액설은 이웃 나라를 가난하게 만드는 것이 자기 나라에 이익이 된다고 가르칩니다(600쪽). 그러나 이웃 나라가 부유한 것은, 전쟁에서는 위험하지만 무역에서는 확실히 유리합니다(601쪽). 거리가 가까운 프랑스와 무역하는 것은 아메리카와 무역하는 것보다 영국에 훨씬 더 유리합니다. 영국의 남부 해안과 프랑스의 북부·북서부 사이의 무역은 국내 상업과 같이 1년에 4~6회의 자본회전*을 기대할 수 있습니다. 따라서 프랑스와 무역하는 데 투자된 자본은 그 밖의 외국 무역에 투자된 같은 금액의 자본에 비해 4~6배나 많은 노동자들에게 일자리를 제공할 수 있습니다(603쪽).

　이렇게 본다면, 무역차액설을 최초로 발명·전파한 것이 상인이나 제조업자 들의 비열한 탐욕과 독점욕 때문이었음은 의심의 여지가 없으며(600쪽), 수입제한은 일부 상인과 제조업자를 이롭게 할 뿐이라고 스미스는 주장합니다. 상인과 제조업자는 고율의 수입 관세와 수입 금지에 의해 국내에 제조품(또는 공산품)이 모자라서 높은 가격을 받을 수 있기 때문에, 목축업자와 농업경작자보다 훨씬 더 큰

---

* 화폐를 투자한 뒤 그 화폐를 다시 회수하는 것을 일컫는다.

이익을 얻는다는 것입니다.

반면 수입을 제한하지 않으면 제조품, 특히 매우 정교한 제조품은 곡물이나 가축보다 훨씬 쉽게 한 나라에서 다른 나라로 운송되므로(556쪽), 조금이라도 경쟁력이 높은 외국 제조업자는 국내 시장에서 국내 제조업자보다 더 싸게 팔 수 있어 상인과 국내 제조업자는 큰 손실을 보게 될 것입니다. 만약 외국 제조품의 자유로운 수입이 허용된다면 일부 국내 제조업은 아마도 고전할 것이고 또 일부는 완전히 파산할 것이므로, 현재 제조업에 사용되고 있는 자본·노동의 상당한 부분은 다른 사업을 모색하지 않으면 안 될 것이라고 스미스는 생각합니다(557쪽).

특히 스미스는 대규모로 무역적자를 내면서도 빠른 속도로 번영하고 있는 북아메리카의 경우를 어떻게 설명할 수 있을지 중상주의자들에게 묻습니다. 북아메리카는 영국으로부터 기계와 원료 등을 대규모로 수입함으로써 항상 무역적자를 내었고, 더욱이 영국으로부터 거액의 자금을 차입하기도 했습니다. 이리하여 생산기반을 공고히 하고 생산액이 소비액을 초과하는 차액을 저축하여 자본을 축적함으로써, 경제 규모가 확대되어 가고 인민대중의 생활수준도 크게 향상한 것이라고 스미스는 이야기합니다(605-606쪽).

자유무역의 기본 원칙은 '외국 제품이 우리 제품보다 싸면, 그 제품을 국내에서 생산하려고 시도하지 말고 외국에서 수입하라'는 것입니다. 그런데 두 나라 사이에 경제발전의 차이가 너무 클 경우, 예컨대 선진국의 모든 제품이 후진국의 상품들에 비해 너무 싸기 때문에 선진국의 생산자들이 모든 상품을 자기 혼자 생산하여 수출

항해조례가 실시되던 16~17세기 영국 해안

영국은 14세기부터 19세기에 이르기까지 자국 산업을 진흥하기 위해, 수입하는 상품을 영국 또는 산출국 선박에만 실을 것 등을 규정한 항해조례를 여러 차례 발표했다.

하겠다고 주장한다면, 후진국의 경제는 망하게 될 것입니다. 이를 방지하려면 국제무역이 공정하게 이루어지도록 지휘하는 센터가 필요하지 않을까요?

스미스도 국내 산업을 진흥하기 위해 외국 산업에 부담을 주는 것이 유리한 경우를 두 가지 들고 있습니다(561-564쪽). 첫째로 "국방이 풍요보다 훨씬 중요하기" 때문에, 국방을 위해 필요한 특정 산업은 보호해야 한다고 말합니다. 이런 의미에서 항해조례[*]는 "아마도 영국의 모든 무역규제 중 가장 현명한 것"이었다고 말합니다. 둘째로 국내 산업의 생산물이 국내에서 세금을 부담하고 있는 경우, 동일한 세금이 외국의 동종 상품에 부과되는 것은 합당하다고 말합니다.

---

[*] 1651년 영국 공화제 정부에서 자국의 해운·무역 증대를 위해 제정한 보호 입법

수출장려금의 부작용

중상주의가 채택한 수출장려책은 세금 환불, 수출장려금, 통상조약, 식민지 건설 등입니다. 상인이 국산품을 수출하면, 그것에 부과된 물품세·내국세*의 전부 또는 일부를 상인에게 돌려주는 것을 '세금 환불'이라고 합니다. 스미스는 수출장려책 중에서 세금 환불이 가장 합리적이라고 말합니다. 왜냐하면 수출상품에 대해 세금을 전혀 부과하지 않아야 수출이 자유롭게 이루어질 수 있는데, 세금 환불은 바로 그런 상태를 만들어주기 때문입니다. 다시 말해 세금 환불은 "사회 총 노동의 자연적인 분업·분배를 파괴하지 않기(607-608쪽)" 때문입니다.

그러나 수출장려금은 수익성 없는 사업을 유지하게 함으로써 한 나라의 자본과 노동이 훨씬 덜 유리한 분야로 흘러들어가게 하며, 한 나라의 무역도 훨씬 덜 유리한 방향으로 발전하게 합니다(616쪽).

곡물 수출장려금을 지지하는 사람들의 논리는 대체로 다음과 같습니다(618쪽). 첫째로 장려금이 곡물의 해외시장을 확대하여 곡물의 수요와 생산을 증대시키리라는 것입니다. 둘째로 현재의 경작 상황에서 기대되는 가격보다 더 높은 가격을 농민에게 보장해 주므로, 장려금이 경작을 촉진하리라는 것입니다. 셋째로 이러한 이중의 촉진에 의해 장기간에 걸쳐 곡물 생산이 크게 증가할 것이므로, 장려금이 국내 시장의 곡물가격을 올리는 것보다 훨씬 크게 가격을 내

---

* 국내에 있는 사람 또는 물건에 부과되는 국세

리리라는 것입니다.

그러나 스미스는 위의 논리를 다음과 같이 반박하고 있습니다. 첫째로 곡물 수출장려금은 국민에게 두 가지 종류의 세금을 부과하기 때문에, 국내 시장을 크게 축소시킵니다. 두 가지 세금 중 하나는 장려금을 지급하기 위해 국민들이 납부해야만 하는 세금이고, 다른 하나는 국내 시장에서 곡물 가격이 등귀하기 때문에 곡물의 구매자인 국민 전체가 부담해야 하는 세금입니다.

그런데 두 번째 세금이 훨씬 더 큽니다. 왜냐하면 곡물 가격의 등귀는 한편으로는 노동자의 생활비를 상승시키고, 다른 한편으로는 생활비의 상승에 비례하여 화폐임금을 상승시키게 될 것이기 때문입니다. 전자는 노동자가 그들의 자녀를 교육·양육시킬 수 있는 능력을 감소시킴으로써 그 나라의 인구가 증가하지 못하도록 억제할 것입니다. 후자는 자본가가 노동자를 고용하는 능력을 감소시킴으로써 그 나라의 산업이 발전하지 못하도록 제한할 것입니다(619쪽).

결론적으로 말해, "장려금에 의해 야기된 거대한 곡물 수출은 매년 외국 시장과 외국 소비를 확대시키지만, 그만큼 국내 시장과 국내 소비를 감소시킬 뿐만 아니라 그 나라의 인구성장과 산업발전을 제한함으로써, 궁극적으로는 국내 시장의 점진적인 확장을 억제하고 제한합니다. 그리고 장기적으로 보면 곡물의 전체 시장과 소비를 증대시키는 것이 아니라 감소시킬 것"입니다(619-620쪽).

둘째로 곡물 수출장려금은 물가를 상승시키기 때문에 생산을 장려할 수도 없습니다(620-626쪽). 장려금은 실질적으로 곡물 가격을 상승시키고, 나아가 전체 물가를 상승시킬 것입니다. 곡물 가격은

234

임금과 모든 천연생산물의 가격에 큰 영향을 미치며, 따라서 거의 모든 제조품의 원료 및 완성품의 가격에 큰 영향을 미치기 때문입니다. 그러므로 장려금은 실질적으로 농업자본가와 지주의 부와 소득을 증가시키지 않으며, 따라서 그들로 하여금 더 많은 노동자를 유지하거나 고용하게 할 수 없기 때문에 곡물 생산을 장려하지도 않습니다. 더욱이 장려금은 국내의 제조품을 국내외 시장 모두에서 어느 정도 비싸게 만듦으로써 제조업을 위축시킬 것입니다.

그러므로 곡물의 수출장려금을 가장 열망하는 사람은 농촌의 대지주나 농업자본가보다는 곡물 상인일 것입니다(560쪽). 왜냐하면 수출장려금으로 말미암아 상인은 풍년이든 흉년이든 곡물을 외국에 수출하려 할 것이므로, 풍년의 잉여 곡물로 흉년의 부족분을 보충하지 못하게 됨으로써 평균 수출량과 평균 수입량이 증대하여 곡물 상인의 사업 규모가 증대하기 때문입니다(559쪽).

스미스는 수출장려금을 종합적으로 다음과 같이 비판합니다. 첫째로 국산품의 수출장려금은 투자를 덜 유리한 분야 또는 실질적으로 불리한 분야로 흘러들어가게 한다는 것입니다. 둘째로 어떤 상품의 생산을 장려하기 위해서는 생산장려금이 수출장려금보다 더욱 효과적일 것인데, 생산장려금은 상인의 이익 증대에는 도움이 되지 않으며 제조업자들 사이에는 어느 산업분야를 장려해야 하는가에 관해 갈등이 생기기 때문에 거의 제공되지 못했다는 것입니다.

셋째로 영국이 최대로 번영하고 진보한 시기가 장려금 제도를 도입한 바로 다음에 왔다고 해서, 그러한 번영기가 장려금 제도 때문이라고 보아서는 안 된다는 것입니다(628-629쪽). 영국의 번영은 장려금 제도가 도입된 것과 거의 같은 시기에 일어난 명예혁명1688년 때문이었습니다. 명예혁명 이후의 정치적 상황에 대해 스미스는 다음과 같이 말합니다.

> 영국의 법률은 모든 사람이 자기의 노동 성과를 향유하는 것을 보장하고 있는데, 이것만으로도 온갖 불합리한 상업규제들에도 불구하고 한 나라를 번영시키기에 충분하다. 자기 상태를 개선하려는 모든 개인의 자연스러운 노력이 자유롭고 안전하게 발휘될 수만 있다면, 그것은 매우 강력한 원동력이다. 그렇기 때문에 다른 어떤 것의 도움 없이 그것만으로도 사회에 부와 번영을 가져다줄 수 있을 뿐만 아니라, 인류가 만든 어리석은 법률이 개인의 자연스러운 노력에 가하는 수많은 부적절한 방해를 극복할 수 있다(661쪽).

식민지 경영의 손익

끝으로 수출을 장려하기 위하여 식민지를 건설하는 것에 대해 스미스는 반대합니다. 스미스는 아메리카의 발견과 식민지화를 통하여 유럽 전체가 얻은 일반적 이익은 "유럽이 향유할 수 있는 물품들이 증가했다는 것과 유럽의 산업이 확대되었다는 것(726쪽)"뿐이라고 이야기하면서, 영국에 미친 영향을 좀 더 심각하게 분석하고 있습니다(730-757쪽).

첫째로 영국 경제가 거대한 아메리카 식민지에 너무 매달리게 되면서 좀 더 불안정하게 되었다고 합니다. 식민지 무역에 대한 독점

236

최초의 아메리카 식민지, 제임스타운

17세기 초반, 이곳에 아메리카 최초로 영국에서 세운 식민지 의회가 설치되었다.

은 자연스럽게 원래 식민지 무역으로 가야 할 것보다 더 많은 영국 자본을 이곳에 몰리게 하였습니다. 따라서 영국의 상공업은 다수의 작은 시장들과 거래하는 것이 아니라 하나의 큰 시장과 거래하게 됨으로써, 영국의 상공업 전체가 더 위험하고 불안정하게 되었다는 것입니다(747-748쪽).

둘째로 가까운 이웃 나라와 무역하는 것으로부터 멀리 떨어진 곳과 무역하는 것으로 투자 방향이 바뀜으로써 불리하게 되었다는 것입니다. 아메리카 식민지 무역에 대한 독점은 영국 자본의 더 큰 부분을 이웃 나라의 국내 소비를 위해 무역하는 것(유럽·지중해 연안국과의 무역)으로부터 더욱 멀리 떨어진 아메리카와 무역하는 것으로 전환시키고, 많은 경우 국내 소비를 위한 직접적인 대외무역(아메리카 식민지의 생산물을 직접 영국으로 수입하는 것)으로부터 우회적인 대외무역(아메리카 식민지의 생산물을 독일에 판 다음 독일 생산물을 영국으로 수입하는 경우)으로 전환시키며, 어떤 경우에는 국내 소비를 위한 대외무역으로부터 중개무역(아메리카 식민지의 생산물을 프랑스에 판매하는 것)으로 이동시켰습니다. 그러므로 모든 경우에서 보다시피 더 많은 생산적 노동량을 고용할 수 있는 분야로부터 훨씬 더 적은 노동량을 고용하는 분야로 자본을 이동시켰습니다(747쪽).

셋째로 식민지 유지비가 너무 크다고 지적합니다. 식민지 보유에서 얻을 수 있는 이익이 식민지 무역에 대한 독점에 있다고 생각한 영국 정부는 평화 시와 전쟁 시에 막대한 식민지 유지비를 부담했는데, 영국 전체의 입장에서 보면 오히려 큰 손실이라는 것입니다. 그리하여 아메리카 식민지를 독립시키면 영국은 해마다 식민지 유지로부터 해방될 뿐만 아니라, 상인에게는 현재의 독점과 비교해 불리할지 모르지만 인민대중에게는 더욱 유리한 자유무역을 보장해 주는 여러 가지 통상조약을 식민지와 체결할 수 있으리라는 것입니다(757-770쪽).

아메리카 식민지를 독립시켜야 한다는 주장은, 『국부론』의 가장 끝부분(이 책의 7부 4장)에서 영국 정부의 채무를 줄일 수 있는 가장 큰 항목으로 다시 등장하게 됩니다.

넷째로 식민지 무역은 주로 독점적인 무역상의 이익을 증가시키는 데 기여했지만, 영국 정부나 영국 제조업자 및 식민지가 얻을 수 있는 이익은 희생되었다고 스미스는 판단합니다. 식민지 무역에 관한 규제의 대부분을 권고한 사람은 주로 무역상이었습니다. 무역상은 식민지에 필요한 모든 유럽 상품을 독점적으로 공급하려 했으

238

며, 또한 영국에서 하는 자기들의 상업 활동을 방해하지 않는 범위 안에서 식민지 잉여생산물을 독점적으로 구매하려 했습니다. 그렇기 때문에 식민지가 얻을 수 있는 이익(유럽 상품을 값싸게 구매하거나, 식민지의 상품들을 비싸게 팔아 얻을 수 있는 이익)은 무역상의 이익을 위해 희생되었습니다.

그리고 대부분의 유럽 상품과 동인도 상품이 영국에서 식민지로 재수출되는 경우에도 세금 환불이 허용됨으로써, 영국의 이익이 무역상의 이익을 위해 희생되었습니다. 왜냐하면 영국 정부는 그런 상품들을 수입할 때 받은 관세의 대부분을 환불함으로써 세입 면에서 손해를 보았기 때문이고, 외국 제품이 관세 환불에 의해 더 낮은 가격으로 식민지에 수출되어 식민지 시장에서 영국 제품보다 싼 값으로 판매됨으로써 영국의 제조업이 손해를 보았기 때문입니다(717-718쪽).

더욱이 스미스는 영국 동인도회사도 비난하고 있습니다. 왜냐하면 영국 동인도회사는 인도를 사실상 지배하면서도 영국 정부의 이익(세입이 계속 영국 정부에 들어오는 것)보다는 독점상인의 이익(일시적이고 파괴적인 높은 이윤)을 추구했기 때문입니다(785쪽). 그리고 동인도회사가 설립된 이래 영국의 국민들은 동인도 무역으로부터 배제되었을 뿐만 아니라, 그들이 소비하는 동인도회사 상품에 대해 높은 가격을 지급함으로써 동인도회사가 얻은 독점적인 이윤과 부정·부패에 따른 과도한 낭비를 부담할 수밖에 없었기 때문입니다(777쪽).

03

보이지 않는 손

앞에서 본 것처럼 수입제한과 수출 장려의 두 측면을 가진 중상주의 정책들을 비난한 뒤에, 스미스는 정부가 중상주의 정책들을 폐기하고 개인들에게 경제문제를 맡길 것을 주장합니다.

자유방임과 자연적 질서

스미스는 자기 자신에게 무엇이 유리한가는 개인이 정치가보다 훨씬 더 잘 판단하기 때문에, 정치가가 개인들에게 그들의 자본을 어떻게 사용하라고 지시하려는 것은 권력을 남용하는 것이라고 통렬히 비난합니다. 자기의 자본을 국내 산업의 어느 분야에 투자하면 좋은지, 그리고 어느 산업분야의 생산물이 가장 큰 가치를 가지는지에 대해, 각 개인은 자신의 현재 상황에 근거해서 어떤 정치가나 입법자보다 훨씬 더 잘 판단할 수 있다고 생각합니다. 개인들에게 그들의 자본을 어떻게 사용하라고 지시하려는 정치가는 스스로 불필요한 수고를 하는 것이라고 합니다.

그뿐만 아니라, 어떤 한 개인에게 안심하고 위임할 수 없으며 어떤 위원회나 평의원회에게도 안심하고 위임할 수 없는 권력을, 또한 자기 자신이 이와 같은 권력을 행사하기에 가장 적합하다고 생각하는 우둔하고 황당한 사람의 수중에 있을 때 가장 위험해지는 그런 권력을, 정치가들이 멋대로 휘두르려는 것이라 봅니다(553쪽).

더욱이 개인들이 자기 자신의 이익을 추구하면, '보이지 않는 손'에 이끌려 사회의 이익이 증진된다고 스미스는 확신합니다. 따라서 스미스는 정부에서 개인이 자기 이익을 추구하게 자유방임*하라고 요구합니다. '보이지 않는 손'이 등장하는 단락을 그대로 인용하겠습니다.

각 개인이 최선을 다해 자기 자본을 본국 노동의 유지에 사용하고, 노동생산물이 최대의 가치를 갖도록 노동을 지휘한다면, 각 개인은 필연적으로 사회의 연간 소득이 가능한 한 최대의 가치를 갖도록 노력하는 것이 된다. 사실 그는 일반적으로 말해서 공공의 이익을 증진시키려고 의도하지도 않고, 공공의 이익을 그가 얼마나 촉진하는지도 모를 것이다. 외국 노동보다 본국 노동의 유지를 선호하는 것은 오로지 자기 자신의 안전을 위해서고, 노동생산물이 최대의 가치를 갖도록 노동을 지휘하는 것은 오로지 자기 자신의 이익을 위해서다.

이 경우 그는 다른 많은 경우에서처럼, 보이지 않는 손an invisible hand에

---

* 각자의 자유에 맡겨 간섭하지 않는 것을 말한다. 여기에서는 개인의 경제활동을 보장하고 국가의 간섭을 배제하라는 경제사상을 가리킨다. 스미스는 이 용어를 사용하지는 않았으며, 뒤에 나오는 중농학파가 처음 사용했다.

이끌려서, 그가 전혀 의도하지 않던 목적을 달성하게 된다. 그가 의도하지 않은 것이라고 해서 반드시 사회에 좋지 않은 것은 아니다. 그가 자기 자신의 이익을 추구함으로써 흔히, 그 자신이 진실로 사회의 이익을 증진시키려고 의도하는 경우보다 더욱 효과적으로 그것을 증진시키는 경우가 흔히 있다. 나는 공공의 이익을 위해 사업한다고 떠드는 사람들이 좋은 일을 많이 하는 것을 본 적이 없다(552-553쪽).

'보이지 않는 손'이라는 용어는 『국부론』에서 단 한 번 552쪽에 나올 뿐입니다. 이것은 무엇을 상징하고 있을까요? 앞의 인용문에서는 개인들의 사적 이익의 추구가 사회의 이익을 증가시키는 메커니즘(원인이 결과를 일으키는 작용 과정)을 '보이지 않는 손'이라 부르고 있는데, 만약 스미스가 메커니즘을 알았다면 결코 '보이지 않는 손'이라는 애매모호한 단어를 사용하지 않았을 것으로 보입니다.

사실상 스미스는 국부를 가장 크게 증가시키는 투자 우선순위를 제1위 농업으로부터 시작하여 '제조업→도매업(국내 상업→국내 소비를 위한 대외무역→중개무역)→소매업'의 순서라고 말한 뒤 이 투자 우선순위가 또한 인간의 천성에도 꼭 들어맞는다고 말한 바 있습니다. 그렇기 때문에 이 투자 우선순위를 자연적인 질서 또는 자연적인 진행과정이라고 부르기도 했습니다. 다시 말해 인간들에게 자기의 천성에 따라 행동하도록 내버려두면, 사적 이익을 추구하는 과정에서 자기도 모르는 사이에 사회의 이익을 증가시키게 된다는 것입니다.

그렇지만 스미스는 '우주의 자연적인 질서를 설명하는 만유인력의 법칙'과 같은 수준의 법칙(사회의 자연적인 질서를 설명하는 법칙)을 발견하지 못했기 때문에, 사회의 자연적인 질서를 '보이지 않는 손'의 요술로 애매모호하게 표현한 것이 아닐까요? 케인스는 '보이지 않는 손'을 '은유'라고 말했는데, 무엇을 은유한 것인지를 밝히지 않고 있습니다.

다른 두 곳에 나오는 '보이지 않는 손'

스미스는 「천문학의 역사」(이 논문은 1750년대 초에 쓴 것으로, 스미스가 남긴 『철학적 주제들에 관한 논문집』에 실려 있다)라는 논문에서 '보이지 않는 손'이라는 용어를 처음으로 사용했습니다.

불이 타오르고 물이 신선해진다. 그리고 천체가 내려앉고, 가벼운 물질이 위로 날아간다. 이것은 그들 자신의 성격의 필연성에 기인한 것이다. 우리는 주피터 신의 보이지 않는 손이 그런 일에 종사하고 있다는 것을 이제까지 깨닫지 못했다(애덤 스미스, 박세일·민경국 공역, 『도덕감정론』, 비봉출판사, 2009, 346쪽, 주 5에서 재인용).

여기에서는 주피터 신이 우주의 각종 운동을 일으키고 있다고 말하면서, 주피터 신의 '보이지 않는 손'을 언급하고 있습니다. 스미스는 우주의 운동을 법칙적으로 해명할 수는 없지만, 어떤 자연적인 질서나 신의 섭리가 분명히 작동하고 있다는 것을 이야기하기 위하여 '보이지 않는 손'을 끌어들인 것처럼 보입니다.

『도덕감정론』에서 두 번째로 '보이지 않는 손'이 등장합니다.

    ₩지주의 위(밥통)는 그의 거대한 욕망에 비례해 커지는 것이 아니며, 오직 가장 비천한 농민의 위(밥통)의 크기 정도밖에 받아들이지 못할 것이다. (…) 지주들은 가난한 사람보다 별로 많이 소비하지도 못한다. 그들은 천성의 이기심과 탐욕에도 불구하고 (…) 자신들이 거둔 모든 개량의 성과를 가난한 사람들과 나누어 가진다. 그들은 보이지 않는 손에 이끌려서, 토지가 모든 주민들에게 똑같이 분배되었을 경우에 있을 수 있는 것과 같은 형태로 생활필수품의 분배를 하게 된다. (…) 신의 섭리는 대지를 소수의 귀족과 지주 들에게 나누어 주면서, 이 분배에서 제외되었다고 생각되는 사람들을 망각하지도 버리지도 않았다(『도덕감정론』, 345-346쪽).

여기에서는 대지(토지)가 주로 소수의 귀족과 지주 들에게 분배되었지만, 귀족과 지주가 보통 사람들보다 농산물을 더욱 많이 소비할 수 있는 위를 가지고 있지는 않으므로 토지를 적게 가진 인민대중에게 농산물을 나누어 주지 않을 수 없다는 것을, 한 번은 '보이지 않는 손'의 요술이라고 표현하다가 그다음에는 '신의 섭리'라고 말하고 있습니다. 그런데 우리는 1부 2장(경제학 연구방법)에서 밝힌 스미스의 '자연신학'을 기억할 필요가 있습니다.

스미스에 따르면 자연과 인간 사회는 신의 계시와 명령에 의해 움직이는 것이 아니라, 신에 의해 미리 주어진 자연적 질서를 통해 움직이고 있으며, 이 자연적 질서는 인간의 이성에 의해 발견되고 이해될 수 있다고 합니다. 그러므로 정치경제학은 사리사욕을 추구하는 개인들로 구성된 사회가 지니고 있는 자연적인 질서는 무엇이며, 이것은 어떻게 형성되는가를 해명해야 한다고 스미스는 생각한 것입니다. 그러나 스미스 스스로 이 과제를 제대로 해결했다고 생각하지 않았기 때문에, '보이지 않는 손'이라는 용어를 사용하게 된 것이라고 봅니다.

'보이지 않는 손'이라는 용어를 사용한 위의 세 경우를 보면, 특별한 의미나 중요성을 가진 것이라기보다 스미스가 믿고 있지만 증명할 수 없는 어떤 자연적인 질서 또는 신의 섭리를 '보이지 않는 손'의 요술로 표현한 것 같습니다.

따라서 개인들에게 자기의 사적 이익을 추구하도록 하면 사회의 이익이 증가한다는 이론은 전혀 증명되지 않은 이데올로기이며, 절대왕정을 타도하기 위한 하나의 혁명 슬로건이었다고 말할 수 있을 것입니다. 스미스가 지금과 같은 세계대공황을 본다면, 자연적인 질서나 신의 섭리나 '보이지 않는 손'이라는 것은 없다고 고백했을지도 모릅니다.

04

중농주의 분석

중농주의는 토지를 경작하는 노동만이 한 나라의 부와 소득의 유일한 원천이라고 주장하는 경제학설입니다. 프랑스 루이 14세의 재상 콜베르가 중상주의 정책을 실시하여 프랑스 농산물의 수출을 억제함으로써 농업을 망치고 있는 것에 반대하여, 케네와 튀르고 등이 농업의 진흥과 농산물의 자유무역을 주창하기 위해 세운 학설입니다. 스미스는 1764년부터 1766년 사이에 버클루 공작과 프랑스를 여행하면서 중농학파와 교류한 적이 있습니다.

생산적 계급과 비생산적 계급

중농주의자는 한 나라의 토지·노동의 연간 생산물에 공헌한다고 생각되는 사람들을 세 계급으로 분류합니다. 첫째는 토지소유자 계급이고, 둘째는 농업자본가과 농업노동자 등 경작자 계급이며, 셋째는 수공업자·제조업자·상인 계급입니다. 그리고 중농주의자는 토지소유자(지주) 계급과 경작자 계급을 '생산적 계급'이라고 부르고, 수공업자·제조업자·상인 계급을 '비생산적 계급'이라는 굴욕적인 명칭으로 불러 그 지위를 격하시키고 있습니다(819쪽).

토지소유자 계급은 토지 개량과 건물·배수구·울타리·기타 설비를 위해 비용을 지출함으로써, 연간 생산물을 생산하는 데 기여합니다. 그리고 농업자본가는 자본투자를 통해 그리고 농업노동자는 노동을 통해 연간 생산물을 생산하는 데 기여합니다. 따라서 이들은 생산적 계급입니다. 그러나 수공업자·제조업자·상인 계급은 농산물 생산에 직접적으로 기여하는 것이 아니라, 농산물의 형태를 변화시키거나 농산물의 장소를 옮기는 일에만 종사하기 때문에 비생산적이라고 본 것입니다.

그런데 스미스는 수공업자·제조업자·상인 계급이 비생산적 계급이 아닌 이유를 다음과 같이 제시하고 있습니다(833-837쪽). 첫째로 이들의 노동은 도구·원료·임금 등에 투자한 자본을 보통 이윤과 함께 보상하여 자본을 존속시키기 때문입니다(833쪽). 따라서 이 계급은 자본을 유지시킨다는 점에서 하인과는 다릅니다. 왜냐하면 비생산적 계급인 하인의 노동은 그가 행하는 바로 그 순간에 소멸해버리는 서비스에 불과하며, 그의 임금을 보상할 수 있는 판매 가능한 상품을 만들지 못하기 때문입니다.

둘째로 이 계급은 노동을 통해 자기들이 받은 임금을 보상할 뿐만 아니라 그들을 고용하는 자본가에게 이윤을 제공함으로써 그 사회의 진정한 소득을 증가시키기 때문입니다(834쪽). 셋째로 도구와 기계류를 개선시킴으로써, 농업자본가나 농업노동자에 비해 연간

장바티스트 콜베르

1619~1683. 중상주의 정책을 추진한 프랑스 루이 14세 시절의 재상. 프랑스의 산업을 창조하거나 보호하고, 수출을 장려하고 수입을 제한하면서 나라의 경제력을 축적하고자 했다.

안 로베르 자크 튀르고

1727~1781. 프랑스의 대표적인 중농주의 경제학자. 루이 16세 때 재정 총감으로 일하면서 자유로운 곡물 거래, 부역의 폐지 등을 포함한 개혁안을 발표하여 특권계급의 저항에 부딪혔다.

생산물의 증대에 더욱 크게 기여하기 때문입니다(835쪽).

그러나 중농주의자의 주장 중에서 가장 중요한 것은 농업에 종사하는 노동만이 '생산적 노동'이라는 것인데, 이와 같은 주장은 이미 5부 1장(자본의 축적)에서 비판한 바 있습니다.

가장 쉽게 생각하면 농업 노동은 볍씨를 10개 뿌려도 1되의 쌀을 생산할 수 있기 때문에 생산적이라고 볼 수 있지만, 사실 자본주의 사회에서는 '어떤 노동이 자본가를 위해 잉여가치를 창조하는가'가 생산적 노동을 판단하는 핵심입니다. 따라서 생산적 노동자는 농업노동자, 제조업노동자뿐입니다.

곡물법과 공장법

영국에서는 1815년부터 외국 곡물을 수입하는 것을 억제하는 '곡물법'이 제정되었다. 곡물법이 실시된 것은 국내 곡물 가격이 일정한 수준 이하로 하락하는 것을 지지하여 지대 수입을 증가시키고자 지주 세력들이 힘을 모았기 때문이다. 그러나 곡물 가격의 상승은 노동자 계급의 임금수준을 상승시켜 이윤을 억압하기 때문에, 산업혁명이 전개되는 과정에서 점점 더 강력해진 산업자본가 계급이 곡물법을 폐지하려는 자유무역 운동을 전개했다.

산업자본가 계급은 곡물법을 폐지하는 데 노동자 계급의 힘을 동원하기 위해 1844년의 공장법(여성에게 하루 최고 12시간 노동을 규정함)이 의회를 통과할 수 있게끔 노동자 계급에게 양보했으며, 나아가 곡물법이 폐지되면 노동시간을 더욱 단축해 주겠다고 약속함으로써 1846년에 산업자본가 계급과 노동자 계급의 연합에 의해 곡물법이 완전히 철폐되었다. 지주 계급이 사실상 정치적으로도 세력을 잃고 있다는 하나의 반증이었다.

그런데 1846년에 곡물법이 폐지되자 산업자본가들은 노동자 계급을 위하여 아무런 양보도 하려 하지 않았으므로, 노동자 계급은 곡물법을 철폐한 자본가 계급에게 앙심을 품고 있던 지주 계급의 복수심을 이용하여 지주 계급으로 하여금 1847년의 공장법(이에 따라 1848년부터 여성과 아동에게 하루 최고 10시간 노동이 시행되었음)을 의회에서 제정하게 했다.

국부와 자유방임

스미스는 중농주의가 토지에서 일하는 노동만이 유일하게 생산적인 노동이라고 이해하고 있다는 점에서 너무 편협하다고 비판합니다. 하지만 스미스는 중농주의의 다음과 같은 주장을 매우 정당하다고 칭찬합니다.

첫째로 국부가 화폐(금은)라는 소비할 수 없는 귀금속으로 구성되는 것이 아니라 그 사회의 노동에 의해 해마다 재생산되는 소비 가능한 재화들로 구성된다고 주장하기 때문입니다. 둘째로 이러한 매년의 재생산을 가능한 한 최대로 하기 위해 '완전한 자유'만이 유일하게 효과적인 수단이라고 주장하기 때문입니다(837쪽).

따라서 스미스가 국부를 연간 생산물이라고 생각한 것과 중상주의적 정부 개입을 비판한 것은 중농주의와 맥을 같이한다고 말할 수 있습니다. 결론적으로는 스미스는 콜베르의 중상주의 정책에서는 도시산업이 농촌산업에 비해 과대평가되고 있는 것과 마찬가지로, 중농주의에서는 도시산업이 농촌산업에 비해 과소평가되고 있다고 말합니다(819쪽).

스미스는 중농학파로부터 무엇을 배웠을까

　중농학파의 시조는 프랑스의 케네입니다. 그는 프랑스 국왕인 루이 15세의 담당의로 일하기도 한 유명한 외과 의사였습니다. 그의 기본적인 생각은, 세상은 자연의 이치에 따라 움직이기 때문에 정부가 간섭해서는 안 된다는 것이었습니다.

　물론 이런 생각은 당시 프랑스 절대주의 왕정이 부패하고 무능하며, 농업을 억압하는 중상주의 정책을 실시하고 있었기 때문에 생겼을 수도 있습니다. 사실상 '자유방임하라Laissez faire et laissez passer: Let do and let pass'라는 구호는 중농학파가 처음 사용했습니다. 스미스는 이 구호를 사용한 적이 없고, 내용 면에서 자유방임하라고 했을 뿐입니다.

　케네는 농업만이 잉여생산물을 낳는 '생산적인 산업'이라고 생각했으며, 제조업이나 서비스업은 '비생산적인 산업'이라고 경멸했습니다. 또한 케네는 경제 전체를 인간의 몸과 같이 생각하고, 피가 순환함으로써 몸이 유지되는 것과 마찬가지로 농업에서 생산되는 잉여생산물이 어떻게 사회 각 부문으로 흘러들어가서 사회가 유지되는가를 연구했습니다. 이리하여 나온 것이 『경제표economic table』입니다. 현대 경제학에서 말하는 '산업연관표(또는 투입산출표)'나 마르크스의 '재생산표식'의 원조라고 말할 수 있습니다(『자본론을 읽는 시간』 5부 1장 참조).

　스미스는 1764년부터 1766년까지 3년 동안 유럽을 여행하면서 주로 중농학파의 경제학자들, 특히 케네와 튀르고를 만나 의견을 교환했습니다. 스미스는 분명히 그들로부터 중상주의 정책의 문제점, 사회를 움직이는 자연적인 질서의 존재, 자유방임하면 오히려 세상이 저절로 더 잘 굴러간다는 사상, 농업에 종사하는 노동만이 생산적인 노동이라는 사상 등을 들었을 것입니다.

그리하여 스미스는 중농주의를 매우 호의적으로 평가합니다. 중농학파는 국부가 화폐라는 소비할 수 없는 귀금속으로 구성되는 것이 아니라 그 사회의 노동에 의해 해마다 재생산되는 소비 가능한 재화들로 구성된다고 생각하며, 완전한 자유는 연간 생산물을 최대로 하기 위한 유일하게 효과적인 수단이라고 지적하는데, 그러한 점에 스미스는 전적으로 동의합니다.

그런데 스미스는 '토지를 경작하는 노동만이 한 나라의 부와 소득의 유일한 원천'이라고 주장하는 중농주의를 제대로 이해하지 못한 면이 있습니다. 왜냐하면 영국의 중상주의와 프랑스의 중상주의 사이에는 농업정책에서 서로 다른 점이 있었기 때문입니다. 영국의 중상주의는 수출장려금에 의해 곡물의 수출을 장려하기 때문에 영국 국민은 이중으로(한 번은 수출장려금을 지급하기 위하여 세금을 내야 하고, 다른 한 번은 곡물 수출로 말미암아 곡물 가격이 올라 큰 부담을 질 수밖에 없기 때문에) 피해를 보고 있으며, 특히 곡물 가격의 등귀가 제조업의 발달을 더욱 치명적으로 위축시킨다고 스미스는 주장한 것입니다.

그런데 농업국인 프랑스의 중상주의는 완전히 거꾸로 농산물의 수출을 억제하여 곡물의 가격을 내리고 노동자의 임금수준을 낮춤으로써 공업을 진흥시키고 있었습니다. 이렇게 되니까 농산물의 시장이 막혀 농산물을 증산할 수 없게 되어 프랑스의 농업이 망하게 되었던 것입니다.

이런 상황을 극복하기 위해 중농주의자들은 중상주의를 비난하고 자유방임을 요구하면서, 토지에서 일하는 노동만이 유일하게 생산적인 노동이라는 과격한 주장을 한 것입니다. 만약 곡물 생산이 부족한 영국에서 정부가 곡물 수출을 금지시키면서 곡물 가격을 인하하여 산업 자본가의 이익을 증진시키는 경우, 스미스는 어떤 태도를 취했을까요? 궁금하네요.

7부

국가의 재정

스미스는 국방비·사법비·공공사업비를 어떻게 조달하느냐에 관해 다음과 같이 제안하고 있습니다. 첫 번째로 국방비와 국왕의 존엄을 유지하기 위한 비용은 일반적 기여에 의해 지급되어야 합니다. 두 번째로 사법비의 지출은 법정 수수료로 조달될 수 있습니다. 세 번째로 지방의 이익에 관련된 비용은 해당 지방의 수입에 의해 지급되어야 합니다. 네 번째로 도로의 건설·유지는 사회 전체의 일반적 기여에 의해 조달되더라도 불공평하지 않으나, 통행세에 의거하는 편이 더욱 공평합니다. 다섯 번째로 교육과 종교의 교화에 관한 지출은 일반적 기여에 의해 지급되어도 좋지만, 수업료와 자발적 기부에 의거하는 편이 더 좋습니다. 여섯 번째로 사회 전체에 유익한 기관의 자체 수입이 부족할 경우, 그것은 반드시 일반적 기여에 의해 메워져야 합니다.

왜 국가는 야경국가가 되어야 하는가

스미스는 국왕은 오직 국토방위, 사법행정, 공공사업의 유지라는 세 가지 의무만 수행하면 된다고 말합니다. 요새 용어로 말하면, 정부는 야경국가나 값싼 정부가 되어야 한다는 뜻입니다. 스미스가 국가의 활동을 이렇게 제한한 데는 분명한 이유가 있습니다.

야경국가가 되어야 한다는 주장을 하기에 앞서 스미스는 단서를 달고 있습니다. 먼저 국가가 특혜를 주거나 제한을 가하는 모든 제도를 완전히 철폐해야 합니다. 그리고 개인은 자기의 사적 이익을 정의의 원칙을 위반하지 않는 한도 안에서 추구해야 합니다.

이 두 조건이 충족된다면 모든 개인들은 누구와도 완전히 자유롭게 경쟁할 수 있으며, 투자가 '국부 증진을 위한 자연적인 순서'에 따라 실제로 이루어질 것이고, 이에 따라 국부는 가장 크게 증가하게 될 것입니다. "이렇게 되면 국왕은 사적 개인의 노동을 감독하고, 그것을 사회의 이익에 가장 적합한 직업으로 인도해야 하는 의무로부터 완전히 해방된다(848쪽)"라고 스미스는 전망합니다.

야경국가가 실제로 이루어질 수 있는가를 검토해 봅시다. 먼저 특혜를 주거나 제한을 가하는 모든 제도가 완전히 철폐될 수 있을까요? 스미스는 4부 2장(지주의 지대와 사회의 일반적 이익)에서 "지주와 노동자는 정부의 정책에 영향을 미칠 능력이 부족하고, 상인과 제조업자만이 정부의 정책에 영향을 미칠 수 있다"라고 말한 바 있습니다. 또한 "중상주의적 특혜제도와 제한 정책은 모두 일부 상인과 제조업자의 머릿속에서 나온 것이다"라고 말했습니다.

그렇다면 누가 정부의 특혜와 제한 정책을 철폐할 수 있을까요? '계몽된 국왕'이 나와서 정의의 원칙에 어긋나는 일부 상인과 제조업자의 사적 이익 추구를 법률에 의해 저지해야 될 것입니다. 그런데 국왕과 국가는 사실상 공평무사한 제3자가 아니라, 지배계급의 이익을 옹호하지 않을까요?

21세기 한국의 촛불시위를 생각해도 대통령과 국가가 항상 국민의 이익을 옹호하지는 않는다는 것을 알 수 있을 것입니다. 따라서 국왕이나 국가의 기본적인 성질을 조금이라도 개선하기 위해서는, 임금노동자 계급이나 시민 계급의 성숙과 단결 및 정치적 세력화가 반드시 이루어져야 할 것입니다.

7부에서는 『국부론』의 제5편(국왕 또는 국가의 수입)을 다루는데, 스미스는 여기에서 국가의 수입뿐만 아니라 지출도 다루고 있으므로 '국가의 재정'이라고 부를 수 있습니다. 그리고 『국부론』에서는 언급하지 않은 북아메리카의 독립전쟁을 다룰 것입니다.

스미스는 영국 정부가 식민지를 유지하는 데 너무 많은 자금을 지출하기 때문에 국채가 자꾸 증가하고 있다면서, 식민지에도 영국 국내와 마찬가지로 세금을 부과하라고 요구했습니다. 그런데 영국 정부는 식민지 대표들을 의회에 참석시키지도 않으면서 세금만 부과했기 때문에 식민지에서 독립전쟁을 일으킨 것입니다.

01

지출

스미스는 국가의 지출을 국방비, 사법비, 그리고 공공사업과 공공기구를 위한 지출로 한정하고 있습니다. 그리고 이러한 비용들의 역사에 관해서도 매우 재미있는 이야기를 합니다.

국방비와 사법비

먼저 국방비에 관해 이야기해 봅시다. 언제부터 전쟁터에 나간 사람들에게 보수를 주었을까요?

스미스에 따르면, 고향에 머물러 있는 사람들이 전쟁터에 나간 사람들의 생활 유지를 위해 얼마씩이나마 거두기 시작한 것은, 로마와 에트루리아 사이의 전쟁에서 로마가 기원전 4세기에 베이이Veii를 10년 동안 포위한 뒤의 일입니다. 그러나 로마제국의 폐허 위에 세워진 유럽의 여러 왕국에서는, 대영주가 자신의 경비로 직속 가신들을 데리고 국왕에게 봉사하곤 했답니다(857쪽).

그런데 농업보다 제조업이 갈수록 발달하고 전쟁기술이 진보하면서, 보수를 받는 상비군이 생겼다고 합니다.

농업이 주된 생계수단이던 시대에는 전쟁이 파종기 이후에 시작되어 수확기 이전에 끝나기만 한다면, 농민은 큰 부담 없이 자연에 모든 것을 맡기고 전쟁터에 나갈 수 있었습니다. 그러나 수공업자·대장장이·목수·직포공이 전쟁터에 나간다고 일자리를 비우면 그들은 아무런 소득을 얻지 못하므로, 사회가 그들을 부양하지 않으면 안 되었답니다(857-858쪽). 그리고 전쟁기술이 개선되고 진보함에 따라, 각국 정부는 민병대에만 의존할 수 없게 되어 상비군을 유지할 수밖에 없습니다(862쪽).

그 뒤 총포를 발명함으로써 국방비가 크게 증가했습니다. 상비군의 무기와 탄약은 전보다 더욱 비싸졌습니다. 소총은 창·활에 비해, 그리고 대포는 투석기에 비해 훨씬 값비싼 무기입니다. 고대에는 부유한 문명국이 가난한 미개국으로부터 자신을 방위하기 위하여 큰 고생을 했지만, 현대에는 부유한 문명국이 비싼 무기류를 많이 구비할 수 있기 때문에 전쟁에서 훨씬 더 유리합니다. "얼핏 보아 매우 유해한 것처럼 생각되는 총포의 발명은, 문명의 영속과 확대에 확실히 유리"하게 작용하고 있다고 스미스는 생각합니다(874-875쪽).

둘째로 사법비에 관해 이야기해 봅시다. 언제부터 재판이 생겼을까요? 스미스에 따르면, 사냥하는 수렵민족에게는 재산이라는 것이 거의 없거나, 있다고 하더라도 이삼일 노동에 의해 얻을 수 있는 가치를 넘을 만한 재산은 없었으므로, 재판관도 없고 규칙적인 재판도 없었습니다. 아무런 재산도 가지고 있지 않은 사람들끼리 서로 상대방을 해칠 수 있는 것은 오직 신체나 명예뿐입니다. 그러나 한 사람이 다른 사람을 살해하고 상처를 입히고 비방하더라도, 이런 해를 입는 사람은 고통을 받지만 해를 끼친 사람은 아무런 이익도 얻지 못합니다.

하지만 재산에 대한 침해라면, 사정은 달라집니다. 해를 끼치는 사람이 얻는 이익은, 해를 입는 사람이 잃게 되는 손실과 종종 그 크기가 같습니다(875쪽). 처음으로 재산의 불평등이 생겨나서 사람들 사이에 전에는 도저히 있을 수 없었던 권위와 복종을 야기한 것은 유목시대(수렵시대 다음의 시대)부터입니다. 재산의 불평등은, 이 불평등을 유지하는 데 없어서는 안 될 민간에 대한 통치를 어느 정도 필요하게 합니다.

특히 부자들은 자기들의 기득권을 확고하게 유지시켜 주는 질서를 확립하는 것에 필연적으로 관심을 갖습니다. 그리고 재산이 적은 사람들은 단결하여 부자들의 재산을 보호하게 되는데, 이것은 부자들이 단결해서 자기들의 적은 재산을 보호해 주도록 하기 위해서입니다. 통치제도가 재산의 안전을 위해 형성되는 한, 실제로는 가난한 사람으로부터 부자를 지키기 위한 제도 또는 재산을 전혀 갖지 못한 사람으로부터 어느 정도 재산을 가진 사람을 지키기 위한 제도에 다름 아니었습니다(881쪽).

그러면 재판 비용은 누가 지급했을까요? 스미스에 따르면, 국왕의 사법권은 그에게 지출의 원인이 되기는커녕 오랫동안 수입의 원천이 되어주었습니다. 그런데 수입을 올리려는 목적에 재판을 종속시켜 버리면, 필연적으로 여러 가지 매우 엄중한 폐단이 생기게 됩니다.

18세기 무렵의 재판

예카테리나 2세 치하의 러시아에서 일어난 농민반란(1773~1775)을 이끈 푸가초프가 재판을 받고 있는 그림이다.

손에 큰 선물을 가지고 와서 재판을 청구하는 사람은 실제 이상으로 유리한 판결을 받기 쉽고, 보잘것없는 선물을 가지고 와서 재판을 청구하는 사람은 정당하지 못한 불리한 판결을 받기 쉬웠습니다. 또한 이런 선물 공세가 계속 되풀이되도록 하기 위해, 재판 자체가 자주 연기되곤 했습니다. 더욱이 유죄 판결을 받은 사람에게 벌금을 부과하는 제도는, 종종 어떤 사람이 실제로는 잘못이 없다고 하더라도 그에게 잘못을 뒤집어씌워 벌금을 받아내기 위한 매우 그럴듯한 이유를 생각해 내도록 만들었습니다(883쪽).

그러나 다른 나라의 침략으로부터 자기 나라를 방위하기 위한 비용이 끊임없이 증가함에 따라, 사람들이 자신의 안전을 위해 세금을 부담하여 통치비용에 기여하는 것이 필요하다고 느끼게 되었습니다. 또한 이 무렵에 '국왕 또는 그의 관리·대리인(즉 재판관)은 재판에서 어떤 명목으로도 선물을 받아서는 안 된다'는 민중의 요구가 널리 받아들여진 듯합니다. 이런 관행들을 규제하는 것보다는 오히려 전적으로 폐지해 버리는 것이 훨씬 쉽다고 생각하여, 재판관에게 선물 대신 일정한 봉급을 지급하게 되었습니다(885쪽).

그런데 어떻게 사법권*이 행정권**으로부터 분리되었을까요? 스미스에 따르면, 사법권과 행정권이 분리된 것은 사회가 진보함에 따라 국가의 사무가 점차 증가한 것에서 비롯된 듯합니다. 로마제국의 몰락 위에 세워진 여러 유럽 왕국들이 발전하는 과정에서 국왕 또는 대영주는 재판이 너무 힘들고 천한 직무라서, 그들 자신이 직접 재판을 행하기에는 부적합하다고 생각했습니다.

그래서 그들은 대리인, 즉 집행관이나 재판관을 임명함으로써 그 일로부터 벗어났습니다. 사법권과 행정권이 하나로 결합되어 있을 때는, 정치라고 속되게 부르는 것을 위해 공정한 법 집행이 자주 희생되는 것은 거의 피할 수 없는 일이었습니다.

그러나 모든 개인의 자유, 개인의 안전은 공평무사한 법 집행에 달려 있습니다. 모든 개인이 자기의 모든 권리를 완전하고 안전하게 누리고 있다고 느끼기 위해서는, 사법권이 행정권으로부터 분리되어야 할 뿐 아니라 가능한 한 독립되어야 합니다(890-891쪽).

---

* 입법권·행정권과 함께 국가 통치권의 하나로, 민사·형사·행정에 관한 재판권을 말한다.

** 행정 기능을 하는 국가 통치권의 하나이다.

공공사업비

셋째로 공공사업과 공공기관의 지출에 관해 이야기해 봅시다. 왜 공공사업과 공공기관을 국가가 경영해야 할까요? 공공사업과 공공기관에는 사회의 방위·사법집행을 위한 것(군대, 요새와 보루, 경찰·검찰·법원 등), 사회의 상거래를 편리하게 하기 위한 것(도로·항만·철도·공항의 건설과 유지, 화폐 발행, 우체국 등), 청년의 교육을 위한 것(학교 등), 모든 연령층의 교육을 위한 것(주로 평생교육원·종교학교 등)이 있습니다. 이들은 사회 전체에 매우 큰 이익을 주지만, 그것에서 나오는 이득이 그것을 세운 개인 또는 소수의 개인들에게 그 비용을 보상해 줄 수 없는 성질을 지니고 있습니다(891쪽).

그런데 스미스는 공공사업과 공공기관 중에서 동인도회사 등은 문제가 있으며, 분업의 폐해를 경감하기 위하여 청소년을 위한 교육을 강화해야 한다고 말합니다. 스미스가 문제로 삼은 공공기관은, 정부가 외국무역을 관리하라고 특허를 준 주식회사들[예를 들어 왕립아프리카 회사(서부 아프리카에 금은과 노예 무역을 위해 세운 회사), 허드슨베이 회사, 사우스시 회사, 동인도회사 등]이었습니다(912-932쪽). 이런 주식회사[*]에 일시적인 독점권을 주는 것은 합리적일 수도 있지만, 영구적인 독점권을 주는 것은 국민들에게 불합리한 세금을 부

---

[*] 여기에서 스미스는 주식회사 형태를 취할 수 있는 사업들을 다음과 같이 나열하고 있다. "주식회사가 독점적 특권 없이도 성공적으로 운영할 수 있는 유일한 사업은, 그 업무가 이른바 천편일률적이어서 임기응변이 필요 없는 것들이다. 이런 것들 중의 첫째는 은행업이고, 둘째는 화재보험업·해상보험업 및 전쟁 시에 나포될 위험에 대한 보험업이며, 셋째는 운송 가능한 수로나 운하를 개설하고 운영하는 사업이며, 넷째는 대도시에 식수를 공급하는 사업(수도업)이다(929쪽)."

사우스시 회사

남해회사라고도 하며, 남대서양과 남미 지역의 무역을 독점하기 위해 세운 회사.

허드슨베이 회사

캐나다 허드슨만에서 원주민들의 모피를 구매하기 위해 세운 회사.

과하는 것과 같다고 합니다(927쪽).

다음으로 청년을 위한 교육을 논의해 봅시다. 스미스에 따르면, 대학교수는 자기의 강의에 참석하는 학생들의 사례비 또는 수업료에서 봉급을 받아야 더욱 열심히 연구하고 강의하며, 기부재산으로부터 봉급을 받는 교수나 교사는 교육과 연구를 게을리한다고 봅니다(932-935쪽). 또한 당시 유럽의 대학들은 원래 성직자들을 교육하기 위해 설치된 종교단체였기 때문에, 라틴어·그리스어·히브리어를 가르쳤다고 합니다(940-948쪽).

그리고 바로 이 부분에서 스미스는 분업이 발달하는 상황에서는, 국가가 청소년의 교육에 특히 힘을 써야 한다고 강조하고 있습니다. 국부를 증진하는 데 필요한 노동생산성을 향상시키기 위해서는 분업이 절대적으로 필요하지만, 분업이 발달함에 따라 국민들 대부분

영국 슈루즈버리 그래머스쿨

1552년 에드워드 6세 때 설립되었다. 그래머스쿨은 사립학교로서 부유한 가정의 학생들이 다녔으며, 대학 진학을 위해 준비하는 학교이다. 애덤 스미스가 다닌 커콜디 버러 스쿨도 그래머스쿨이었다.

이 몇 가지 단순한 작업에 얽매이기 때문에 지적·사회적·군사적 재능들을 잃게 되므로 청소년 교육을 활성화할 필요가 있다고 주장합니다. 이것은 이미 2부 2장(분업론에 대한 비판)에서 논의한 바 있습니다. 끝으로 그는 한국 청소년의 미국 유학 열풍과 비슷한 당시 현상을 다음과 같이 비판하고 있습니다.

잉글랜드에서는 젊은이들이 학교를 졸업하자마자 그들을 대학에 보내지 않고 외국으로 여행 보내는 것이 점점 더 유행으로 되어가고 있다. 젊은이들은 여행을 함으로써 더욱 발전해서 돌아온다고 말한다. 17세나 18세에 외국에 나가 21세에 귀국하는 젊은이는 그가 외국

266

에 나갈 때보다 나이를 서너 살 더 먹고 돌아온다. 그리고 이런 나이에는 3~4년 사이에 많은 발전을 하지 않기가 매우 어렵다. 그는 여행하는 동안 일반적으로 하나 또는 두 개의 외국어에 대한 약간의 지식을 배우게 된다. 그러나 그 지식이란 것이 외국어를 적절히 말하거나 쓸 수 있기에 충분한 것이 되지 못한다.

그 밖의 측면에서 보면, 그들이 고국에 살았더라면 짧은 기간에 그렇게 될 수 없었을 만큼 매우 건방지고 매우 무절제하고 방탕하며, 진지하게 연구하거나 사무를 보는 데 주의를 기울일 수 없을 정도가 되어 귀국하는 것이 보통이다. 그렇게 어린 나이에 여행함으로써, 그의 양친이나 친척의 감시·통제로부터 멀리 떨어져서, 가장 경박한 방탕으로 그의 인생의 가장 귀중한 시기를 보내게 된다. 그리고 그의 초기교육으로 형성될 수 있었을 모든 유용한 습관이 강화·확립되지 못하고, 거의 필연적으로 약화·말살된다. (…)

아들을 해외로 보냄으로써, 아버지는 아들이 무위도식하고 남에게 무시당하고 파멸해 가는 아주 불쾌한 일을 자기 자신의 눈으로 봐야 하는 고통으로부터 적어도 잠시 동안은 벗어난다(948-949쪽).

스미스는 국방비·사법비·공공사업비를 어떻게 조달하느냐에 관해 다음과 같이 제안하고 있습니다(1003-1004쪽). 첫 번째로 국방비와 국왕의 존엄을 유지하기 위한 비용은, 일반적 기여(여기에서는 가능한 한 사회의 모든 구성원들이 각자의 능력에 비례하여 납부하는 세금을 말한다)에 의해 지급되어야 합니다. 두 번째로 사법비의 지출은 법정수수료로 조달될 수 있습니다. 세 번째로 지방의 이익에 관련된 비용은 해당 지방의 수입에 의해 지급되어야 합니다. 네 번째로 도로의 건설·유지는 사회 전체의 일반적 기여에 의해 조달되더라도 불공평하지 않으나, 통행세*에 의거하는 편이 더욱 공평합니다. 다섯 번째로 교육과 종교적 교화에 관한 지출은 일반적 기여에 의해 지급되어도 좋지만, 수업료와 자발적 기부에 의거하는 편이 더 좋습니다. 여섯 번째로 사회 전체에 유익한 기관의 자체 수입이 부족할 경우, 그것은 반드시 일반적 기여에 의해 메워져야 합니다.

석사 학위master of arts는 동업조합의 '장인'이 되는 조건

중세의 동업조합(길드) 제도에서는 모든 동업조합이 '유니버시티university'라고 불렸다. 예를 들어 금속세공인 유니버시티university of smiths, 재봉사 유니버시티university of taylors 등이 있었다. 이런 상황에서 지금 대학university이라고 불리는 동업조합이 나타나게 된 것이다. 따라서 대학도 기존의 동업조합의 규정에 따라, 자격을 가진 장인master 밑에서 도제로서 7년 동안 공부해야 교양과목의 장인master·교사teacher·박사doctor(옛날에는 이 셋이 모두 동의어였음)의 자격을 얻어 자기 밑에 연구하는 학생scholar·도제apprentice(마찬가지로 옛날에는 동의어였음)를 둘 수 있었던 것이다(156-157쪽).

---

* 교통세를 의미하며, 차나 선박 따위에 부과하는 세금

02

조세

스미스는 국왕과 국가의 비용을 조달하는 수입이 국왕에게 속하는 재원(자본이나 토지)과 국민에 부과하는 조세에서 나와야 한다고 말하면서, 조세의 종류를 자세히 설명하고 있습니다. 조세는 임금·이윤·지대의 각각이나 모두를 합한 것에 부과됩니다.

스미스는 조세의 네 가지 원칙을 제시하고 있는데(1017-1018쪽), 현재에도 재정학*에서 이 원칙들을 강의하고 있습니다.

첫 번째로, 한 나라의 국민이라면 마땅히 가능한 한 각자의 능력, 즉 국가의 보호하에 각자가 얻는 소득의 크기에 비례하여 정부의 유지에 기여해야 한다[조세의 공평성].

두 번째로, 각 개인이 납부해야 하는 조세는 반드시 확정적이어야 하며 자의적이어서는 안 된다. 즉 납세의 시기·방법·금액은 납세자와

---

* 국가 및 공공기관의 수입과 지출을 연구하는 경제학의 한 분야를 일컫는다.

기타의 사람들에게 간단명료해야 한다[조세의 명확성].

세 번째로, 조세는 납세자가 지급하기에 가장 편리한 시간에 가장 편리한 방법으로 징수되어야 한다[조세의 편리성].

네 번째로, 국민의 주머니로부터 끄집어내는 금액이 국고에 들어가는 금액을 초과하는 부분은 가능한 한 적게 되도록 모든 조세가 고안되어야 한다[최소의 징수 비용].

그는 토지세·인지세*·관세·국내소비세**가 영국 조세제도에서 4대 주요 부문이라고 분류합니다. 지대에 대한 조세는, 각 지역을 일정한 금액의 지대 수입 지역이라고 평가한 뒤 변경시키지 않는 방식(예를 들어 영국의 토지세)과 현실적인 지대 수입의 변화에 따라 그리고 토지 경작의 개량·쇠퇴에 따라 조세가 증감하는 방식 등 두 가지로 부과될 수 있습니다. 전자의 방식은 공평성을 위반하지만, 다른 세 가지 원칙에는 완전히 합치합니다(1020쪽).

지대에 비례하지 않고 토지 생산물에 비례하는 조세가 교회의 십일조인데, 토지 생산물 전체의 1/10을 요구하는 것입니다. 그런데 십일조 등 토지세의 궁극적인 부담자는 지주라는 사실을 명심해야 합니다. 매우 비옥한 토지에서는 지대가 토지 생산물 전체의 5/10이므로 십일조는 지대의 1/5에 불과하지만, 척박한 토지에서는 지대가 토지 생산물 전체의 2/10이므로 십일조는 지대의 1/2을 차지하게 되어 지주가 토지 개량에 투자할 자금이 없어집니다(1032쪽). 십일조는

* 재산상 권리의 변동과 승인을 표시하는 증서에 붙이는 세금

** 국내에서 이루어지는 재화의 소비나 화폐의 지출에 따라 징수하는 세금

270

교회의 십일조

중세 유럽의 교회에서는 전체 토지 생산물의 1/10을 조세로 요구하였다.

총 생산물의 1/10이어서 표면상으로는 매우 공평한 것 같지만, 지대의 크기와 비교하면 매우 불공평한 조세이기 때문에 지주에 의한 토지 개량과 농업자본가의 경작을 심하게 저해합니다(1033쪽).

가옥 임대료에는 건물 임대료와 택지 지대가 포함되어 있으며, 가옥 임대료에 대한 조세는 사실상 거주자가 지급하게 됩니다(1038쪽). 영국에서는 가옥의 실제 임대료를 정확하게 확정하기가 어려워서 벽난로 수에 비례하여 과세하거나 창문의 수에 비례하여 과세했는데, 이런 방식은 매우 불공평했습니다(1044-1046쪽).

자본의 수입, 즉 이윤에 대한 조세는 매우 어렵다고 이야기합니다. 이윤에는, 이자를 지급하는 부분으로서 자본소유자에게 귀속되는 것과 자본의 사용에 따른 위험·고통을 보상하는 부분이 있다고 스미스는 생각합니다. 이런 설명은 기업가가 은행으로부터 1,000만 원을 빌려서 사업을 시작하여 1년에 100만 원의 이윤을 얻는 경우를 상상해 보면 곧 알 수 있습니다. 기업가는 이윤 100만 원 중에서 차입금 1,000만 원에 대한 이자로 30만 원(연간 이자율 3%)을 주고 나머지 70만 원을 자기 주머니에 넣습니다. 이때 기업가는 이자로 지급하는 30만 원은 자본의 소유에 대한 보상이고, 70만 원은 자기 자신의 노동의 대가 또는 위험과 고통에 대한 대가라고 생각합니다.

그러나 올바르게 파악하면 100만 원은 기업의 노동자들이 잉여노동을 해서 창조한 것인데, 금융자본가인 은행과 산업자본가인 기업가가 이자와 기업이윤의 형태로 갈라먹는 것입니다. 스미스도 부르주아경제학자에 속하기 때문에, 이윤 중에서 "자본의 사용에 따른 위험과 고통을 보상하는 '기업이윤 부분'은 과세할 수 없다"라고 말합니다. 그리고 이윤 가운데 '화폐의 이자 부분'도 직접적인 과세 대상이 되기에는 토지의 지대보다 훨씬 적합하지 않다고 주장합니다. 왜냐하면 개인이 가진 자본의 양은 쉽게 확정될 수 없으며, 과세하면 자본은 다른 나라로 이동해 버리기 때문입니다(1047-1051쪽).

재산의 양도에 대한 조세는 필연적으로 자본가치의 일부를 빼앗아간다고 스미스는 생각합니다(1062쪽). 그리고 죽은 사람으로부터 살아 있는 사람에게로 이루어지는 모든 종류의 재산의 이전, 그리고 살아 있는 사람들 상호 간의 부동산 이전은 그 성질상 공개적이며 오랫동안 은폐될 수 없으므로 직접 과세될 수 있다고 합니다. 화폐 대부를 통해, 살아 있는 사람으로부터 살아 있는 사람으로 자본

272

과 동산이 이전하는 것은, 이런 거래를 증명하고 보호하는 문서에
대한 인지세와 등록세*로 과세합니다(1063쪽).

또한 죽은 사람으로부터 살아 있는 사람으로의 재산 이전에 관한
과세(상속세)는 재산을 획득하는 사람이 부담하고, 토지 매매에 부
과되는 세금은 파는 사람이, 신축 가옥의 매매에 대한 과세는 사는
사람이, 오래된 가옥의 매매에 대한 과세는 파는 사람이, 건축부지
의 매매에 부과되는 세금은 파는 사람이, 차입금 계약서에 부과되
는 인지세·등록세는 차입자가, 그리고 소송서류에 부과되는 인지세
는 원고가 각각 부담한다고 합니다(1064-1069쪽).

스미스에 따르면, 인지세와 등록세로 과세하는 방법은 근대에 와
서 발명되었다고 합니다. 그러나 인지세는 겨우 1세기 안에 유럽 전
역에 거의 보편화되었으며, 등록세도 매우 통상적인 것이 되었습니
다. 스미스에 따르면, 정부가 다른 나라 정부로부터 배우는 기술 가
운데서 "국민들의 주머니로부터 든을 끄집어내는 기술보다 더 빨리
배우는 것은 없다"라고 합니다(1067쪽).

노동임금에 부과되는 직접세**는 장기적으로 노동임금을 상승시
킬 수밖에 없기 때문에, 농업자본가와 제조업자의 자본투자 필요액
을 증가시켜서 지대를 더 크게 감소시키고 공산품 가격을 더 크게
상승시킬 것이라고 스미스는 주장합니다(1072-1073쪽).

인두세***를 만약 각 납세자의 재산 또는 소득에 비례하도록 만들

세금 반대를 외치는 사람들

2010년 4월 15일, 미국의 납세일에 맞춰 사람들이 정부의 세금정책을 비판하는 목소리를 높이고 있다. 시위에 참석한 사람들이 든 피켓에 적힌 'TEA(Taxed Enough Already: 이미 세금은 충분히 냈다는 의미) Party'는 과거 아메리카 식민지에 대한 영국의 과도한 관세에 반발하여 영국에서 들여온 차를 던져버렸던 '보스턴 차 사건'에서 유래했다.

려면, 그것은 완전히 자의적인 것이 되어버립니다. 왜냐하면 사람의 재산 상태는 날마다 변화하므로 어떤 조세보다도 어려운 조사를 해야 하며, 적어도 1년마다 한 번씩 새로 조사하지 않는 한 추측할 수밖에 없기 때문입니다. 반면에 인두세를 추정 재산이 아니라 각 납세자의 지위에 비례하도록 만들면, 완전히 불공평한 것이 됩니다. 왜냐하면 동일한 지위라도 재산의 정도는 다른 경우가 종종 있기 때문입니다(1076-1077쪽).

국내소비세 중에서 사치품에 대한 과세는 그 상품을 제외한 다른 상품의 가격을 상승시키는 경향을 갖지 않습니다. 그러나 필수품에 대한 과세는 노동임금을 상승시킴으로써 필연적으로 모든 공산품의 가격을 상승시키며, 따라서 그 판매량과 소비량을 감소시키는 경향을 갖습니다(1081-1091쪽).

관세duties of customs는 국내소비세보다 훨씬 오래된 것입니다. 그것이 '커스텀즈'라는 명칭으로 불리는 이유는, 아주 먼 옛날부터 관습적으로 해온 지급이라는 의미를 나타내기 위해서입니다(1091쪽). 중상주의 정책은 수입 금지·밀수입* 장려 및 감독·관리비 지출을 통해 관세 수입을 감소시켰고, 수출장려금과 세금 환불은 다양한 사기를 야기해 국가 세입에 큰 손해를 끼쳤습니다(1095쪽).

* 세관에 신고하지 않고 불법으로 수입하는 것

03

공채

국가와 지방자치단체는 세출이 증가하여 세입에 의해 세출을 감당할 수 없을 때, 국채와 지방채를 발행하여 자금을 조달합니다. 국채와 지방채를 합하여 '공채'라고 부르는데, 이 공채를 발행하게 된 이유는 무엇이었을까요?

스미스에 따르면, 평화 시에는 근대 정부에서 대부분 경상지출[*]이 경상수입[**]과 거의 비슷하므로, 전쟁이 일어나도 정부는 지출의 증가에 비례해 세입을 증가시키려 하지 않으며 또 그럴 수도 없습니다. 정부는 갑자기 조세를 크게 늘림으로써 전쟁에 싫증을 낼 사람들을 자극하는 게 두려워서 그렇게 하려고 하지 않습니다. 또한 전쟁 비용을 조달하기 위해서는 얼마만큼의 조세면 충분한가를 알지 못하기 때문에, 정부는 조세를 증가시킬 수도 없습니다.

이리하여 정부는 자금을 차입하게 됩니다. 정부는 차입에 대한 이

---

[*] 매년 연속적으로 반복하여 지출하는 경비. 예컨대 공무원 봉급 등이 있다.

[**] 매년 규칙적으로 반복하여 받아들이는 수입으로, 조세나 수수료 등이 이에 해당한다.

자를 갚기 위해, 조세를 조금만 증가시키더라도 매년 전쟁을 수행하는 데 충분한 화폐를 얻을 수 있습니다. 또한 원금은 상환하지 않고 매년 이자만 지급하는 영구공채를 발행함으로써, 정부는 이자 지급에 해당하는 최소의 조세만을 증가시켜 매년 가능한 한 최대의 화폐를 조달할 수 있습니다(1148-1158쪽).

그런데 스미스는 공채의 발행으로 영국 경제가 쇠퇴하고 있다고 주장합니다. 토지의 개량과 자본의 관리에 관심을 가지지 않는 공채 소유자들(또는 금융자본가들)이 토지소유자와 자본소유자의 소득을 조세 형태로 이전 받기 때문에, 공채는 장기적으로 토지의 황폐화와 자본의 낭비·이동을 야기할 수도 있다는 것입니다(1159-1167쪽).

그러므로 영국 경제가 활력을 되찾게 하려면 공채를 완전히 상환하거나 감소시켜야 하는데, 이를 위해서는 조세 수입의 거대한 증가 또는 정부 지출의 거대한 감소가 필요합니다. 그리하여 스미스는 대영제국의 모든 지역에 세금을 부과해야 하며, 이를 위해서는 대영제국의 모든 지역에서 영국 의회나 대영제국 의회로 조세 납부액에 비례하는 대표들을 참석시킬 것을 요구합니다. 스미스는 다음과 같이 말합니다.

영국의 조세제도를 대영제국의 모든 지역(그곳 주민이 영국인이든 유럽인이든 관계없음)으로 확대한다면, 국가 세입이 훨씬 크게 증가될 것으로 기대할 수 있다. 그러나 그렇게 하기 위해서는, 반드시 영국 헌법의 원칙에 따라 영국 의회 또는 대영제국 의회 안에 각 지역이 공

1851년 영국 국회의사당
14세기에 지어졌으나, 제2차 세계대전
때 파괴되었다.

평하고 평등한 대표권을 갖도록 해야 한다. 즉 각 지역의 대표자 수와
그 지역의 납세액이 비례하도록, 또는 영국 국내의 대표자 수와 기타
지역의 대표자 수의 비율이 영국 국내의 납세액과 기타 지역의 납세
액의 비율과 서로 같도록, 각 지역에 대표권을 부여하지 않으면 안 될
것이다. 많은 권력자들의 사적 이익과 대중들의 뿌리 깊은 편견은 현
재로서 이처럼 큰 변화를 반대하고 있는데, 이들 권력자와 대중들의
반대라는 장애물은 극복하기가 어려울지도 모르며 아마도 완전히 불
가능할지도 모른다(1168쪽).

결국 영국의 공채를 대폭 삭감하기 위해서는 대영제국의 모든 지
역에 세금을 부과해야 하는 '경제혁명'이 필요하고, 이를 위해서는
그 모든 지역이 영국 의회나 대영제국 의회에 조세 납부액에 비례하
는 대표들을 참석시키게 해야 하는 '정치혁명'이 필요합니다. 그런데
'영국 제일'을 외치는 영국의 기득권층이나 민중이 이런 정치혁명을
받아들일 수는 없을 것으로 보이며, 따라서 경제혁명도 불가능하게

될 가능성이 큽니다. 이 때문에 "영국은 대영제국을 포기하라!"라고
스미스가 외치는 것입니다.

대영제국의 모든 지역들로 하여금 제국 전체를 유지하는 데 기여
하게 할 수 없다면, 지금이야말로 영국은 전시에는 이 지방들을 방
위하고 평화 시에는 그들의 민간용·군사용 제도들을 유지하기 위해
혼자서 짊어져온 비용 부담에서 스스로 해방시키고, 미래 비전과 계
획을 자신의 평범한 실제 사정에 맞추도록 노력해야 할 때이다(1186-
1187쪽).

04

북아메리카 식민지의 독립전쟁

애덤 스미스는 앞에서 영국 정부에 대규모의 재정적자를 생기게 하는 북아메리카 식민지에 영국 국내와 같은 조세제도를 실시하여 영국 정부의 재정수입을 증가시켜야 한다고 주장했고, 이런 경제혁명이 가능하게 하기 위해서는 식민지 주민들이 그들의 대표를 영국 의회(또는 대영제국 의회)에 참석시키도록 하는 정치혁명이 필요하다고 강조했습니다.

그런데 사실 영국 정부는 북아메리카 식민지를 위한 재정지출을 회수하기 위하여 여러 가지 무리한 조세를 식민지 이주민에게 부담시켜 왔는데, 이것은 『국부론』에 잘 서술되어 있지 않습니다. 『국부론』 초판이 1776년 3월 9일에 발간되었고, 같은 해 7월 4일에 영국의 식민지인 북아메리카 동부 해안의 13개 주가 독립을 선언했기 때문에, 스미스는 북아메리카 식민지가 1775년부터 독립전쟁을 개시할 수밖에 없었던 사정을 잘 이해하고 있었을 것입니다.

더욱이 『국부론』 제5판이 발간된 1789년은 이미 북아메리카 식민지가 독립전쟁에서 이겨 '아메리카합중국_{United States of America}(흔히들 '미국'이라고 부름)'이라는 새로운 민주적인 독립국가를 형성한 지 6년이나 지난 뒤였습니다. 따라서 스미스가 다루지 않은 북아메리카의 사정을 여기에서 조금 이야기하려고 합니다.

영국과 식민지 이주민들의 충돌

1760년대에 들어서면 영국 의회와 정부가 평화 시와 전쟁 시에 지출하는 식민지 방위비를 줄이고 식민지에 대한 재정지출을 회수하기 위해, 전처럼 식민지 무역을 독점하는 무역상인의 이익을 옹호하기보다는 오히려 직접적으로 식민지 경영에 깊이 개입하기 시작합니다. 1763년 영국 국왕 조지 3세는 아메리카 원주민과 충돌하는 것을 피하기 위하여 영국 이주민들에게 '애팔래치아산맥 서쪽에는 정착하지 말 것'과 '그 지역에 이미 정착한 경우에는 동쪽으로 이주할 것'을 명령했습니다.

영국 의회에서 1764년에 통과된 설탕법은 북아메리카 식민지가 설탕·섬유제품·커피·포도주·인디고(물감) 등을 수입할 때 높은 관세를 지급하도록 했으며, 외국산 럼주와 프랑스 포도주는 수입을 금지했습니다. 그리고 1764년에 실시된 화폐법은 식민지에서 법화로 유통되는 어떤 종류의 지폐도 발행하지 못하게 했습니다. 이리하여 북아메리카 식민지에서는 화폐가 부족해 큰 곤란을 겪을 수밖에 없었습니다.

이런 법적인 조치들에 대하여 식민지 이주민들은 "우리 대표가 참가하지 않은 채 결정된 세금은 낼 수 없다"라는 결의를 1764년 5월에 채택했으며, 8월에는 보스턴 상인들이 영국산 사치재의 수입을 거부하기 시작했습니다. 스미스가 이야기한 '정치혁명'을 북아메리카 식민지 이주민들이 요구한 것입니다.

1765년 3월에는 영국 의회가 인지세법을 통과시켜, 식민지에서 발행되는 신문·팸플릿·법적 문서·인허가증·달력·트럼프 카드 등에 인지를 붙여 세금을 내도록 했습니다. 이에 대해 변호사·출판인·토지소유자·선박제조업자·상인들이 크게 반대했으며, 날마다 이뤄지던 사업 거래와 법적인 사무를 거의 중단하기로 했습니다. 또한 3월에 통과된 군대숙박법은 식민지 이주민들이 영국 군대를 재우고 먹여줄 의무가 있다고 규정하기도 했습니다.

이런 억압적인 상황에서 1765년에 식민지 대표들이 모여 영국 국왕에게 인지세법을 포함하여 설탕법·화폐법·군대숙박법 등을 철폐해주기를 호소했으며, "오직 식민지 의회만이 식민지 거주자에게 세금을 부과할 수 있으며, 우리 대표가 참석하지 않은 채 결정된 세금은 식민지 이주민들의 기본 인권을 침해하는 것"이라고 경고했습니다.

영국 국왕은 의회에서 긴 토론을 거쳐 1766년 3월에 인지세법을 철폐하면서, 동시에 "영국 정부는 아메리카 식민지를 다스릴 어떤 법률이라도 입법할 모든 권리를 가지고 있다"라고 선포했습니다. 이리하여 1767년 6월에 영국 의회는 타운센드* 조세법을 통과시켜,

---

* 타운센드는 스미스가 1763년부터 1766년 사이에 해외여행 가정교사를 했던 버클루 공작의 의붓아버지이고, 스미스가 해외여행에서 돌아오면서 재무부 장관이던 타운센드를 만나 식민지 조세 계획에 조언한 바 있다(1부 1장, 부록 '애덤 스미스 연보' 참조).

종이·차·유리·납·페인트 등의 수입에 관세를 부과했습니다.

북아메리카 식민지 13개 주의 상인들은 타운센드 조세법이 철폐될 때까지 영국산 상품과 노예의 거래를 거부하기로 결의했고, 식민지의 지하 단체와 영국 군대 사이에 충돌이 생기기 시작했습니다. 이 과정에서 영국 군대가 군중들에게 발포하여 3명 이상의 사상자를 내는 사건(보스턴 학살 사건*)이 1770년 3월 5일에 발생했습니다. 영국 국왕은 1770년 4월에 타운센드 조세법을 철폐하여 차만 뺀 모든 식민지 수입상품에 대해 관세를 면제하고, 군대숙박법도 철폐했습니다.

식민지의 독립선언

이때 차에 대해서만 수입 관세(무게 1파운드453그램에 3펜스)를 면제하지 않은 것은 영국 정부가 동인도회사를 돕기 위한 조치였습니다. 거의 파산 직전이던 동인도회사가 직접 식민지에 독점적으로 차를 판매함으로써 이윤을 올리려고 영국 의회에 로비한 것이었습니다. 1773년 12월에 식민지의 독립운동가들이 보스턴 항구에 정박 중인 배에 실려 있던 차 342개 상자를 밤에 몰래 바다에 던져버린 사건(보스턴 차 사건)이 발생했습니다.

이에 대항하여 영국 의회는 일련의 '위협적인 법들Coercive Acts'을 통과시켰는데, 첫째는 1774년 3월의 '보스턴 항구법'으로서 매사추세

보스턴 차 사건

영국의 과도한 조세에 항의하기 위해 인디언 차림의 북아메리카 상인들이 영국에서 들어온 배를 습격하고 있다.

츠가 342개 상자의 차에 대한 관세를 지급하고 동인도회사에 차 대금을 보상할 때까지 보스턴 항구를 폐쇄한다는 내용이었습니다.

둘째는 1774년 5월에 영국 의회를 통과한 '매사추세츠 규제법'과 '매사추세츠 통치법'인데, 이것은 식민지 이주민들에 의한 자치를 사실상 금지하고 모든 권력을 영국의 국왕과 식민지 총독이 행사하게 했습니다.

셋째로 1774년 6월에는 1775년의 '군대숙박법'을 새로 강화한 법이 통과되었으며, 매사추세츠의 새로운 총독으로 영국군 사령관인 게이지* 장군이 취임했습니다.

---

* 토머스 게이지. 1721~1787. 영국의 육군 장군으로, 북아메리카 식민지 주둔 영국군 총사령관과 매사추세츠 총독을 역임했다.

「독립선언서」 발표

1776년 7월 4일 워싱턴은 「독립선언서」를 발표하며 미국의 독립을 선언했다.

이런 영국의 강압에 대항하기 위하여 1774년 9월 5일에서 10월 26일까지 식민지 13개 주의 대표자들이 모인 제1차 대륙회의가 필라델피아에서 열렸습니다. 영국의 '위협적인 법들'에 복종하지 않을 것과 '생명·자유·재산'에 관한 식민지 이주민들의 권리를 선언했으며, 영국에서 온 상품들에 대한 불매운동, 영국에 대한 수출 금지, 노예 무역의 중단 등을 결의했습니다.

이리하여 1775년 2월에 영국 의회는 매사추세츠가 '반란 상태'에 있다고 선언했습니다. 그 뒤 사실상 전쟁 상태로 들어갔고, 1775년 7월 5일 필라델피아에 모인 제2차 대륙회의에서는 영국 국왕 조지 3세에게 영국과 화해할 수 있도록 도와달라고 직접적으로 호소했으나, 국왕이 아메리카 이주민들이 당시 공개적인 반란 상태에 있다고 선언함으로써 독립전쟁은 더욱 확대될 수밖에 없었습니다. 제2차 대륙회의는 이 독립전쟁에서 프랑스와 스페인의 도움을 받아 1776년 7월 4일에 역사적인 「독립선언서」를 만천하에 공포하였습니다.

1777년 6월 14일에 제2차 대륙회의는 13개의 별과 13개의 백색과 적색의 줄로 이루어진 깃발을 '연합한 주들United States'의 공식 깃발로 결정했습니다. 1778년 3월에 영국 의회의 평화위원회가 아메리카 대표들에게 독립을 제외한 모든 요구를 들어주겠다고 제안했지만, 제2차 대륙회의는 거부했습니다. 독립전쟁은 1781년 10월에 영국의 콘월리스 장군이 요크타운에서 독립군의 워싱턴* 장군에게 항복할 때 이미 승리가 예견됐고, 이에 영국 하원은 1782년 2월에 아메리카와의 전쟁을 끝내는 것에 동의했습니다.

1782년 파리에서 제2차 대륙회의 대표와 영국 대표 사이에 평화회담이 열리고, 프랑스·네덜란드·스페인·스웨덴·덴마크·러시아가 아메리카합중국을 새로운 민주적인 독립국가로 인정하게 되었으며, 1783년 4월 11일에 제2차 대륙회의는 혁명전쟁Revolutionary War이 끝났음을 공식적으로 선언했습니다.

여기에 좀 길게 미국의 형성 과정을 설명한 이유는, 애덤 스미스가 『국부론』을 쓰고 교정하던 시대가 엄청난 대변혁의 시기였음을 보여주고 싶었기 때문입니다. 북아메리카 식민지 동부 해안 13개 주가 거대한 산업국인 영국을 물리친 것은, 식민지의 무력이 강해서가 아니라 당시의 시대정신이 '생명·자유·재산'이었기 때문입니다. 모든

* 조지 워싱턴. 1732~1799. 미국의 초대 대통령. 독립혁명군 총사령관으로서 독립전쟁을 승리로 이끌었다.

식민지 이주민들이 이 시대정신을 높이 떠받들었기 때문에 북아메리카 식민지가 독립할 수 있었다는 이야기입니다.

1789년 4월에 조지 워싱턴이 초대 대통령으로 선출되고, 1789년 7월 14일에 프랑스에서 바스티유 감옥이 무너지면서 혁명이 시작되는 역사적 분위기 속에서, 애덤 스미스는 그다음 해인 1790년 7월 17일에 67세의 나이로 세상을 떠났습니다.

스미스가 국가의 재정적자를 비판하면서 식민지를 해방시키든지 식민지에 과세하라고 주장한 것은, 당시로서는 상상하기 어려울 정도로 과격한 주장이었습니다. 왕권신수설(왕권은 신으로부터 주어진 것이므로 무조건 복종해야 한다는 정치이론)을 믿고 있던 국왕은 경악했을지도 모릅니다. 그러나 스미스는 사물의 이치를 파악할 수 있는 양심을 가지고 있었던 것입니다.

고전파경제학자들의 계보

　1776년에 발간된 스미스의 『국부론』으로부터 시작하는 고전파경제학은 1870년대의 '한계혁명(미분과 적분이 경제학에서 중요한 분석도구로 나타났음)'을 거치면서 신고전파경제학에게 지배적인 위치를 양보했습니다. 고전파경제학의 노동가치설이 신고전파경제학의 효용가치설에 의해 대체된 것입니다. 상품의 가치는 그 상품을 만드는 데 드는 노동시간에 의해 결정되는 것이 아니라, 그 상품이 제공하는 효용 또는 만족도에 의해 결정된다는 것입니다. 그리고 경제학의 이름도 정치경제학political economy에서 경제학economics으로 바뀌면서 분석의 대상도 생산과정이 아니라 교환과정(수요와 공급에 의한 가격결정이론)으로 집중되었습니다.

　스미스의 뒤를 이은 고전파경제학자인 리카도는 스미스의 노동가치설을 투하노동가치설로 깔끔하게 정리함으로써 "상품의 가치는 그 상품을 만드는 데 드는 노동시간에 의해 결정된다"라는 이론을 확립했습니다. 그리고 리카도는 산업혁명이 진행되면서 기계로 인해 취업자가 해고되는 것을 목격함으로써, 스미스의 자본축적론, 즉 "자본의 축적은 취업자를 증가시킨다"라는 주장을 수정할 수 있었습니다.

　또한 리카도는 스미스의 자유무역론을 더욱 발전시켜 비교우위에 의한 국제무역론을 제시했습니다. 예컨대 영국과 포르투갈이 옷과 포도주를 만든다고 할 때, 두 품목 모두에서 포르투갈이 더욱 싸게 만들 수 있다고 하더라도 포도주 생산에서 포르투갈이 영국에 비해 상대적으로 더 유리하다면(다시 말해 비교우위를 가진다면), 포르투갈은 포도주 생산을 특화하고 영국은 옷 생산을 특화하는 것이 두 나라 모두가 두 가지 품목을 더욱 싸게 살 수 있는 방법이 된다는 것입니다.

스미스의 자유무역론과 리카도의 비교우위론에 기대어 영국 정부는 모든 나라에 자유무역을 권고했는데, 이에 대해 독일의 프리드리히 리스트Friedrich List: 1789~1846는 후진국은 자국의 약한 유치산업을 보호하는 보호무역을 실시해야 한다고 주장했습니다.

영국 성공회 목사였던 맬서스는 연간 생산물 중 일부가 팔리지 않을 가능성을 처음으로 발견했습니다. 노동자는 임금이 낮아 연간 생산물의 작은 부분만 구매할 수 있으며, 자본가는 이윤을 소비하기보다는 투자하려고 저축하기 때문에, 연간 생산물이 모두 팔리기가 어렵다는 것입니다. 따라서 일하지 않으면서 소비만 하는 지주·관리·목사 등 '비생산적 계급'이 자본주의를 유지하는 데 큰 역할을 한다고 주장했습니다.

맬서스의 과잉생산이론은 케인스에게 전달되었는데, 케인스는 지주·관리·목사 대신에 '국가'를 집어넣었습니다. 국가는 돈을 찍어냄으로써, 또는 재정적자(=재정수입보다 큰 재정지출)를 통해 연간 생산물의 완전한 판매를 달성할 수 있으므로, 케인스에 의해 맬서스의 '과잉생산이론'이 완성된 것입니다.

경제학자인 제임스 밀의 아들인 존 스튜어트 밀은 최후의 고전파경제학자로서, 격화된 노동운동(예컨대 1838년부터 1848년까지의 차티즘)에 직면하여 자본가 계급과 노동자 계급의 이익을 조화시키려는 절충적인 경제이론을 제시하려고 노력했습니다.

　예컨대 자본가가 노동자를 생산 분야에서 착취하는 것은 그대로 두면서, 노동자가 창조한 부가가치의 분배에서 노동자를 유리하게 하는 국가의 정책을 비롯하여 매우 불평등한 소득분배를 개선하는 제도를 모색했습니다. 밀은 사회주의자였던 애인의 영향을 받아 사회주의와 여성해방에 관해서도 관심을 가졌고 글도 썼습니다.

『국부론』을 바로 읽어 시장만능주의를 개혁하자

애덤 스미스는 경제학의 체계를 세운 시조이며, 당시의 불의에 대항한 혁명가였습니다. 『국부론』 전체는 중상주의 비판에 초점이 맞추어져 있고, 그는 이런 비판을 통해 절대왕정을 무너뜨리고 다수의 시민을 중심으로 하는 자본주의 사회를 이룩하려고 하였습니다. 이런 점에서 『국부론』은 부르주아혁명을 잉태한 시대의 혁명 독본이라고 부를 수 있을 것입니다.

그렇기 때문에 애덤 스미스의 경제사상에는 매우 진보적인 요소들이 많이 있습니다. 국왕과 정부가 국민 전체의 의견을 듣지 않고 일부 상인과 제조업자의 의견에 경도되고 있다는 비판, 영국은 명예혁명을 통해 개인들에게 자유를 허용함으로써 번영과 진보를 이룩할 수 있었다는 주장, 임금 인상이 인구를 증가시키고 노동자의 건강을 향상시켜 경제성장을 촉진한다는 주장, 자본가들은 항상 자기의 사적 이익을 증가시키기 위해 공모한다는 비판, 노동자들은 지금 당장 살아야 하기 때문에 임금투쟁에서 항상 패배한다는 분석, 제국주의적 지배를 경제적인 비용과 편익을 통해 비판하면서 아메리카 식민지를 독립시키라는 권고 등은 스미스의 진보적인 측면을 드러내는 것입니다.

그러나 스미스는 자신의 신학적인 사고, 즉 신의 섭리가 인간 사회를 지배하고 있다는 사고 때문에, 인간 사회에는 어떤 형태의 신의 질서 또는 자연적인 질서가 있으므로 결코 멸망하지 않는다는 신념을 갖고 있었던 듯합니다. 개인들에게 자기의 사적 이익을 추구하게 하면 자기도 모르는 사이에 사회의 이익도 증가한다는 주장 속에는 '보이지 않는 손'의 요술 또는 '신의 섭리'가 작용하고 있는 것처럼 느껴집니다.

또한 이론적인 측면에서 볼 때 자본이 농업에 가장 먼저 투자되고 그 뒤로 '제조업→도매업→소매업'의 순서로 투자되면 노동자의 고용이 가장 크고 따라서 국부가 가장 크게 증가한다는 주장을, 개인들의 판단에 맡기더라도 인간의 천성에 따라 자본을 그러한 투자 우선순위에 따라 투자할 것이라는 예측에 의해 다시 뒷받침하는 것도 자연적인 질서 또는 신의 섭리가 개인들에게 작용하고 있다는 스미스의 생각을 보여줍니다.

그러나 이런 신학적인 신념이나 사고가 경제학에 개입해서는 절대로 안 됩니다. 자본주의 사회는 대립하는 자본가 계급과 노동자 계급이라는 두 계급의 탄생과 더불어 성립되었고 자본가 계급에 의한 노동자 계급의 착취에 의해 성장하다가 두 계급 사이의 투쟁에 의해 멸망하고 새로운 사회가 나타날 것이라고 말하면 매우 쉽게 자본주의의 생성·발전·소멸을 짐작할 수 있을 것인데, 아무도 모르는 '신'을 개입시키기 시작하면 인간 사회를 절대로 올바르게 이해할 수 없을 것이기 때문입니다.

사실상 스미스는 자본주의 사회가 인간의 천성에 꼭 들어맞으므로 영구히 존속하리라고 생각했는데, 이러한 생각은 현재의 모든 부르주아경제학자들과 마찬가지입니다. 왜냐하면 그들은 인간의 천성이 무엇인지 알 수 없었기에, 자본주의 사회에서 일반적인 사람들이 가진 성향이나 기호를 인간의 천성이라고 가정했기 때문입니다. 그러나 우리는 자연이나 인간 사회에 현재 존재하는 것을 긍정적으로 이해하면서도 동시에 그것의 불가피한 파멸을 인정해야만, 현재 존재하는 것의 일시적인 측면을 파악할 수 있는 것입니다.

그렇지만 스미스의 이론은 현재의 시장만능주의자들보다는 훨씬 우수합니다. 먼저 스미스는 독점의 폐해를 계속해서 강조하고 있습니다. 동인도회사는 인도를 지배하는 영국 정부의 공공기관인데, 인도와의 무역을 독점하여 인도산 상품이나 영국산 상품을 독점가격에 의해 영국과 인도의 소비자에게 비싸게 팔았습니다. 그리고 아메리카 식민지와의 무역을 독점하는 영국 무역상은 영국과 아메리카 식민지의 소비자들뿐만 아니라, 영국 정부의 이익도 해쳤습니다.

두 번째로 독점적인 위치에 있지 않는 개인이나 기업도 정의의 원칙을 지키면서 자기의 이익을 추구해야 한다고 스미스는 강조하고 있습니다. 그는 『도덕감정론』에서 다수의 사람들이 어떤 개인이나 기업의 행동에 '동감'을 느끼지 못하면 그 행동은 '정의롭지 못한 행동'으로 간주된다고 했으며, 이런 '정의의 원칙'은 법률에 명시된다고 말했습니다.

세 번째로 스미스는 개인의 사적인 이익 추구가 사회의 이익에 어떤 영향을 미칠까를 계속 연구했습니다. 그리하여 임금을 받는 노동자들을 동일하다고 보지 않고, 새로운 가치와 부를 생산하는 생산적 노동자와 그렇게 하지 않는 비생산적 노동자로 구분하게 된 것입니다. 국부는 국민 전체의 부를 가리키며, 국부가 증가하려면 생산적 노동자가 증가해야 하기 때문에, 개별 자본가들은 하인 등 비생산적 노동자를 고용하지 말아야 하며 소비를 절약하고 저축을 늘려 자본을 축적해야 한다고 이야기하는 것입니다. 모든 것을 시장에 맡기고 현재와 같이 상업노동자나 금융노동자 등 비생산적 노동자가 증가하는 것에 대해 전혀 걱정하지 않는 시장만능주의자와는 매우 다른 입장을 취하고 있습니다.

네 번째로 스미스가 간결하게 제시한 조세의 네 원칙 중에서 조세의 공평성은 시장만능주의자가 '부자들의 조세 부담을 감축하라'라고 주장하는 부자감세론을 부정하고 있습니다. 부자감세론은 '부익부 빈익빈이 경제를 더욱 성장시킨다'라는 무당경제학voodoo economics(사실이 아닌 것을 마치 사실인 것처럼 펼치는 경제이론)에 의거하고 있는데, 이것은 '소득의 크기에 따라 세금을 내야 한다'는 조세의 공평성 원칙에 어긋나는 것입니다. 더욱이 스미스는 임금이 상승해야 노동자들이 건강해지고 장래를 낙관적으로 전망하게 됨으로써 더욱 정력적으로 열심히 일하게 된다고 주장합니다.

다섯 번째로 스미스는 정부가 재산이 많은 계급의 요구를 쉽게 받아들이는 경향이 있다고 지적하면서, 국민들이 상인과 제조업자의 정책 제안을 주의 깊게 검토해야 한다고 말하고 있습니다. 부르주아경제학자인 스미스는 객관적인 입장을 취하여 자본가 계급의 기득권 옹호를 비판하고 있는 데 비해, 현재의 시장만능주의자들은 기득권을 옹호하기 위해 모든 문제에서 시장에 맡기라고 주장하고 있는 것입니다.

스미스는 속류 부르주아경제학자가 아니라 과학적인 부르주아경제학자입니다. 따라서 『국부론』을 깊이 읽어 현재의 엉터리 시장만능주의를 개혁해야 할 것입니다.

시장의 공정한 경쟁을 꿈꾼다

김수행 교수의 『국부론을 읽는 시간』은 2010년 4월 15일 두리미디어에서 초판 발간되었던 『청소년을 위한 국부론』의 복간본이며, 2014년 4월 10일 발행된 초판 9쇄를 기준으로 하였다. 2015년 저자의 갑작스러운 타계 이후 제자들 사이에서는 여러 차례 조심스럽게 복간 논의가 있었지만, 두리미디어의 불분명한 행방과 이로 인한 판권 처리 문제로 번번이 무산되었다가 저자의 10주기를 앞둔 2025년 봄에 해냄출판사가 유족과 다시 판권 계약을 함으로써 비로소 복간 작업이 이루어지게 되었다. 처음에 복간을 논의할 시점에는 여러 명의 제자가 나누어 작업하려 하였으나, 계약 시점에 마침 건강상 이유로 명예퇴직을 한 상태였던 필자가 제일 부족한 능력에도 불구하고 작업을 도맡게 되었다.

작업은 예상하지 못한 문제로 힘들었다. 원저의 디지털 콘텐츠가 남아 있지 않아 편집부에서는 이를 일일이 수작업으로 다시 쳐서 복원해야 했는데 여기에 시간이 많이 들었고, 수작업의 결과 없던 수많은 편집상의 오류가 생겨났다. 필자가 세 번 이상 검토하면서 오류를 잡아내었고, 이후 편집부에서 일일이 원문과 대조하면서 다시 오류를 잡아내었다. 그랬음에도 불구하고 여전히 남아 있는 오류가 있다면 이는 전적으로 정리자의 잘못이다. 『국부론을 읽는 시간』은 당연히 『국부론』을 많이 인용하고 있는데, 그 인용들은 2007년에 나온 저자의 개역판(비봉출판사)을 기준으로 하고 있다. 『국부론을 읽는 시간』은 『국부론』뿐만 아니라 『자본론』도 많이 인용하고 있는데, 그 인용들은 필자가 정리하는 과정에서 모두 가장 나중에 나온 저자의 '2015 개역판(비봉출판사)'으로 통일하여 수정하였다.

저자가 애덤 스미스와 『국부론』에 관심을 가진 것은 그가 마르크스를 공부한 학자라는 점에서 매우 자연스러운 일이었다. 왜냐하면 『국부론』은 마르크스가 활동할 당시 '정치경제학'이라고 불렸던 초기 경제학의 대표적인 저서이기 때문이다. '정치경제학 비판'이라는 『자본론』의 부제에서 알 수 있듯 당시의 경제학을 비판한 마르크스가 『자본론』에서 『국부론』을 가장 많이 인용하고 있는 것은 당연했다.

『국부론을 읽는 시간』은 『국부론』의 내용과 일견 대응하지만, 서술 순서를 그대로 따르지 않고 핵심 이론을 중심으로 재배열하였다. 1부는 스미스의 생애와 연구 방법을 소개하는 저자의 도입부이고, 2부 「분업과 화폐」는 『국부론』 1편 1~4장에, 3부 「가치와 가격」은

1편 4~7장에 해당하며, 4부 「임금·이윤·지대」는 1편 8~11장에 대응한다. 5부 「자본과 축적」은 2편 대부분의 장과 관련이 있고, 6부 「중상주의와 중농주의」는 4편의 전체 핵심을, 7부 「국가의 역할과 재정」은 5편의 전체 핵심을 소개하고 있다.

『국부론을 읽는 시간』은 『국부론』을 단순히 읽기 쉽게 요약하여 소개하는 시중의 여러 소개서와는 다르다. 저자는 『국부론』을 시장경제의 경전으로 간주하는 많은 시장주의적 경제학자들과는 달리, 그것이 갖는 시대적 의미와 이론적 의미를 경제학의 역사라는 관점에서 재조명한다.

저자에 따르면 애덤 스미스는 '당시의 불의에 대항한 혁명가'였다. 『국부론』 전체가 중상주의 비판에 초점이 맞추어져 있고, 스미스는 이러한 비판을 통해 절대왕정을 비판하고 다수의 시민을 중심으로 하는 자본주의 사회를 이룩하고자 하였다는 것이다. 저자는 이의 근거로 스미스가 정부와 상인자본의 결탁을 비판하고, 영국의 명예혁명과 같은 시민혁명을 옹호하였으며, 임금 인상의 긍정적 효과에 주목하고, 독과점의 폐해를 경계하고 제국주의적인 식민지 경영을 비판하였다는 점들을 열거한다(맺는 글).

경제학의 역사에서 보더라도 애덤 스미스의 기여는 각별하다. 그는 최초로 경제학의 체계를 세웠을 뿐 아니라, 이후 리카도를 거쳐 마르크스에 이르러 완성된 노동가치설의 선구자이기도 하다. 저자는 스미스가 국부를 중상주의와 달리 한 나라가 보유하는 금과 은의 양이 아니라 국민이 소비할 수 있는 생활필수품과 편의품의 양이라는 사실을 강조하면서, 한 나라 국민의 1년 동안의 노동이 국부의 원천이라고 주장한 부분에 주목한다. 이는 곧 노동생산물의 가치는 그 상품을 생산하는 데 드는 노동량에 의해 측정되어야 한다는 노동가치설로 이어졌다. 비록 스미스가 노동과 노동력을 구분하지 않음으로써 이윤의 원천을 설명하지 못하여 노동가치설을 완성하지는 못하였지만, 이러한 그의 이론적 관점은 이후 마르크스의 노동가치설을 가능하게 한 이론적 출발점이 되었다(3부). 또한 스미스의 생산적 노동과 비생산적 노동에 대한 구분(5부) 역시 마르크스에 이르러 직접 잉여가치 생산에 기여하는 노동과 그렇지 않은 노동에 대한 구분으로 그 의미가 분명해졌다.

저자는 스미스가 인간의 교환 성향에서 비롯하는 사회적 분업과 화폐의 발생을 설명함으로써 시장의 원리를 규명하려 하였지만(2부), 경제를 단순히 시장에서 이루어지는 교환의 총체로 보는 것에 그치지 않고 노동자와 자본가 그리고 지주로 이루어진 생산과 분배의 사회구조로 파악하고 있음을 보여준다(4부). 이러한 관점은 저자가 스미스를 단지 시장의 이론가라기보다는 자본주의의 이론가로 파악하고 있음을 의미한다. 다만 스미스 시대의 자본주의는 매뉴팩처에 기반한 초기 자본주의였기에(2부), 그는 산업혁명 이후의 성숙한 자본주의를 연구 대상으로 했던 마르크스처럼 자본축적의 역사적 경향을 파악하는 데는 이르지 못하였다.

애덤 스미스와 『국부론』에 대한 가장 흔한 오해는 그를 시장만능주의의 아이콘으로, 『국부론』을 시장만능주의의 경전으로 간주하는 것이다. 『국부론』을 한 번도 보지 않은 사람들도 스미스의 '보이지 않는 손'은 들어서 알고 있는 경우가 많다. 왜냐하면 현대의 많은 경제학 교과서가 '보이지 않는 손'을 시장의 자기-조정적 권능을 표현하는 『국부론』의 핵심 개념처럼 소개하고 있기 때문이다. 저자는 '보이지 않는 손'이 그 두꺼운 『국부론』에서 딱 한 번, 그것도 4편 중상주의를 비판하는 와중에 자기 이익을 위해 외국의 산업보다 안전한 국내 사업에 투자하는 것이 국부 증진에도 도움이 될 수 있다는 맥락에서 비유적 표현으로 등장할 뿐이며, 그것이 『국부론』 전체를 관통하는 핵심적인 키워드가 아니라는 점을 지적한다(6부). 나아가 저자는 스미스가 시장에서 빈번히 일어나는 동업자 간의 담합이나 독점을 비판하였을 뿐 아니라 국방, 사법, 공공사업, 교육 등의 영역에서 국가 역할의 중요성을 강조하고 있다는 점에서 결코 시장만능주의 이론이 아니라는 점도 지적하고 있다(7부).

이처럼 김수행 교수의 『국부론을 읽는 시간』은 『국부론』을 한편으로는 애덤 스미스가 살았던 시대성 속에서, 다른 한편으로는 경제학의 역사라는 이론적 맥락에서 해석함으로써 오히려 『국부론』의 현대적 의미를 더 선명하게 부각하고 있다. 스미스는 『국부론』에서 권력과 결탁한 상인과 제조업자들의 독점적 특권이나 동업자 간의 담합을 통한 독점력의 행사 등이 존재하지 않고, 시장이 제대로 제공할 수 없는 영역에서 국가가 중요한 공급자로서 기능하는, 그래서 개인들이 공정한 경쟁을 통해 마음껏 자기 이익을 추구할 수 있는 이상적인 자본주의 사회를 꿈꾸었다. 그러나 스미스도 『국부론』에서 중상주의라는 당시의 자본주의를 열렬히 비판하고 있듯, 현실의 자본주의는 한 번도 스미스가 생각하는 이상적인 형태였던 적은 없었다. 현실의 자본주의는 언제나 자본과 국가권력의 결탁, 독점의

횡포, 중소기업의 몰락과 취업 노동자의 해고, 선진 자본주의 국가의 후진국 수탈 등으로 얼룩져왔다.

그러므로 애덤 스미스가 『국부론』에서 펼친 이상이 실현되기 위해 지금 당장 필요한 것은 모든 것을 시장에 맡기자는 '시장만능주의'가 아니라 오히려 시장의 공정한 경쟁을 회복하고, 시장이 다 제공하지 못하는 안전하고 평화로운 삶을 지켜주는 정의로운 국가인지도 모른다. 시장만능주의란 경쟁적 시장의 주역임을 자임하고 있는 소수의 특권적 계층이 이러한 정의로운 국가의 등장을 저지하기 위해 만들어낸 이데올로기에 불과하다. 이를 여실히 보여주는 사건이 바로 미국에서 트럼피즘(Trumpism: 트럼프주의)이 등장한 것이다. 어제까지 시장만능주의를 외치는 정당이 갑자기 자유무역에 대한 신조를 헌신짝처럼 버리고, 관세와 무장한 군사력으로 세계 질서의 재편에 나서고 있다. 트럼피즘은 중상주의의 현대적 재림이다. 애덤 스미스가 살아 있다면 누구보다 열렬히 트럼피즘을 비판했을 것임이 분명하다. 저자가 바랐듯이 독자들이 이 책을 통해 '세상을 보는 새로운 시각'을 얻을 수 있기를 기대한다.

2026년 3월 연남동에서
저자의 부족한 제자 박도영 씀

애덤 스미스의 생애와 학문적 실천

● **1720년**

부친 애덤 스미스Adam Smith: ?~1723와 모친 마거릿 더글라스Margaret Douglas: 1694~1784가 커콜디에서 결혼. 부친은 백작의 개인 비서와 스코틀랜드 군사재판소의 법무관을 거쳐 1714년부터 커콜디 세관 검사관으로 근무함. 모친은 그 동네의 지주이자 스코틀랜드 국회의 의원이던 로버트 더글라스Robert Douglas of Strathenry의 딸이었음.

● **1723년**

1월 25일: 부친 스미스 사망.
6월 5일: 커콜디에서 애덤 스미스 탄생.

● **1727년**

아이작 뉴턴Isaac Newton: 1642~1727 사망.

● **1729년**

정치가 에드먼드 버크Edmund Burke: 1729-1797 탄생.

● **1731~1737년**

커콜디의 집에는 모친뿐만 아니라 스미스의 외사촌 여동생 재닛 더글라스Janet Douglas가 함께 살고 있었음. 모친이 스미스를 알뜰히 보살펴주었고, 재닛은 좋은 친구였음. 재닛은 평생 결혼하지 않고 스미스와 그의 모친과 함께 살았음.

커콜디 버러 스쿨Burgh School of Kirkcaldy에서 중등교육을 받음.
라틴어·수학·역사·글쓰기를 배움.

● **1734년**
무신론적 철학자 흄David Hume: 1711~1776이 『인간본성론A Treatise of Human Nature』을 발간.

● **1737~1740년**
14세에 글래스고 대학교에 입학. 도덕철학자 프랜시스 허치슨Francis Hutcheson: 1694~1746 교수의 지도를 받음. 졸업할 때 성적이 우수하여 옥스퍼드 대학교에서 공부할 수 있는 장학금Snell Exhibition(연간 40파운드)을 받음.

● **1740년**
7월 7일: 옥스퍼드 대학교 베일리얼 대학에 입학.
옥스퍼드 대학교의 강의가 엉터리라고 판단하여 도서관에서 혼자 언어학·고전문학·철학 등을 공부함.
흄의 『인간본성론』을 읽다가 대학 당국으로부터 처벌 받음.

● **1746년**
8월 15일: 장학금 받을 기간이 남았지만, 베일리얼 대학을 떠나 커콜디로 돌아옴.

● **1746~1748년**
커콜디에서 모친과 지냄.

● **1748년**
흄이 『인간 오성의 탐구An Enguiry Concerning Human Understanding』을 발간.

● **1748~1751년**

친구들의 후원으로 에든버러에서 웅변술, 미적 감각에 호소하는 문학, 법률학에 관해 공개 강의.

● **1750년**

흄과 처음 만나 스코틀랜드 계몽운동에 참가. 이미 계몽운동에는 애덤 Robert Adam, 보스웰James Boswell, 번즈Robert Burns, 허턴James Hutton, 와트 James Watt, 흄David Hume이 참가하고 있었음.

● **1751년**

1월 9일: 글래스고 대학교 논리학 교수로 임명됨.
10월: 논리학·법학·정치학을 강의하기 시작함.

● **1752년**

4월 22일: 글래스고 대학교 도덕철학 교수로 임명됨.

● **1756~1763년**

프러시아와 영국이 한편이 되고, 오스트리아와 러시아 및 프랑스가 다른 한편이 되어 '7년 전쟁'이 발발함. 전자가 승리하여, 프러시아는 실레지아를 차지하고 프랑스는 캐나다와 인도를 상실함.

● **1758년**

프랑스 중농학파의 창시자 케네F. Quesnay: 1694~1774가 『경제표Economical Table』를 발간.

● **1759년**

글래스고 대학의 강의를 기반으로 『도덕감정론The Theory of Moral Sentiments』 발간.

유럽의 부유한 학생들이 스미스에게 배우기 위해 모여 듦.

● **1761년**

글래스고 대학교의 부총장이 되어 1763년까지 학교를 운영함. 이때 처음 런던에 감. 『도덕감정론』 제2판 발간.

● **1762년**

5월 3일: 글래스고시의 시민이 됨.
10월 21일: 글래스고 대학교부터 법학 박사 학위L.L.D.를 받음.

● **1763년**

11월 8일: 글래스고 대학교 교수직을 사직함. 국회의원 타운센드Charles Townshend: 1725~1767(1766년 8월에 재무부 장관이 됨)가 자기의 의붓아들인 버클루 공작의 유럽 여행에 가정교사로 수행하면 평생 연금을 주겠다고 제안했기 때문임.

● **1764년**

1월: 버클루 공작인 헨리 스콧Henry Scott의 여행에 동반하는 가정교사가 되어 글래스고를 떠나 런던에 도착함.
2월 13일: 파리에 도착해 10일을 머물다가 툴루즈로 가서 공작의 동생인 휴 캠벌 스콧Hew Campbell Scott과 합류함.

● **1765년**

10월: 1년 반 동안 툴루즈에 머물면서 『국부론』 초고를 작성하기 시작함.
11~12월: 제네바에서 프랑스의 대표적 문학가 볼테르를 만남.

● 1765~1766년

영국 의회가 아메리카 식민지에 인지조례the Stamp Act를 실시하여 모든 거래 증서에 인지를 붙이게 함으로써 인지세를 거두려고 했으나, 식민지의 저항이 너무 커서 1766년에 폐지함.

● 1766년

1~10월: 파리에서 중농학파의 케네와 튀르고Turgot: 1727~1781와 교류함.

10월 19일: 버클루 공작의 동생 휴 캠벌 스콧이 열병으로 사망.

11월 1일: 버클루 공작과 스미스는 잉글랜드에 돌아옴.

스미스는 매년 300파운드의 연금을 평생 버클루 재단으로부터 받게 됨.

● 1767년

3월: 1766년 11월부터 1767년 3월까지 런던에 머물면서, 재무부 장관 타운센드의 식민지 조세계획을 도움(1767년 6월에 제정된 타운센드법은 북아메리카 식민지가 수입하는 유리, 납, 종이, 페인트, 차 등에 수입 관세를 부과하여 영국 정부의 재정에 도움을 준다는 계획으로 제정된 것이었으나, 결과적으로는 북아메리카 식민지의 독립운동을 촉발하게 되었음). 뒷날 내무부 장관(1782년)과 수상(1783년)이 될 셸번Lord Shelburne: 1737~1805을 위하여 식민지 역사를 연구함.

『도덕감정론』 제3판 출간.

5월: 1773년 4월까지 커콜디에서 모친과 재닛과 함께 살면서 『국부론』 완성을 위해 노력함.

5월 21일: 영국 왕립협회Royal Society 회원으로 선출되어, 1773년 5월 27일 회원이 됨.

● 1770년

6월: 에든버러시의 시민이 됨.

● **1773년**

5월: 1776년 4월까지 런던에 있으면서 『국부론』을 완성하여 발간.

● **1774년**

『도덕감정론』 제4판 발간.

● **1775년**

에드먼드 버크가 『아메리카 식민지와의 화해On Conciliation with the American Colonies』를 발간.

● **1776년**

3월 9일: 런던에서 『국부론An Inquiry into the Nature and Causes of the Wealth of Nations』 발간. 곧 세상의 주목을 받아 영국 정부의 정책에 큰 영향을 미침.
5~12월: 커콜디에 돌아옴.
7월 2일: 북아메리카 식민지의 대륙회의Continental Congress가 북아메리카 동부 해안 13개 주의 독립을 제안하고 7월 4일 「독립선언서」를 채택함.
8월 25일: 흄 사망. 스미스는 사망 직전의 흄이 에든버러에 있을 때 자주 방문했음.
11월 9일: '무신론자' 흄이 죽기 직전까지 얼마나 행복하게 지냈는가를 편지Letter to Strahan, 9 Nov, 1776로 써서 런던의 스트레이헌Strahan(흄과 스미스의 저서를 출판하는 출판업자이고 국회의원이기도 함)에게 보냄. 이 편지는 《스코츠 매거진》(1777년 1월호)에 게재되었고, 1777년 3월에 발간된 흄의 『자서전The Life of David Hume, Esq., Written by Himself』에도 들어감. 이 편지에 대해 스미스는 "내가 중상주의 전체에 대해 퍼부은 매우 강력한 공격보다 10배나 더 많은 욕설을 기독교도들로부터 받았다"라고 썼음.

● **1777년**

1월~10월 초: 런던에 머묾.

10월: 1778년 1월까지 커콜디와 에든버러에 머묾.

● **1778년**

1월 30일: 스코틀랜드의 관세청장(연봉 500파운드)과 소금관세위원(연봉 100파운드)이 됨. 에든버러의 캐넌게이트에 있는 판머하우스Panmure House(현재 이 집은 경제·사회 연구와 토론을 위한 센터로 운영되고 있으며, 헤리엇와트 대학교에서 관리하고 있음)를 구입하여 모친과 외사촌 여동생 재닛 더글러스와 함께 살게 됨. 그리고 외조카인 데이비드 더글라스David Douglas(나중에 레스턴 경Lord Reston이 됨)를 상속자로 삼음.

『국부론』 제2판 발간.

● **1781년**

『도덕감정론』 제5판 발간.

10월 19일: 영국 군대가 요크타운에서 워싱턴이 이끄는 아메리카 독립군에게 항복함.

● **1784년**

『국부론』 제3판 발간.

18세의 맬서스T. Malthus: 1766~1834가 케임브리지 대학교 지저스 대학에 입학.

5월 23일: 모친이 90세로 사망.

● **1785년**

잉글랜드의 산업혁명에서 증기기관이 동력으로 사용됨.

● **1786년**

『국부론』 제4판 발간.

● **1787년**

11월 15일: 글래스고 대학교 총장으로 선출되어 1789년까지 봉사함.

● **1788년**

9월: 외사촌 여동생 재닛 더글러스가 사망함.

● **1789년**

『국부론』 제5판 발간.

● **1790년**

『도덕감정론』 제6판(증보판) 발간.
7월 17일: 스미스가 에든버러의 판머하우스에서 67세로 사망. 캐넌게이트 교회 묘지에 묻힘.

● **1795년**

『철학적 주제들에 관한 논문집Essays on Philosophical Subjects』 발간. 이 책에는 스미스가 죽을 때 남긴 다음과 같은 논문이 실려 있음. 「천문학의 역사」「고대 물리학의 역사와 고대 논리학과 형이상학의 역사」「외부 감각에 관하여」「이른바 모방적인 예술에서 일어나는 모방의 성격에 관하여」「음악, 무용 그리고 시 사이의 유사성에 관하여: 영어 시와 이탈리아어 시 사이의 유사성에 관하여」.

● **1896년**

『법학 강의Lectures on Jurisprudence』 발간(캐넌이 편집하여 발간한 책 제목은 'Lectures on Justice, Police, Revenue and Arms'임). 1762~1763년에 글래

스고 대학교에서 행한 강의를 에드윈 캐넌Edwin Cannan이 편집하여 발간.

● 1933년

「아메리카와의 전쟁 상태에 관한 스미스의 생각, 1778년 2월」이라는 논문이 발표됨. 커트리지G. H. Guttridge가 편집하여 《아메리칸 히스토리컬 리뷰》 제38호(1933)에 실음.

● 1963년

『웅변술과 미적 감정에 호소하는 문학에 관한 강의』 발간. 1762~1763년에 글래스고 대학교에서 행한 강의를 로디언John M. Lothian이 편집함.

● 1978년

글래스고 대학교가 애덤 스미스의 전집을 7권으로 발간.

제1권:『도덕감정론』

제2권a:『국부론』 제1권

제2권b:『국부론』 제2권

제3권:『철학적 주제들에 관한 논문집』

제4권:『웅변술과 미적 감정에 호소하는 문학에 관한 강의』

제5권:『법학 강의』

제6권:『스미스의 편지 모음』

• 단행본

김수행,『21세기 정치경제학』, 새날, 1998

______,『마르크스/슘페터/케인즈』, 중앙일보사, 1984

______,『새로운 사회를 위한 경제 이야기』, 한울출판사, 2008

______,『알기 쉬운 정치경제학』(제2개정판), 서울대학교출판부, 2008

______,『자본론 연구 1』, 한길사, 1988

______,『자본론의 현대적 해석』(제2개정판), 서울대학교출판부, 2008

______,『자본주의 경제의 위기와 공황』, 서울대학교출판부, 2006

______,『정치경제학 에세이』, 새날, 1991

______,『정치경제학 특강』, 새날, 1993

______,『정치경제학원론』, 한길사, 1988

______,『한국에서 마르크스주의 경제학의 도입과 전개과정』, 서울대학교출판부,
2004

______,『김수행, 자본론으로 한국경제를 말하다』, 지승호 인터뷰, 시대의 창, 2009

김수행·김공회,『한국의 좌파경제학자들』, 서울대학교출판부, 2005

김수행·박승호,『박정희 체제의 성립과 전개 및 몰락: 국제적·국내적 계급관계적
관점』, 서울대학교출판부, 2007

김수행·신정완 편,『자본주의 이후의 새로운 사회』, 서울대학교출판부, 2007

______________,『현대마르크스경제학의 쟁점들』, 서울대학교출판부, 2002

김수행·정병기·홍태영,『제3의 길과 신자유주의: 영국·독일·프랑스를 중심으로』
(제1개정판), 서울대학교출판부, 2006

김수행 편저,『청년을 위한 경제학 강의』, 한겨레신문사, 1998

김수행 외 5인,『유럽의 제노포비아』, 문화과학사, 2006

루돌프 힐퍼딩, 김수행·김진엽 공역,『금융자본』, 새날, 1994

애덤 스미스, 박세일·민경국 공역,『도덕감정론』(개역판), 비봉출판사, 2009

앤드류 글린, 김수행·정상준 공역,『고삐 풀린 자본주의: 1980년 이후』, 필맥, 2008

애덤 스미스, 김수행 역,『국부론』(상·하, 개역판), 비봉출판사, 2007

카를 마르크스, 김수행 역, 『자본론 Ⅰ』(2015 개역판), 비봉출판사, 2015

_________________, 『자본론 Ⅱ』(2015 개역판), 비봉출판사, 2015

_________________, 『자본론 Ⅲ』(2015 개역판), 비봉출판사, 2015

필립 암스트롱·앤드류 글린·존 해리슨, 김수행 역, 『1945년 이후의 자본주의』, 동아출판사, 1993

• 논문

김수행, 「1980년대 세계자본주의의 위기와 한국경제의 현 단계」, 서울대학교 대학신문사편, 『한국경제 33과제의 인식』, 서울대학교출판부, 1986

_____, 「1980년대 이후 미국경제의 '금융화'」, 《마르크스주의연구》, 2(1), 2005

_____, 「9·11 제1주년을 맞이하여」, 《진보평론》, 14, 현장에서미래를, 2002

_____, 「개혁과제와 개혁철학에 관한 과거정부의 교훈」, 서울사회경제연구소 엮음, 『참여정부의 경제개혁 과제』, 2003

_____, 「고전적 마르크스주의의 옹호」(서평논문), 《사회경제평론》, 28, 2007

_____, 「공황이론의 확대와 심화에 노력하자」, 《진보평론》, 39, 2009

_____, 「국민국가는 여전히 중요하다」, 《역사비평》, 58, 역사연구회, 2002

_____, 「『국부론』과 『자본론』의 이론적 계승과 단절」, 《이론》, 9, 1994

_____, 「그룬트리쎄의 공황론」, 《마르크스주의연구》, 제5권 제1호, 2008

_____, 「김대중 정부의 구조조정 비판」, 《경제논집》, 39(3/4), 2000

_____, 「나의 삶, 나의 학문」, 《사회경제평론》, 29(2), 2007

_____, 「'더불어 사는 사회'의 현실적·경제적 타당성」, 《아세아연구》, 48(4), 고려대학교 아세아문제연구소, 2005

_____, 「『들어라 양키들아』로 처음 만난 마르크스」, 고은 외 지음, 『내 인생의 책들』, 한겨레신문사, 1995

_____, 「마르크스」, 김우창 외 엮음, 『103인의 현대사상: 20세기를 움직인 사상의 모험가들』, 민음사, 1996

_____, 「마르크스의 이윤율 저하 경향의 법칙」, 《경제논집》, 44(1), 2005

_____, 「베네수엘라의 '21세기형 사회주의'?」, 《마르크스주의연구》, 제4권 제2호, 2007

_____, 「사회주의와 화폐」, 《진보평론》, 30, 2006

_____, 「세계공황, 그리고 한국의 분배와 복지」, 김수행 외 6명 공저, 『행복경제 디자인, 세상을 바꾸는 상상력』, ㈜아리수에듀, 2009

_____, 「세계공황의 위기 속에서 한국경제가 갈 길은 어디인가」, 김수행 외 11명 공저, 『거꾸로 희망이다, 혼돈의 시대, 한국의 지성 12인에게 길을 묻다』, ㈜참언론 시사IN북, 2009

_____, 「세계대공황」, 구본호·정운영 외 지음, 『20세기 경제: 100년을 읽는 22가지 keyword』, 중앙일보 이코노미스트, 2000

_____, 「애덤 스미스와 중상주의·중농주의」, 변형윤·정윤형 편, 『경제학 대논쟁』, 매일경제신문사, 1984

_____, 「영국 노동당 100년의 역사」, 《다리》, 복간 제2호, 2000

_____, 「영국 노동당 정부(1974-79년)의 신자유주의: 원인과 결과」, 《진보평론》, 37, 2008

_____, 「영국 신보주의의 경제적 귀결」, 《이론》, 13, 1995

_____, 「우경화의 꽃이 만발하고 있다」, 《진보평론》, 28, 2006

_____, 「이슬람의 경제발전」, 서울대학교 교수산악회 편, 『인더스 강을 따라 히말라야까지: 서울대교수 17인의 K2봉 트레킹』, 서울대학교출판부, 2006

_____, 「자본론에서 볼 수 있는 자본주의 이후의 경제체제」, 《마르크스주의연구》, 3(2), 2006

_____, 「자본론은 왜 불완전한가」, 《이론》, 4, 1993

_____, 「자본론의 금화와 현재의 중앙은행권」, 《이론》, 16, 1996

_____, 「자본의 세계화 경향에 관한 일 고찰」, 《경제논집》, 35(2/3), 1996

_____, 「총선 결과를 진보운동의 새로운 계기로 활용하자」, 《진보평론》, 20, 2004

_____, 「케인스의 자본주의 분석과 경제정책 비판」, 《마르크스주의연구》, 6(2), 2009

_____, 「케인스주의에 대한 마르크스주의적 비판」, 《마르크스주의연구》, 3(1), 2006

_____, 「하일브로너의 공황이론」, 《신동아》 1986년 1월호 별책부록, 『100인 100권』, 동아일보사, 1986

_____, 「한국사회를 어떻게 분석할 것인가」, 《사회비평》, 9, 1993

_____, 「현재의 장기불황과 마르크스의 공황론」, 《진보평론》, 29, 2006

김수행·조복현, 「한국의 경제공황과 아시아모델」, 《사회경제평론》, 13, 한국사회경제학회, 1999

인명

도서

그 외

국부론을 읽는 시간

초판 1쇄 2026년 4월 6일

지은이 | 김수행
정리 | 박도영
펴낸이 | 송영석

편집장 | 박신애 **기획편집** | 최예은 · 이나연 **디자인** | 박윤정 · 유보람
마케팅 | 김유종 · 한승민 **관리** | 송우석 · 전지연 · 채경민

펴낸곳 | (株)해냄출판사
등록번호 | 제10-229호
등록일자 | 1988년 5월 11일(설립일자 | 1983년 6월 24일)

04042 서울시 마포구 잔다리로 30 해냄빌딩 5 · 6층
대표전화 | 326-1600 **팩스** | 326-1624
홈페이지 | www.hainaim.com

ISBN 979-11-6714-148-4

파본은 본사나 구입하신 서점에서 교환하여 드립니다.

Adam Smith